경제학의 역사

A LITTLE HISTORY OF ECONOMICS by Niall Kishtainy

A LITTLE HISTORY of ECONOMICS

이해하고
비판하고
변화하다

경제학의 역사

니알 키시타이니 지음 | 도지영 옮김

연대표로 보는 경제학의 역사

기원전 500~서기 1500년

- 펠레폰네소스 전쟁(기원전 431~기원전 404년)
- 알렉산드로스 동방 원정(기원전 334~기원전 323년)
- 로마 제국 멸망(476년)
- 십자군 전쟁(1095~1291년)
- 백년전쟁(1337~1453년)

- **플라톤**(기원전 428?~기원전 347?) : 이상 국가 설계
- **아리스토텔레스**(기원전 384~기원전 322) : 플라톤의 이상 국가 비판, 물건의 사용가치와 교환가치 구분, 『대출 행위』비난
- **아우구스티누스**(354~430) : 신국
- **토마스 아퀴나스**(1225?~1274) : 하느님을 중심에 둔 중세 세계관을 바탕으로 하는 경제관

1500~1800년

- 콜럼버스의 신대륙 발견(1492년)
- 동인도회사 설립(영국, 1600년)
- 산업혁명(1760~1840년)
- 미국 독립 선언(1776년)
- 프랑스 혁명(1789~1799년)

- **토머스 먼**(1571~1641) : 중상주의자, 『대외무역에 의한 영국의 국부』
- **제라드 드 말린스**(1586?~1641) : 중상주의자, 『영연방 병폐론』
- **프랑수아 케네**(1694~1774) : 중농주의자, 경제표 작성
- **애덤 스미스**(1723~1790) : 고전주의 경제학, '보이지 않는 손', 『국부론』

1800~1900년

- 나폴레옹 전쟁(1797~1815년)
- 워털루 전투(1815년)
- 영국의 곡물법 시행(1815년)
- 직업 선택의 자유 승인(프랑스, 1825년)
- 차티스트 운동(영국, 1838~1848년)
- 미국 남북전쟁(1861~1865년)
- 독일 통일(1871년)

- **앙리 드 생시몽**(1760~1825) : 이상향 추구, 『새로운 그리스도교』
- **토머스 맬서스**(1766~1834) : 『인구 원리에 관한 소론, 인구 원리가 장래의 사회 개선에 미치는 영향에 관해 고드윈, 콩도르세 및 기타 저자의 추론을 논평함』
- **로버트 오언**(1771~1858) : 이상향 추구, 『사회에 관한 새로운 의견』
- **데이비드 리카도**(1772~1823) : 고전주의 경제학, 비교우위론
- **샤를 푸리에**(1772~1837) : 이상향 추구, 『네 가지 운동과 일반적 운명에 대한 이론』
- **프리드리히 리스트**(1789~1846) : 『정치경제학의 민족적 체계』, 보호무역주의(관세)
- **카를 마르크스**(1818~1883) : 『공산당 선언』, 『자본론』, 자본가의 노동자 착취, 노동자 혁명에 의한 사회주의 체제 기대
- **프리드리히 엥겔스**(1820~1895) : 『공산당 선언』
- **윌리엄 제번스**(1835~1882) : 한계효용
- **앨프레드 마셜**(1842~1924) : 신고전주의 경제학, 수요와 공급 이론
- **빌프레도 파레토**(1848~1923) : 파레토 효율, 파레토 균형
- **소스타인 베블런**(1857~1929) : 『유한계급론』, 과시적 소비 비판
- **존 홉슨**(1858~1940) : 『경제 이단아의 고백』

1900~2000년

- 제1차 세계대전(1914~1918년)
- 대공황(1929년)
- 제2차 세계대전(1939~1945년)

- **블라디미르 일리치 레닌**(1870~1924) : 독점자본주의 비판, 『제국주의론 : 자본주의의 최고 단계』
- **아서 세실 피구**(1877~1959) : 후생경제학 개척, 외부효과/공공재
- **루트비히 폰 미제스**(1881~1973) : 『사회주의 연방에서의 경제 계산』, 사회주의 경제체제 비판
- **존 메이너드 케인스**(1883~1946) : 『고용, 이자 및 화폐에 관한 일반이론』, 정부의 시장 개입, 야성적 충동, 20세기 경제정책 사상의 거두
- **조지프 슘페터**(1883~1950) : 『자본주의·사회주의·민주주의』, 창조적 파괴

• 제1차 석유 파동(1973년) • 제2차 석유 파동(1979년) • 이란·이라크 전쟁(1980~1988년) • 소비에트 연방 해체(1991년) • 유럽연합 결성(1993년) • 세계무역기구(WTO) 출범(1995년)	• 에드워드 체임벌린(1899~1967) :『독점적 경쟁 이론』 • 프리드리히 하이에크(1899~1992) :『노예의 길』, 정부의 개입보다 개인의 자유 중시 • 폴 로젠스타인 로단(1902~1985) : 개발경제학 개척 • 존 폰 노이만(1903~1957) : 게임 이론 창시 • 조앤 로빈슨(1903~1983) :『불완전경쟁의 경제학』 • 밀턴 프리드먼(1912~2006) :『자본주의와 자유』, 통화주의, 공급 중시 경제학 • 빌 필립스(1914~1975) : 필립스 곡선 • 윌리엄 비크리(1914~1996) : 경매 이론, 차고가 밀봉 입찰 방식 • 아서 루이스(1915~1991) : 개발경제학 개척, 이중 경제 • 하이먼 민스키(1919~1996) : 민스키 모멘트, 투기적 대출, 금융의 증권화 • 제임스 뷰캐넌(1919~2013) : 공공선택이론 • 케네스 애로(1921~2017) : 경제의 일반균형, 후생경제학 제1원리 • 제라르 드브뢰(1921~2004) : 경제의 일반균형, 후생경제학 제1원리 • 로버트 솔로(1924~2023) : 경제성장 이론, 외생 요소인 기술, 자본의 수확 체감 • 존 내시(1928~2015) : 게임 이론 내 '내시 균형' 발견 • 안드레 군더 프랑크(1929~2005) :『저개발의 개발』, 종속 이론 : 중심부/주변부 • 존 무스(1930~2005) :「합리적 기대와 가격 변동에 관한 이론」 • 게리 베커(1930~2014) : 시카고 경제학파 대표, 경제와 사회 사이의 경계 허묾 • 아마르티아 센(1933~) : 인간개발지수, 식량 접근권
2000년 이후	
• 9·11테러(2001년) • 세계 금융위기(2008년) • 아랍의 봄(2010년~) • 동아프리카 기아(2011년~) • 월스트리트 점령 시위(2011년) • 영국의 유럽연합 탈퇴 선언(2016년) • 코로나19 팬데믹(2019년)	• 대니얼 카너먼(1934~) : 행동경제학 • 아모스 트버스키(1937~1996) : 행동경제학 • 로버트 루카스(1937~) : 새고전주의 경제학, 시장청산 • 유진 파마(1939~) : 효율적 시장 가설 • 조지 애커로프(1940~) : 정보경제학,「레몬 시장」, 역선택/도덕적 해이 • 에드워드 프레스콧(1940~2022) : 시간선호의 비일관성 • 윌리엄 노드하우스(1941~) : 이중 외부효과 • 마이클 스펜스(1943~) : 불완전 정보 시장의 신호 • 조지프 스티글리츠(1943~) : 정보경제학의 선구자 • 핀 쉬들란(1943~) : 시간선호의 비일관성 • 앤서니 앳킨슨(1944~2017) : 소득 분배의 불평등, 최저임금제, 평등 촉진 기술 활용 • 리처드 탈러(1945~) : 손실 회피 • 로버트 실러(1946~) :『비이성적 과열』 • 앨빈 로스(1951~) : 시장 설계 • 낸시 폴브레(1952~) : 여성주의 경제학,『아이를 키우는 데 드는 비용은 누가 낼까?』 • 메릴린 워링(1952~) : 여성주의 경제학,『여성이 계산에 포함된다면』 • 폴 크루그먼(1953~) : 외환위기 과정 정리, 환율 투기/고정환율제 공격 • 폴 로머(1955~) : 경제성장 이론, 내생 요소인 기술/비경합재 • 다이애나 스트라스만(1955~) : 여성주의 경제학 • 줄리 넬슨(1956~) : 여성주의 경제학, 제공 • 토마 피케티(1971~) :『21세기 자본』, 소득 분배의 불평등(r)g), 자본주의 역사 법칙, 자본세

| 차례 |

● 일러두기

1. 본문 중 원어는 괄호 없이 병기했고, 고유명사(인명, 지명, 작품명 등)는 가능한 한 '찾아보기'에 병
   기했습니다.
2. 일반적인 책명과 장편소설에는 '『 』'를, 논문과 영화 제목 등에는 '「 」'를, 정기간행물(신문, 잡지 등)
   에는 '〈 〉'를 붙였습니다. 단, 바이블 제목 앞뒤에는 기호를 생략했습니다.

CHAPTER 1

차가운 머리와 따뜻한 가슴

이 책을 손에 들었다는 사실만으로 여러분은 특별한 위치에 있는 사람임을 알 수 있다. 우선 여러분은 (혹은 그게 누구든 이 책을 여러분에게 건넨 사람은) 책을 살 돈이 있었다. 빈곤한 국가에 사는 사람이라면 가족이 하루에 몇 푼을 벌어 입에 풀칠하기도 바쁠 테니 말이다. 그런 상황에서는 버는 돈 대부분이 식비로 나가므로 책을 살 여유 같은 건 없다. 어찌어찌 책을 손에 넣었다 해도 읽을 수가 없으니 무용지물일 가능성이 크다. 서아프리카의 빈곤국 부르키나파소에서는 글을 읽을 수 있는 청년이 전체의 절반도 채 되지 않는다. 여자아이의 경우에는 3분의 1에 불과하다. 열두 살 된 여자아이가 수학이나 언어를 배우는 대신 가족이 사는 오두막으로 물동이를 나른다. 여러분은 자신이나 가족이 특별히 부자라고 생각하지 않겠지만, 세상에는 책을 사고 글을 읽는 걸 달나라 여행 가는 일처럼 여기는 사람이 많다.

이렇게 큰 격차에 호기심을 불태우는 사람들(그 호기심에는 아마 분노가 섞였을 것이다)은 종종 경제학을 찾는다. 경제학은 사회가 자원을 사용하는 방법을 연구하는 학문이다. 여기서 말하는 자원에는 토지, 석탄, 노동력과 빵이나 신발 같은 유용한 재화를 만드는 데 사용되는 기계가 포함된다. 일각에서는 부르키나파소 사람들이 게을러서 가난하다고 말한다. 하지만 경제학은 그게 상당히 잘못된 생각임을 보여준다. 부르키나파소에도 매우 열심히 일하는 사람이 많다. 하지만 그들이 태어난 부르키나파소의 전체 경제는 그다지 생산에 능하지 못하다. 왜 영국에는 아이들을 교육하는 데 필요한 학교 건물과 책, 선생님이 있는데 부르키나파소에는 없을까? 이는 정말 어려운 질문이고, 누구도 진짜 이유를 밝혀내지 못했다. 하지만 경제학에서 그 답을 찾아내려 노력한다.

사람들이 경제학에 매력을 느끼고, 관련 의견을 내는 데는 강력한 이유가 있다. 경제학이 삶과 죽음의 문제를 다루는 학문이기 때문이다. 오늘날 부유한 나라에서 태어난 아기가 5세 미만에 사망할 확률은 극히 낮다. 어린 아기의 죽음은 드물어서 그런 일은 충격적인 사건이다. 하지만 극빈 국가에서는 음식과 의약품이 부족해 5세까지 살지 못하고 사망하는 아이가 10퍼센트 이상이다. 그런 나라에서 10대까지 살아남은 청소년은 스스로 행운아라고 여겨도 좋다.

'경제학'이라는 단어를 들으면 다소 딱딱하게 느껴지고, 산더미 같은 지루한 통계가 떠오른다. 그렇지만 실제로 경제학은 사람이 생존하고, 건강하게 살고, 교육받는 방법을 찾는 걸 돕는 학문이다. 충만하고 행복한 삶을 사는 데 필요한 것을 얻는 방법은 무엇인지, 왜 누군가는 그것을 얻을 수 없는지 연구한다. 만일 경제학이 던지는 기본적인 질문만 풀 수 있다면 모든 사람이 더 나은 삶을 영위할 수 있다.

경제학자는 학교를 지을 때 필요한 벽돌이나 병을 치료할 때 쓰는 약, 사람들이 읽고 싶어 하는 책과 같은 '자원'을 특정한 방식으로 바라본다. 자원을 '희소하다'라고 여기는 것이다. 영국의 경제학자 리오넬 로빈스는 경제학을 '희소성의 학문'으로 정의한 적이 있다. 다이아몬드나 백공작처럼 보기 힘든 대상은 물론 희소하다. 하지만 경제학자는 펜과 책도 희소하다고 여긴다. 집이나 동네 상점에서 쉽게 찾을 수 있는 물건인데 말이다. 경제학자들이 말하는 희소성이란 대상의 전체 수량은 제한되어 있는데 인간의 잠재 욕망은 무한하다는 것이다. 우리는 할 수 있다면 새 펜과 책을 끝없이 계속 사들일 것이다. 하지만 상품을 사려면 항상 비용이 들기 때문에 원하는 만큼 전부 다 가질 수는 없다. 즉 우리는 '선택'을 해야 한다.

비용에 관해 조금 더 깊이 생각해보자. 비용은 그저 파운드나 달러처럼 물건을 살 때 내는 돈에 국한되는 개념이 아니다. 물론 돈도 중요하지만, 이렇게 생각해보자. 어느 학생이 내년에 공부할 과목을 결정하려 한다. 선택 과목은 역사와 지리이다. 하지만 두 과목 모두를 수강할 수는 없다. 학생은 역사를 선택했다. 이 선택에 든 비용은 무엇일까? 그건 역사를 선택하기 위해 포기한 것이다. 즉 사막, 빙하, 각국의 수도 등을 배울 기회를 말한다. 병원을 새로 짓는 비용은 어떨까? 건축에 들어가는 벽돌과 철근의 가격을 합하는 방법이 있다. 하지만 '원하는 걸 얻기 위해 포기해야 하는 것'의 관점에서 생각하면, 여기서 비용은 병원 대신 지을 수 있는 기차역이 된다. 경제학자는 이를 '기회비용'이라고 부른다. 우리는 기회비용을 간과하기 쉽다. 희소성과 기회비용은 기본적인 경제 원리를 보여준다. 즉 병원을 지을 것인가 아니면 기차역을 지을 것인가, 쇼핑몰을 지을 것인가 축구장을 지을 것인가처럼 우리는 항상 선택해야 한다.

경제학은 욕구를 충족하기 위해 희소한 자원을 사용하는 방법을 연구하는 학문이지만 그보다 더 많은 내용을 연구한다. 사람들이 마주하는 선택은 어떻게 다를까? 빈곤 국가에 사는 사람에게는 냉혹한 선택지가 주어진다. 배고픈 아이를 위한 음식인가 아픈 할머니를 위한 항생제인가, 둘 사이에서 선택해야 한다. 미국이나 스웨덴처럼 부유한 국가에서 그런 선택을 하는 경우는 드물다. 이들은 시계를 새로 살 것인가 최신형 아이패드를 살 것인가 고민한다. 물론 부유한 국가에서도 심각한 경제적 문제를 마주할 때가 있다. 때로 회사가 파산해 직원들이 일자리를 잃고 자녀에게 옷을 사주기 힘들어지는 경우가 있다. 하지만 그래도 사느냐 죽느냐의 문제인 경우는 적다. 희소성이 미치는 최악의 영향을 사회가 어떻게 극복할 것인가, 그리고 왜 어떤 나라는 다른 나라처럼 빨리 극복하지 못하는가, 이것이 경제학이 던지는 주된 질문이다. 이 질문에 답하려면 기회비용에 대해 다 아는 것만으로는 부족하다. 병원을 새로 지어야 할지 축구장을 새로 지어야 할지, 혹은 아이패드를 사야 할지 시계를 사야 할지 결정을 잘하는 것만으로는 안 된다. 경제학의 온갖 이론을 이용해야 하고, 이론이 아닌 현실 세상에서 다양한 경제가 실제로 작동하는 방식에 관한 깊은 지식이 있어야 한다. 이 책에서 소개하는 역사 속 위대한 경제사상가를 만나는 일로부터 시작하는 것도 좋은 방법이다. 역사 속 경제사상가의 생각을 살펴보면 경제학자들이 위의 질문에 답하기 위해 얼마나 다양한 시도를 해왔는지 알 수 있다.

물론 경제학자는 '경제'를 연구한다. 경제는 자원이 소비되는 곳이자 새로운 상품이 생산되는 곳이며, 누가 무엇을 가질 것인가가 결정되는 곳이다. 예를 들어 티셔츠 제조업체는 상품을 생산하기 위해 천을 사고 직원을 고용한다. 우리 같은 소비자는 돈이 있으면 상점에 가서 티셔츠 같은 상품을 산다(즉 '소비'한다). 우리는 또한 '서비스'도 소비한다. 예를 들어 머리를 자르는 것처럼 물건이 아닌 것을 소비하는 것이다. 대다수 소비자는 노동자이다. 일해서 돈을 벌기 때문이다. 기업, 노동자, 소비자는 경제의 핵심 구성 요소이다. 그리고 은행과 주식시장, 즉 '금융 제도financial system' 또한 자원이 소비되는 방식에 영향을 준다. 은행은 기업에 돈을 빌려준다. '자금을 조달'해주는 것이다. 은행이 의류 제조업체에 공장을 새로 지을 자금을 빌려주면 의류 제조업체에서는 빌린 돈으로 시멘트를 산다. 시멘트는 새 다리를 건설하는 곳이 아니라 공장을 짓는 데 쓰이게 된다. 기업은 자금을 조달하기 위해 때로 주식시장에서 '지분'(혹은 '주식'이라고도 한다)을 매각한다. 도시바 주식 한 주를 소유했다는 건 이 회사의 극히 작은 일부를 소유한 것이다. 도시바가 경영을 잘해 주가가 오르면 주식 소유자도 부자가 된다. 정부 또한 경제를 구성하는 주체이다. 정부는 새로운 고속도로나 발전소를 세울 때 자원이 소비되는 방식에 영향력을 행사한다.

다음 장에서는 경제 문제를 처음 떠올렸던 고대 그리스의 사상가를 만나본다. '경제학economics'이라는 단어는 그리스어 'oeconomicus'('oikos'는 집, 'nomos'는 다스린다는 뜻이다)에서 나왔다. 그리스의 경제학은 가정에서 자원을 관리하는 법에 관한 학문이었다. 오늘날의 경제학은 기업과 산업에 관해서도 연구하지만 그 핵심은 가구와 가구를 구성하는 사람에 관한 연구이다. 결국 물건이나 서비스를 구매하고 노동력을 구성하는 건 개인이기 때문이다. 경제학은 경제 내에서 인간의 행동을 연구하는 학문이라고 할 수 있다. 생일에 20파운드를 받았다면 어디에 쓸 것인지 어떻게 결정할까? 노동자가 특정 임금수준에서 새로운 일자리를 받아들이는 이유는 무엇일까? 왜 어떤 사람은 신경 써서 돈을 저축하고, 또 어떤 사람은 반려견에게 대궐 같은 집을 사주는 데 돈을 물 쓰듯 할까?

경제학자들은 이런 질문에 과학적인 방식으로 접근한다. '과학'이라는 단어를 들으면 사람들이 음식을 충분히 먹고 있는가와 같은 질문보다 거품이 이는 시험관이나 칠판에 휘갈겨 쓴 방정식이 먼저 떠오를 것이다. 사실 과학자가 로켓의 비행을 설명하듯 경제학자는 경제를 설명하려 한다. 과학자는 하나의 현상이 어떤 결과로 이어지는지 물리적 '법칙'을 찾는다. 예를 들어 로켓의 무게와 비행 높이의 관계 같은 것이다. 경제학자는 경제적 법칙을 찾는다. 인구의 규모가 이용 가능한 음식의 양에 미치는 영향 같은 것이다. 이를 '실증 경제학positive economics'이라고 부른다. 법칙은 좋은 것도 나쁜 것도 아니다. 그저 있는 그대로의 모습을 보여줄 뿐이다.

경제학이 분명 이보다 더 많은 내용을 담고 있을 거라는 생각이 든다면 전적으로 옳다. 유아기를 버텨내지 못하고 사망하는 아프리카 어린이를 생각해보라. 그런 상황을 있는 그대로 설명만 하고 그대로 두어도 괜찮은 걸까? 물론 그렇지 않다! 경제학자가 판단을 내리지 않는다면 그건 무정한 일이다. 경제학에는 '규범경제학'이라는 또 다른 갈래가 있고, 규범경제학에서 경제적 현상이 좋은지 나쁜지 가치를 판단한다. 슈퍼마켓에서 멀쩡한 음식을 폐기하는 모습을 본다면 우리는 나쁜 일이라고 판단할 것이다. 음식을 낭비하는 짓이기 때문이다. 부자와 가난한 자 사이의 격차를 보면 불공평하므로 나쁜 현상이라고 판단한다.

정확한 관찰에 현명한 판단이 더해지면 경제학은 변화를 일으키는 힘이 된다. 더 많은 사람이 잘사는 더 부유하고, 더 공정한 사회를 향한 변화가 이루어지는 것이다. 영국의 경제학자 앨프레드 마셜이 말했던 것처럼 경제학자에게는 '차가운 머리와 따뜻한 가슴'이 필요하다. 그렇다, 경제학자는 과학자처럼 세상을 설명하지만 주변의 고통받는 사람을 위한 연민의 정을 반드시 갖추어야 한다. 그러고 나서 변화를 향해 나서야 한다.

오늘날의 대학에서 연구하는 경제학은 수천 년에 이르는 인류 문명사에서 비교적 최근에 나타난 학문이다. 현재 대다수 나라에서 운영하는 경제체제는 불과 몇백 년 전 자본주의의 탄생과 함께 나타났다. 자본주의에서는 음식, 토지, 인간의 노동력을 비롯해 자원 대부분을 돈으로 사고판다. 이러한 거래가 이루어지는 곳을 '시장'이라고 부른다. 또한 자본을 소유한 '자본가'라는 집단이 있다. 자본이란 돈, 기계, 상품을 생산하는 데 필요한 공장 같은 것이다. '노동자' 집단은 자본가의 회사에 고용된 사람들이다. 오늘날에는 이외의 방식을 상상하기 어렵지만 자본주의가 등장하기 전에는 상황이 달랐다. 사람들은 식재료를 사지 않고 직접 길렀다. 일반인들은 회사가 아니라 지주를 위해 일했다. 지주는 이들에게 필요한 먹거리를 기르는 땅을 지배했다.

수학이나 문학과 비교하면 경제학은 상대적으로 신생 학문이다. 그리고 경제학의 많은 부분이 자본가에게 중요한 대상인 구매, 판매, 가격 등을 다룬다. 이 책의 많은 부분도 그런 경제학을 이야기한다. 하지만 그보다 훨씬 이전에 나타났던 경제사상도 살펴볼 것이다. 결국 자본주의든 아니든, 모든 사회는 희소성의 문제를 해결해야 했다. 앞으로 우리는 경제에 대한 생각의 변화를 살펴보고, 경제 자체가 어떻게 변화했는지도 알아볼 것이다. 즉 세월의 흐름에 따라 사람들이 희소성을 어떻게 극복하면서 들판이나 공장에서 일하고 밥상에 둘러앉았는지 살펴본다.

경제학자가 항상 신중한 과학자처럼 경제를 설명하고 현명한 철학자처럼 판단을 내릴까? 때로 경제학자는 경제가 발전하는 과정에서 사회적 혜택을 받지 못하는 집단, 특히 여성과 흑인들이 마주하는 어려움을 간과한다는 비판을 받아왔다. 그건 역사 속 경제사상가들이 사회적으로 가장 혜택받은 집단에 속한 경우가 많았기 때문일까? 21세기 초에는 은행의 무모한 행위로 극심한 경제위기가 초래된 적이 있었다. 당시의 사태를 예견하지 못했다고 경제학자를 비난하는 사람이 많았다. 일각에서는 경제학자가 금융과 대형 은행이 지배하는 경제로부터 이익을 얻는 집단의 영향을 받았기 때문이라고 의심했다.

만일 그렇다면 경제학자는 차가운 머리와 따뜻한 가슴 외에도 갖추어야 하는 게 있을 것이다. 자신을 비판적으로 바라보는 눈, 자신의 관심사만 생각하지 않고 세상을 바라보는 습관적인 방식 너머로 문제를 바라보는 능력이다. 경제학의 역사를 공부하면 그러한 능력을 키우는 데 도움이 된다. 과거의 경제사상가들이 당시의 환경 속에서 고유한 관심사를 어떻게 사상으로 발전시켰는지 배움으로써 우리 또한 현재 처한 환경에서 관심의 대상에 관한 생각을 어떻게 발전시켜나가야 할지 알 수 있기 때문이다. 그래서 경제사상과 역사를 함께 살피는 일은 대단히 흥미롭고, 또한 더 많은 사람이 잘사는 세상을 만드는 데 꼭 필요하다.

CHAPTER 2

날아오르는 백조

　모든 사람이 그렇듯 최초의 인류도 희소성이라는 기본적인 경제 문제에 봉착했다. 그들의 문제는 충분한 음식을 구하는 일이었다. 당시에는 농장, 작업장, 공장의 집합이라는 개념의 '경제'라는 게 없었다. 초기의 인류는 숲에서 열매를 따고 동물을 사냥해 먹고살았다. 고대 그리스와 로마 시대가 되어서야 좀 더 복잡한 형태의 경제가 등장해 사람들이 경제학의 문제에 관해 생각하기 시작했다.

　첫 번째 경제사상가는 그리스의 철학자들로, 경제학을 포함한 서양 사상의 전통이 이들에게서 비롯되었다. 인류가 최초의 문명을 건설하려고 수천 년간 몸부림친 끝에 그리스 철학자들의 사상이 꽃을 피웠다. 그리스 사상가들이 등장하기 훨씬 전, 인류는 자신의 필요에 맞춰 자연을 활용하는 법을 배우면서 경제생활의 씨앗을 뿌렸다. 예를 들어 처음으로 불을 피웠을 때 인류는 불을 이용해 무언가를 새로 만들 수 있었다. 찰흙으로 항아리를 빚고, 식물과 동물을 익혀 먹었다. 그 후 지금으로부터 1만 년 전, 첫 번째 경제 혁명이 일어났다. 사람들이 식물을 기르는 법과 동물을 길들이는 법을 발견해 농업이 시작된 것이다. 일정한 크기의 땅에 더 많은 사람이 살 수 있게 되었고, 사람들이 모여 마을을 이루었다.

이러한 농경 사회의 초창기에 현재의 이라크 땅인 메소포타미아에 복합경제를 갖춘 문명이 생겨났다. 여기서 '복합'이라는 단어가 지니는 중요한 의미는 이제 사람들이 자기가 먹을 음식을 직접 생산할 필요가 없어졌다는 것이었다. 오늘날 우리는 식재료를 구할 때 직접 기르는 게 아니라 기르는 사람들에게서 구매한다. 이처럼 메소포타미아에 한 번도 보리를 수확하거나 염소젖을 짜본 적이 없는, 남들과 다른 새로운 삶을 사는 사람들이 있었다. 도시를 다스리는 왕과 사원을 책임지는 사제였다.

복합경제가 생겨날 수 있었던 건 사람들이 농사를 짓고 가축을 기르는 데 매우 능해져서, 농부가 자신이 살아가는 데 필요한 양보다 더 많이 생산할 수 있었기 때문이다. 그런 잉여분으로 왕과 사제를 먹여 살렸다. 먹을 사람이 경작자에게서 식재료를 구하려면 조직적인 체계가 필요했다. 오늘날에는 돈으로 사고팔지만, 고대 사회에서는 오랜 전통을 따를 수밖에 없었다. 사원에 공물로 곡식을 바치면 사제들이 나눠주는 방식이었다. 식품 배분 과정을 체계화하기 위해 초기 문명사회에서는 글자를 발명했다. 현재까지 남아 있는 최초의 글 중에는 농부들이 곡물을 배달한 곳의 목록이 있다. 관리들이 글을 적을 수 있게 되자 관청에서는 사람들이 생산한 곡물 일부를 가져간 뒤(즉 '세금'을 징수했다), 이를 자원으로 사용해 농사에 필요한 수로를 파고 왕을 기리는 무덤을 지었다.

예수가 탄생하기 몇백 년 전 메소포타미아와 이집트, 인도와 중국에는 이미 수천 년간 인류 문명이 존재했고, 그러한 초기 문명의 구성 요소는 새로 등장한 그리스 문명에도 나타났다. 그리스 문명에 접어들어 사람들은 인간이 사회 속에서 살아간다는 것이 어떤 의미인지 더 깊이 생각하기 시작했다. 그리스 최초의 시인 헤시오도스는 경제학의 시작점을 이렇게 이야기했다. '신이 인간이 먹을 음식을 계속 숨기신다.' 이 문장은 희소성이라는 개념을 다시 떠올리게 한다. 빵은 비처럼 하늘에서 떨어지지 않는다. 빵을 먹으려면 밀을 길러 수확한 뒤 빻아서 밀가루를 만들어 빵 덩어리로 구워야 한다. 살아남으려면 인간은 일을 해야 한다.

모든 사상가의 시조는 그리스의 철학자 소크라테스이다. 우리는 오직 소크라테스의 제자들이 남긴 글을 통해서만 그의 이야기를 들을 수 있다. 소크라테스의 제자가 쓴 글에 따르면 어느 날 밤 소크라테스는 날개를 펴고 큰 소리로 울며 날아가는 백조의 꿈을 꾸었다고 한다. 다음 날 소크라테스는 플라톤을 만났다. 플라톤은 훗날 소크라테스의 가장 유명한 제자가 된다. 소크라테스는 플라톤에게서 꿈에서 본 백조를 보았다. 소크라테스의 제자

플라톤은 인류의 스승이 되었고, 플라톤의 사상은 이후 수 세기 동안 높이 날아올라 널리 퍼졌다.

플라톤(기원전 428?~기원전 347?)은 이상적인 국가를 그렸다. 플라톤이 그린 이상 국가의 경제는 오늘날 우리가 당연하게 생각하는 경제와 다른 모습이다. 플라톤이 실제로 살았던 사회도 우리가 사는 사회와 달랐다. 우선 우리가 아는 형태의 국가가 없었다. 고대 그리스는 아테네, 스파르타, 테베와 같은 도시사회의 연합체였다. 그리스 사람들은 도시국가를 '폴리스polis'라 불렀고, 여기서 '정치politics'라는 단어가 생겨났다. 당시 플라톤이 그린 이상 국가는 큰 국가라기보다는 작은 도시였다. 통치자가 면밀하게 조직하는 국가이며, 사회 안에는 일정한 가격에 음식과 노동을 사고파는 시장이 존재할 자리가 없었다. 예를 들어 노동을 생각해보자. 오늘날 우리는 자신의 노동력을 사용하는 방식을 선택할 수 있다고 생각한다. 물건 고치기를 좋아하는 사람은 수입이 좋다는 점도 고려해 배관공이 되겠다고 정한다. 하지만 플라톤이 그리는 이상 국가에 사는 사람은 누구나 태어날 때부터 일할 자리가 정해져 있다. 노예를 포함해 대다수 사람은 농사를 짓는다. 플라톤에 따르면 이들은 사회의 최하 계급으로 동銅의 영혼을 지녔다. 농부 위에는 은銀의 영혼을 지닌 군인 계급이 있다. 최상위 계층은 지배자 계급으로, 여기는 금金의 영혼을 지닌 '철인 왕' 집단의 자리이다. 실제로 플라톤은 아테네 근처에 사회를 지배하는 데 적합한, 현인을 양성하는 아카데미를 세웠다.

플라톤은 부를 추구하는 행위를 극도로 불신해서 이상 국가 내에서는 군인도 왕도 사유재산을 소유하는 걸 금했다. 금과 궁전이 이들을 타락시키지 않도록 하기 위함이었다. 사유재산을 소유하는 대신 이들은 함께 모여 살며 모든 것을 공유했다. 심지어 아이까지 공유해 자녀 양육은 부모만 하는 게 아니라 사회에서 공동으로 이루어졌다. 플라톤은 재산을 지나치게 중시해 사람들이 재산을 두고 경쟁하게 될까 두려워했다. 결국 가난한 사람이 부러워하는 부자가 국가를 통치하게 되고 국민이 재산을 두고 서로 다투게 되는 상황을 염려한 것이었다.

플라톤의 아카데미에 그의 뒤를 이어 날아오를 백조, 아리스토텔레스(기원전 384~기원전 322)가 들어왔다. 아리스토텔레스는 처음으로 지식을 과학, 수학, 정치학 등 여러 갈래로 나누어 체계화하려 했다. 아리스토텔레스의 호기심은 논리를 향한 깊은 질문에서부터 물고기 아가미의 형태에 이르기까지 다방면에 걸쳐 있었다. 아리스토텔레스가 주장한 내용 중 일부는 정말 허무맹랑하다. 예를 들어 귀가 큰 사람은 남의 말 하기를 좋아한다는 주장처럼 말이다. 하지만 그가 주위 세계 전체를 집어삼켜 알려 했다는 점을 고려하면 그리 놀랍지 않은 일이다. 수 세기 동안 사상가들은 아리스토텔레스를 궁극의 권위자로 여겼고, 그는 '최고의 철학자'로 불렸다.

아리스토텔레스는 플라톤이 그린 이상 국가를 비판했다. 아리스토텔레스는 이상 사회를 그리는 대신 인간의 불완전성을 고려했을 때의 효과적인 사회가 무엇일지 생각했다. 그리고 플라톤이 권하는 사유재산을 금하는 방식은 현실적이지 않다고 믿었다. 아리스토텔레스는 사람들이 재산을 가지면 서로의 재산을 부러워하고, 재산을 두고 다툼을 벌이는 건 사실이라고 했다. 하지만 모든 재산을 공유하는 방식은 더 큰 다툼을 불러일으킬 것으로 보았다. 사람들에게 각자 재산을 가지게 하면 자기 재산을 잘 관리할 것이고, 공동재산 형성에 누가 가장 크게 이바지했는지를 따지는 논쟁이 줄어들 것이므로 사유재산을 인정하는 편이 낫다고 내다보았다.

소유한 씨앗과 농기구로 농사를 지어 재산을 형성한 사람이 있다고 하자. 그는 신발을 만들지 않는데 새 신발을 어떻게 구할까? 신발 장수에게 올리브를 주고 신발을 받으면 된다. 여기서 아리스토텔레스는 경제라는 우주 세계의 기초를 이루는 입자에 주목한다. 바로 상품과 상품을 교환하는 행위이다. 아리스토텔레스는 화폐가 교환 행위에 도움을 준다고 했다. 화폐가 없다면 묵직한 올리브 자루를 들고 내게 필요한 신발과 바꾸러 다녀야 하고, 올리브가 필요하면서 그 대가로 신발을 제공하려는 사람을 딱 마주치는 행운이 따라야 한다. 이러한 교환 과정을 수월하게 하려고 사람들은 필요한 물건을 사고팔 때(교환할 때) 화폐로 사용할 물건을 지정했다. 주로 금이나 은이었다. 화폐는 상품의 경제적 가치, 즉 어떤 물건에 가치가 있는지를 측정하는 잣대이자 이 사람에서 저 사람에게로 가치를 전달하는 수단이다. 화폐가 있으면 지금 이 자리에서 올리브를 받고 신발을 내줄 사람을 찾지 않아도 된다. 동전을 받고 올리브를 판 뒤 다음 날 신발을 사러 가서 그 동전을 쓰면 되기 때문이다. 화폐로 쓰기로 사람들이 정하고 표준 모양으로 주조한 금속 덩어리가 동전이다. 최초의 동전은 금과 은의 천연 합금인 호박금琥珀金으로 만들었으며, 기원전 6세기 오늘날 튀르키예의 일부 지역에 자리 잡은 리디아 왕국에서 사용했다. 하지만 화폐가 크게 유행한 건 고대 그리스에서였다. 올림픽 우승자에게도 승리를 기리기 위해 500드라크마를 수여했다. 기원전 5세기 무렵 그리스에는 동전 주조소가 무려 100군데에 이르렀다. 은화의 흐름 덕분에 교환의 바퀴는 계속 돌아갈 수 있었다.

아리스토텔레스는 일단 사람들이 화폐를 사용해 물건을 교환하면 그 물건에는 사용가치(먹기 위한 올리브)와 교환가치(물건을 사기 위한 올리브)로 구분되는 차이가 생긴다고 했다. 아리스토텔레스는 가정에서 올리브를 키워서 먹고, 남은 올리브를 필요한 다른 물건을 구할 때 쓸 돈을 벌기 위해 파는 것이 아주 자연스러운 현상이라고 했다. 올리브를 팔아 돈을 벌 수 있다는 걸 알게 되면 사람들은 순전히 이익(올리브 판매 가격에서 재배하는 데 드는 비용을 뺀 차이)을 얻기 위한 목적에서 올리브를 키우기 시작한다. 이것이 바로 돈을 벌기 위해 물건을 사고파는 행위, 즉 상업이다. 하지만 아리스토텔레스는 상업 행위에 의혹을 품었고, 가정에서 필요한 수준 이상으로 물건을 매매하는 건 '부자연스러운' 현상으로 여겼다. 가정에서 이익을 얻기 위한 목적으로 올리브를 파는 건 다른 누군가의 희생을 바탕으로 돈을 버는 것으로 보았다. 앞으로 이 부분을 살펴보겠지만, 현대 경제학에서는 이 점을 이해하기 어려워한다. 현대 경제학에서는 판매자와 구매자가 거래를 위해 서로 경쟁하면 전체 사회에는 이득이 된다고 보기 때문이다. 하지만 아리스토텔레스 시대에는 오늘날처럼 서로 경쟁하는 판매자와 구매자라는 개념 자체가 존재하지 않았다.

아리스토텔레스는 '자연스러운' 경제활동을 통해서 얻는 부는 제한되어 있다고 지적했다. 일단 가정의 필요를 충족시킬 만큼 부가 쌓이면 그 이상의 부는 필요하지 않기 때문이다. 이와 반대로 부자연스러운 부의 축적에는 한계가 없다. 올리브를 계속 팔아 그 돈으로 온갖 새로운 상품을 찾아내어 팔 수 있기 때문이다. 하늘에 닿을 정도로 높은 부를 축적하는 것을 막을 방법은 무엇일까? 그럴 방법은 전혀 없다! 그런 행위를 멈추려는 지혜와 미덕에 기댈 뿐이다. 아리스토텔레스는 이렇게 말했다. '부에서 비롯되는 인물 유형은 부유한 바보뿐이다.'

산더미 같은 동전 더미를 쌓기 위해 올리브를 키우는 것보다 더 나쁜 짓이 있다. 그건 돈으로 돈을 버는 행위다. 올리브를 자연스럽게 사용하는 방법은 먹거나 가정에서 필요한 다른 물건으로 교환하는 것이고, 돈의 자연스러운 존재 이유는 교환의 수단이다. 이렇게 볼 때 돈('이자')을 받고 다른 사람에게 돈을 빌려주는 행위는 그 무엇보다 부자연스러운 경제활동이다. 다음 장에서 살펴보겠지만, 대출 행위를 비난한 아리스토텔레스의 생각은 이후 수세기에 걸쳐 경제사상에 영향을 미쳤다. 당시 아리스토텔레스가 보기에 미덕을 지닌 사람은 분명 영리한 금융인이 아니라 정직한 농부였다.

플라톤과 아리스토텔레스가 썼듯이, 그리스는 그들이 그리는 이상적인 경제에서 점점 멀어지고 있었다. 도시국가는 위기에 처했다. 아테네와 스파르타는 오랜 전쟁을 이어갔고, 두 철학자가 그리는 경제도 과거의 영광에 매달리는 일일 뿐이었다. 플라톤의 해법은 질서가 잡힌 국가를 세우는 것이었고, 아리스토텔레스의 해법은 지나친 상업 활동으로부터 그리스 사회를 구하는 실질적인 지침이었다. 하지만 플라톤과 아리스토텔레스가 돈을 좋아하는 마음을 비난해도 그리스 사람들은 점점 돈을 중시했다. 스파르타의 통치자는 돈벌이를 방해하려고 도시의 화폐를 철괴로 만들었다고 한다. 화폐가 너무 무거워 사람들은 여러 마리의 소가 끌어야 돈을 나를 수 있었다. 그래도 그리스 전역 대부분에서 상업이 번창했다. 여러 도시에서 지중해를 건너다니며 올리브유와 곡물을 비롯한 여러 상품을 사고팔았다. 플라톤과 아리스토텔레스 시대 이후에도 교역의 흐름은 아리스토텔레스의 유명한 제자 알렉산드로스 대왕의 뒤를 따라 더욱 커졌다. 알렉산드로스 대왕의 군대가 지중해 세계를 휩쓸고 그 너머로 진출하면서 그리스의 문화도 드넓은 새로운 왕국으로 전파되었기 때문이다.

　모든 제국이 그러하듯, 위대한 그리스 문명과 그 뒤를 이은 로마 문명도 결국에는 종말을 고했고, 이후 새로운 사상가들이 나타났다. 서기 5세기 로마 제국의 몰락 이후에는 유럽의 외딴 수도원에서 배움을 계속하던 기독교 수도사가 경제사상을 발전시켰다.

CHAPTER 3

하느님의 경제

성경에서는 인간이 죄악을 지은 결과로 살아남으려면 일을 해야 한다고 말한다. 에덴동산에서 아담과 이브의 삶은 안락했다. 강물을 마시고 나무에서 열매를 따서 먹었다. 온종일 빈둥거렸고, 그다지 해야 할 일이 없었다. 그런데 어느 날 아담과 이브는 하느님의 말씀을 거역했고, 하느님은 두 사람을 에덴동산에서 쫓아냈다. 자원이 풍족한 삶에서 자원이 희소한 삶으로 추락한 것이다. '얼굴에 땀을 흘려야 먹을 것을 먹으리니.'(창세기 3장 19절) 하느님이 아담에게 그렇게 말씀하셨다. 그 이후로 인간은 생존을 위해 노동을 해야 했다. 하지만 예수는 인간이 일할 때 천국에서 쫓겨날 죄를 지을 위험이 있다고 경고했다. 오직 부를 쌓는 데만 신경 쓰고, 타인의 부를 질투하며, 결국에는 하느님보다 옷과 보석, 돈을 더 사랑하게 되는 죄다.

기나긴 중세 시대의 시작과 끝에는 당대의 위대한 지성인 기독교 사상가가 있었다. 두 사람은 예수 그리스도의 가르침이 의미하는 바를 오랫동안 열심히 생각했다. 예수는 기독교인이 경제에 어떻게 참여해야 한다고 말씀하셨을까? 중세 시대가 시작될 무렵에는 아우구스티누스(354~430)가 있었다. 그는 끊임없이 활동하는 젊은 교사였다가 훗날 현명한 성자로 성장했다. 중세 시대가 끝을 향하는 무렵에는 토마스 아퀴나스(1225?~1274)가 등장했다. 토마스 아퀴나스는 이탈리아의 수도사로, 그가 살았던 시기에 이탈리아에서는 새로운 상업 문명이 태동하고 있었다. 토마스 아퀴나스의 글은 기독교인들에게 변화하는 사회에서 어떻게 살아야 하는지를 알려주는 지침이었다.

아우구스티누스는 로마 제국이 멸망해가는 시기에 태어났기 때문에 한 발은 고대 세계에, 다른 한 발은 이제 막 시작되는 중세 시대에 담그고 있었다. 오랜 방황과 자기 성찰 끝에 아우구스티누스는 기독교로 개종했다. 그리스인들은 왕의 도시, 현명한 지배자가 다스리는 작은 국가의 사회나 경제에 관해 생각했다. 아우구스티누스는 이러한 생각을 '신국City of God'이라는 개념으로 바꾸었는데, 신국의 맨 위에는 인류의 구세주인 그리스도가 자리했다. 신국을 지배하는 데는 신이 만든 법뿐 아니라 인간이 만든 법도 사용되었다. 그건 인간이 일상의 일, 매일 돈을 벌기 위한 행위에 참여해야 했기 때문이었다. 부란 생존하는 데 부가 필요한 죄 많은 사람을 위해 신이 내리는 선물이었다. 최고의 인생은 소유를 포기하는 삶이었는데, 일부 기독교인은 은둔자가 되거나 수도사 사회의 일원이 되어 돈을 소유하지 않는 방식으로 살았다. 하지만 불완전한 세상에 사는 사람들은 재산을 소유해야 했고, 그렇다 해도 소유 재산을 사랑하지 않는 것과 재산이란 훌륭하고 성스러운 인생을 살기 위한 수단에 불과하다는 것을 아는 게 중요했다.

아우구스티누스의 사상은 로마 제국을 대체하게 된 중세 사회를 형성하는 데 영향을 끼쳤다. 로마인은 광대한 제국을 세웠다. 로마의 도시는 경이로운 수준의 우아함과 빼어난 공학 솜씨를 보여주었다. 수도교를 이용해 공급하는 물로 가득한 공중목욕탕이 로마에만 1,000개나 있었다. 아우구스티누스가 사망한 뒤 침략자들이 로마 제국을 점령했고, 다음 수 세기 동안 교역이 붕괴되었다. 사회공동체는 내부를 향했고, 팔거나 사기 위해서라기보다 스스로 소비하기 위해 농사를 지었다. 도시는 쪼그라들었고, 로마가 세운 도로와 다리는 허물어졌다. 제국이라는 하나의 천이 이제는 지방 통치자가 뒤죽박죽 모인 조각보가 되었다. 조각보를 잇는 공통의 실은 새로운 그리스도교 신앙과 아우구스티누스 같은 사상가의 가르침이었다.

중세 사회의 또 다른 면으로 봉건주의라는 경제체제를 들 수 있다. 지배자는 말을 타고 쳐들어오는 침입자 무리를 저지할 전사가 필요했다. 하지만 군대를 유지하는 데는 비용이 많이 들었으므로 왕은 군인들에게 충성을 바치는 대가로 토지를 나눠주었다. 토지를 받은 군인들은 왕이 필요로 할 때 왕을 위해 싸우겠다고 약속했다. 여기서부터 돈이 아니라 지배하는 자와 지배받는 자 사이의 약속에 바탕을 두는 중세의 생산 체제 전체가 시작되었다. 신이 지상에서 관리하는 경제는 '존재의 사슬'과 같았다. 이는 우주가 엄격한 서열로 나뉘어 구성되어 있다고 보는 중세의 세계관이었다. 존재의 사슬 맨 꼭대기에는 하느님과 그리스도가 있고, 지상에서 신을 대리하는 사람으로 우선 교황이 있고, 그다음이 왕, 왕으로부터 토지를 하사받은 대영주, 그리고 맨 아래에 땅을 일구며 사는 소작농이 자리했다. 소작농은 영주에게 수확한 작물을 바쳤고, 나머지 일부를 가졌다. 오늘날의 경제를 지배하는 건 이윤과 가격이지만, 중세의 경제는 종교의 지배를 받았다. 당시 사회적 권위를 지닌 사람은 아우구스티누스 같은 기독교 사상가와, 그 후 등장한 학식 있는 수도사와 교회의 성직자였다.

토마스 아퀴나스도 그들 중 한 명이었다. 부유한 가정에서 태어난 그는 젊은 나이에 도미니코 수도회에 들어갔다. 도미니코 수도회는 돈이나 소유물 없이 지내는 수도사들의 모임이었다. 토마스 아퀴나스의 부모는 아들이 도미니코 수도회에 들어가는 것을 몹시 싫어해 그를 강제로 끌고 와 성에 가두었다. 심지어 아들이 수도사가 되겠다는 생각을 버리게 하려고 아들의 방에 매춘부를 들여보내기까지 했지만, 토마스 아퀴나스는 유혹에 굴복하지 않았다. 대신 그는 기도하고 논리학 방법론에 관한 책을 썼다. 결국 부모는 아들을 놓아주었고, 토마스 아퀴나스는 파리로 가 종교적·지적 탐구를 이어갔다.

토마스 아퀴나스는 존재의 사슬을 벌집과 같은 모양으로 그렸고, 벌집에 사는 벌의 역할은 신에 의해 주어진다고 보았다. 일부는 꿀을 모으고, 일부는 벌집의 벽을 세우고, 또 다른 일부는 여왕벌을 모시는 일을 맡는다. 인간 사회의 경제도 벌집과 마찬가지다. 일부는 땅을 일구고, 일부는 기도하고, 또 다른 일부는 왕을 위해 싸운다. 중요한 건 탐욕스러워지지 않는 것과 다른 이가 가진 돈을 부러워하지 않는 것이었다.

아우구스티누스가 깨달은 바와 마찬가지로 토마스 아퀴나스의 생각 속에서도 죄를 지은 사람들이 사는 세상에서 사람은 스스로, 그리고 가족과 함께 생계를 꾸리기 위해 재산을 소유해야 한다. 토마스 아퀴나스는 좋은 일에 사용할 목적이라면 무언가를 팔아 이익을 얻어도 된다고 말했다. 만일 누군가가 필요한 양보다 더 많은 돈을 지녔다면 일부를 가난한 사람들에게 나눠주어야 했다. 고기를 팔아 생계를 꾸리는 사람이 있다고 하자. 토마스 아퀴나스는 고기의 '정당한 가격'은 얼마인가라는 질문에 답하려 했다. 고객에게 부과할 수 있는 공정하고 도덕적으로 올바른 금액은 얼마일까? 토마스 아퀴나스는 판매자가 받을 수 있는 가장 높은 가격이 올바른 금액은 아니라고 했다. 그건 아마 고기의 품질을 속여서 받는 돈일 수 있다.

중세 시대에 속임수는 끊이지 않는 골칫거리였다. 어느 영국인은 런던의 도축업자가 썩어가는 양이 신선해 보이도록 눈에 피를 바른다고 불평했다. 토마스 아퀴나스는 이러한 상황에서 합의한 가격은 정당하지 않다고 했다. 정당한 가격이란 어떠한 속임수도, 거래를 장악하는 강력한 판매자도 없는 공동체에서 정상적으로 부과하는 가격이다. 이전의 사상가들과 마찬가지로 토마스 아퀴나스도 '고리대금업', 즉 돈(다시 말해 일정 비율의 이자)을 받고 돈을 빌려주는 행위를 경제활동 중 가장 심각한 죄악으로 여겼다. 중세 교회에서는 고리대금업을 비난했다. 고리대금업자를 성지에 묻어준 성직자는 교회에서 쫓겨날 수도 있었고, 고리대금업자는 도둑이나 살인범과 함께 지옥에 떨어진다고 했다. 어느 성직자는 이런 이야기를 들려주었다. 한 고리대금업자가 자신이 죽으면 돈과 함께 묻어달라는 유언을 남겼다. 고리대금업자가 사망한 후 그의 아내가 돈을 다시 꺼내려고 남편의 무덤을 팠는데, 악마가 남편의 목구멍으로 (이제는 활활 타는 석탄으로 변해버린) 동전을 쑤셔 넣는 모습을 보았다고 한다.

중세의 성직자들은 이자를 받고 돈을 빌려주는 행위가 절도와 같다고 보았다. 돈은 '불모'의 것이기 때문이었다. 돈은 아무것도 낳을 수 없다. 산더미처럼 돈을 쌓아놓아도 양 떼처럼 새끼를 치지 못한다. 그러므로 동전 스물두 닢을 빌려준 사람으로부터 스물다섯 닢을 받으면 상대방의 동전 세 닢을 더 받은 셈이다. 그 세 닢은 원래 돈을 빌려간 사람의 것이기 때문이다. 고대 그리스 사상가들과 마찬가지로 토마스 아퀴나스도 물건을 사고팔기 위한 교환수단으로만 돈을 사용해야 한다고 했다. 그러므로 이자를 붙이는 수법으로 받는 돈을 늘려 돈을 불리는 건 옳지 못한 일이었다. 물건을 사고팔 때 사용하는 돈은 '소모'된다. 식사 목적으로 빵을 소비할 때, 빵을 다 먹어버리는 것과 똑같다. (집과는 다르다. 우리는 집을 소모하는 게 아니라 그 안에 살기 때문이다.) 상대에게 빵값을 받고 빵 사용료를 또 받는 건 잘못된 일이다. 그렇게 하면 상대는 빵값을 두 번 내는 셈이 된다. 이와 마찬가지로 돈을 빌려준 상대에게서 빌려준 돈에 이자를 더해 갚게 하는 건 잘못된 행동이다. 게다가 고리대금업이라는 죄악은 절대 멈추지 않는다. 살인범도 최소한 잘 때는 살인을 멈춘다. 하지만 대금업자의 죄는 그들이 잠자는 동안에도 계속되어 그 시간에도 그들에게 갚아야 할 돈이 훨씬 더 커진다.

토마스 아퀴나스가 이런 글을 썼을 때 유럽은 교역과 상업의 가치를 재발견하고 있었다. 그가 태어나기 전 몇 세기 동안 유럽의 인구는 증가하기 시작했고, 마을은 활기를 되찾았다. 무거운 쟁기와 새로운 마구 등이 발명되어 농부가 더 많은 농산물을 수확하는 데 도움을 주었다. 강에서는 물레방아가 돌기 시작했고, 그 힘으로 옥수수를 빻았다. 마을공동체는 고립된 생활에서 벗어나 서로 교역을 시작했고, 다시 한 번 돈의 힘을 빌려 상품의 매매가 활발해졌다.

베네치아와 피렌체 같은 대도시에서는 새로운 부류의 사람들이 나타나 중세 사회에 존재한 존재의 사슬을 팽팽하게 늘렸다. 이익을 얻기 위해 물건을 매매하는 상인과 돈을 다루는 금융가였다. 사회 구성원이 더는 기도하는 사람과 농사짓는 사람, 그리고 싸우는 사람으로만 이루어지는 게 아니었다. 마을 주민들은 상업이라는 불씨 아래에서 불꽃을 일으켰고, 이제는 불길이 활활 타오르게 되었다. 유리와 양모를 실은 배가 아시아로 떠났다가 비단과 향신료, 보석을 싣고 돌아왔다. 베네치아는 고대 이래 처음으로 상업 제국을 이루었다.

무역이 번창함에 따라 금융도 번성했다. 베네치아와 제노바에서는 상인들이 안전한 환전상의 금고에 돈을 보관했다. 그러고 나서 환전상을 시켜 계좌 간에 돈을 이체하게 해 부채를 갚았다. 또한 환전상에게서 대출을 받았다. 그런 식으로 일하면서 환전상은 최초의 금융인이 되었다. 하지만 이는 죄를 짓는 대금업자가 되는 것이기도 했다. 값비싼 화물을 위험한 바다 건너로 보내는데 따르는 위험에 대비하는 분야 또한 발전했다. 상인들이 보험을 개발한 것이다. 바다에서 배가 폭풍우를 만나 침몰하는 것과 같은 불운한 일이 생겼을 때 손해 보게 될 금액을 보상받는다는 약속의 대가로 누군가에게 일정한 금액의 돈을 지불하는 것이었다.

도시가 북적이자 봉건주의는 약해졌다. 소작농이 돈을 벌기위해 농지를 벗어나 도시로 떠났기 때문이다. 전통적인 교회의 가르침 또한 힘을 잃기 시작했다. 밀라노의 수호성인인 주교 암브로시우스가 대금업자에게 죽음을 명했지만, 밀라노 시민들이 돈을 빌려주고 부를 쌓는 행위를 막기엔 역부족이었다. 돈과 이익이 경제활동을 한층 더 지배하게 되었고, 전통의 힘은 점점 약해졌다. 심지어 수도사조차 대금업을 경제에 꼭 필요한 활동이며, 이자를 받지 않으면 대금업이 이루어지지 않을 거라고 생각하기 시작했다. 토마스 아퀴나스도 사실 대출에 따르는 이자가용인될 때가 있다고 했다. 대금업자가 돈을 빌려줄 때 포기해야하는 이익을 보충하기 위해서는 이자를 부과해도 괜찮았다. 성직자들도 점차 채무자를 파산에 이르게 할 정도의 높은 이자와 은행을 운영하는 데 필요한 합리적인 수준의 이자가 서로 다르다는 점을 이해하게 되었다.

11세기에 막 들어섰을 무렵 교황은 상인이 결코 천국에 갈 수 없다고 말했다. 하지만 12세기 말에 교황은 호모보노라는 상인을 성인으로 추대했다. 신에게 가까이 다가가려면 가난해야 한다는 생각이 사라지기 시작했다. 예수는 제자들에게 하느님과 돈을 동시에 섬길 수 없다고 했지만, 아퀴나스가 살았던 시대의 상인들은 하느님과 돈을 동시에 섬길 수 있다고 믿었다. 1253년 이탈리아의 어느 회사에서는 손으로 쓰는 장부를 마련했는데, 거기에는 '신과 이익의 이름으로'라고 적혀 있었다. 하느님의 경제가 상업이라는 새로운 세계와 어우러지고 있었다.

CHAPTER 4

금을 찾아서

1581년 봄, 영국의 상인이자 탐험가인 프랜시스 드레이크는 '골든하인드'라는 이름을 가진 자신의 배 위에서 연회를 열었다. 골든하인드 호는 드레이크와 선원들을 태우고 세계 일주를 막 마친 참이었고, 3년에 걸친 위험한 항해에서 살아남았다. 이제 골든하인드 호는 템스 강에 정박했고, 주빈이자 드레이크의 후원자인 여왕 엘리자베스 1세를 맞이하기 위해 사람들은 골든하인드 호의 선체를 씻고 현수막 장식을 달았다. 여왕은 배에 오르자마자 드레이크에게 자신 앞에 무릎을 꿇으라고 명했다. 여왕의 시종이 도금한 검으로 드레이크의 양어깨를 두드렸다. 이로써 가난한 집안에 태어나 해적의 손에서 자란 평민 프랜시스 드레이크는 프랜시스 경이 되었고, 영국의 막강한 해군력을 상징하는 인물로 입

경제학의 역사

지를 굳히게 되었다.

　엘리자베스 여왕은 드레이크를 탐험에 파견하면서 경쟁국인 스페인의 필립 왕에 복수하라고 일렀다. 약삭빠른 드레이크는 복수에 최선을 다했고, 전 세계 곳곳에서 스페인 함대를 공격했다. 그리고 금과 은, 진주 등 엄청난 전리품을 가지고 영국으로 귀국했다. 이 전리품은 현재 런던 탑 내 왕실 금고에 보관되어 있다.

　당시 유럽의 군주들은 여러 다른 왕자와 대공의 지배 아래 조각조각 나뉜 중세식 영토를 벗어나 근대 국가를 형성하고 있었다. 그리고 각 국가는 가장 강한 나라가 되기 위해 서로 경쟁했다. 유럽을 이끄는 강국은 스페인이었고, 이제 네덜란드와 영국이 그 뒤를 따랐다. 당시에는 드레이크와 같은 상인도 전에 없던 힘과 영향력을 얻었다. 상인은 군주가 부를 늘리는 데 도움을 주었고, 군주는 상인의 항해 비용을 댔다. 엘리자베스 여왕이 드레이크의 배 위에서 그에게 기사 작위를 수여한 것은 통치자와 상인 사이의 동맹을 상징한다.

　이들의 동맹은 '중상주의mercantilism'('상인merchant'을 뜻하는 라틴어 단어에서 유래했다)라고 불리게 되었다. 중상주의는 사상가들이 중세의 종교에서 이성과 과학으로 눈을 돌리기 시작하는 때에 나타났다. 이전 시대에 경제 문제에 관한 글을 쓰는 사람은 수도사였고, 이들은 떠들썩한 상업으로부터 떨어져 지냈다. 하지만 이제는 새로운 경제사상가가 등장했고, 이들은 종교에 그다지 관심을 기울이지 않았다. 새롭게 등장한 경제사상가는 실용적인 사람들로서 대개 상인이거나 왕실 관계자였고, 왕과 왕비가 국가의 재산을 어떻게 하면 가장 잘 관리할 수 있는지에 관한 글을 썼다. 이들 중 제 라드 드 말린스(1586?~1641)라는 상인이 있었는데, 한번은 드레이 크가 스페인 배와 싸움을 벌여 약탈한 진주를 이 사람에게 팔았 다. 새로 등장한 경제사상가들 중 가장 유명한 사람은 영국의 토 머스 먼(1571~1641)이었다. 토머스 먼은 청년 시절 지중해 주변에 서 교역하다가 한번은 코르푸 섬 근처에서 스페인군에 붙잡혔는 데, 동료들은 그가 화형에 처해질까 두려워했다. 다행히 동료들 이 가까스로 토머스를 풀려나게 했고, 이후 그는 부유하고 영향 력 있는 사람이 되었다.

중상주의자들은 완전히 발전한 경제 이론을 따랐다기보다는 여러 신념을 뒤죽박죽으로 가지고 있었다. 오늘날의 경제학자들 은 중상주의자들이 경제의 가장 기본적인 사실조차 이해하지 못 했다며 종종 비웃는다. 예를 들어 어느 나라가 부유하다고 할 때, 이는 실제로 어떤 의미를 지닐까? 중상주의의 기본적인 생각은 부란 금과 은을 뜻하므로, 부유한 국가란 금과 은을 많이 가진 나 라로 본다. 여기서 중상주의자들은 '미다스의 오류Midas fallacy'에 빠졌다고 비판받는다. 그리스 신화에서 디오니소스는 미다스 왕 에게 소원을 하나 들어주겠다고 한다. 미다스 왕은 자신이 손대 는 모든 것을 금으로 바꿔달라고 빈다. 그랬더니 미다스 왕이 음 식을 먹으려 하면 소원을 빈 대로 음식이 금으로 변했고, 왕은 굶 주림에 시달렸다. 미다스 왕의 이야기는 빵과 고기가 아니라 반 짝이는 금에서 부를 찾는 건 어리석은 일임을 알려준다. 그러다 보면 결국 굶주리게 되거나 J. R. R. 톨킨의 소설 『호빗』에 나오는

용 스마우그처럼 황금 더미 위에 앉아 온종일 동전을 세며, 보물 사냥꾼들에게 불을 내뿜는 일 외에는 일체 아무것도 하지 않게 되기 때문이다.

그렇기는 해도 수 세기 동안 탐험가들은 금을 찾아다녔고, 군주들은 금을 쌓아두려 했다. 드레이크보다 한 세기 전에 활약한 유럽의 원조 탐험가들은 포르투갈과 스페인 출신이었다. 그중 에르난 코르테스라는 탐험가는 금에 끌리는 마음을 어느 정도 알고 이렇게 말했다. '우리 스페인 사람은 오직 금으로만 고칠 수 있는 마음의 병을 앓고 있다.' 1400년대 후반부터 스페인이 빗장을 열었고, 유럽으로 황금이 홍수처럼 밀려들었다. 스페인 탐험가들이 대서양을 건너 아메리카라는 신세계를 발견했을 때였다. 스페인 탐험가들은 아메리카에서 금과 은으로 가득한 고대 문명을 발견했다. 그들은 고대 문명의 도시를 공격했고, 그곳 주민들을 살해한 뒤 약탈한 보물을 스페인으로 가지고 돌아왔다. 스페인은 새롭게 얻은 땅을 통치해 금이 계속 스페인으로 흘러 들어가게 했다. 스페인은 보물을 산더미처럼 쌓아 올렸고, 유럽의 최대 강국이 되었다. 영국의 관점에서 스페인은 스마우그와 같은 존재가 되었다. 겉으로는 무적으로 보이는 피부를 지녔지만 공격할 약점이 있고, 맹렬하게 부를 쌓는 나라. 영국이 보는 스페인의 모습이었다. 드레이크 같은 사람들은 스페인의 숨겨진 약점을 뚫으려고 노력하는 일로 생계를 꾸렸다. 그러다 결국 양국은 전면전으로 치달았다.

현대 경제학자들은 중상주의자들이 살아가는 데 필요한 재화 대신 금에만 집착했다고 비판한다. 오늘날 우리는 한 국가의 기업이 생산하는 음식, 옷, 기타 재화의 양을 기준으로 국가의 부를 측정한다. 그리고 더는 금으로 물건의 값을 치르지 않는다. 대신 우리는 '지폐'를 사용한다. 파운드화나 달러화의 지폐는 그 자체로는 아무런 가치가 없다. 동전도 마찬가지로 저렴한 금속으로 만들기 때문에 동전 자체의 실제 가치는 동전이 나타내는 금액보다 훨씬 적다. 지폐와 동전이 가치가 있는 이유는 그저 화폐에 가치가 있다고 모든 사람이 합의했기 때문이다. 하지만 중상주의 시대에는 물건을 사기 위한 유일한 수단이 금뿐이었고, 상업이 확장하면서 음식, 토지 혹은 노동력 등 생활에 필요한 유용한 대상은 금을 써서 사야 했다. 오늘날에는 정부가 화폐를 인쇄해 돈을 만들어낼 수 있지만, 당시의 왕과 왕비는 국경을 수비하는 데 필요한 군대와 성을 유지하는 데 드는 비용을 감당하기 위해 실제로 금을 찾아나서야 했다. 그러므로 때로 중상주의자들의 금 사랑은 알려진 것만큼 잘못된 생각은 아니었다. 경제사상은 사회가 처한 환경과 관련되어 있으며, 아주 오래전 그 시절의 환경은 지금 우리가 사는 환경과 상당히 달랐다. 과거를 되돌아볼 때 사람들은 이 점을 쉽게 간과한다.

말린스는 중상주의자의 입장을 따라 『영연방 병폐론』이라는 책을 썼는데, 여기서 영국은 금을 충분히 확보할 필요가 있다고 주장했다. 말린스가 보기에 영국이 지닌 경제적 문제(영국의 '병폐')는 해외에서 상품을 지나치게 많이 구매하면서 해외에 판매하는 영국 상품의 양은 너무 적다는 점이었다. 영국인은 프랑스의 와인

생산자에게 금을 주고 와인을 산다. 그리고 프랑스에 양모를 팔아 금을 번다. 영국이 해외 상품을 많이 사면서 자국의 상품을 해외에 많이 팔지 않으면 영국의 금 보유분은 줄어든다. 말린스의 처방은 영국의 금 보유량을 지키기 위해 금의 유출에 제한을 두는 것이었다. 이는 당시에 흔히 쓰는 정책이었다. 스페인 등 일부 국가에서는 금과 은을 국외로 유출하는 자를 사형으로 처벌했다.

하지만 토머스 먼은 저서 중 가장 유명한『대외무역에 의한 영국의 국부』에서 영국이 금을 얻을 가장 좋은 방법은 금의 유출을 제한하거나, 실제로 드레이크가 그랬던 것처럼 외국 배를 공격해 금을 훔쳐오는 게 아니라 외국에 가능한 한 많은 상품을 파는 것이라고 썼다. 물건을 만드는 데 능한 나라는 외국에 물건을 잘 판다. 여기서 목표는 수출(해외로 나가는 재화) 금액을 수입(국내로 들어오는 재화) 금액보다 크게 만들어 '무역수지balance of trade' 흑자를 이루는 것이다. 16세기부터 스페인, 포르투갈, 영국, 네덜란드, 프랑스는 무역수지를 개선하려고 더욱 빠르고 견고해진 배를 내세워 대외무역을 장악하기 위한 경쟁을 펼쳤다. 각국의 배는 새로운 항로를 따라 대서양을 건너 오가며 설탕, 옷감, 금을 운송했고 아메리카의 농장주들에게 노예로 팔기 위해 아프리카인 수백만 명을 잡아들였다.

중상주의자들의 지지를 등에 업고 각국은 수출을 장려하고 수입은 억제했다. 수입품에는 세금을 부과해 가격을 올렸고, 이 때문에 사람들은 국내에서 생산한 상품을 더 많이 샀다. 또한 '사치금지법'을 제정해 값비싼(사치스러운) 상품의 소비를 금했다. 영국에서는 비단과 공단 옷을 차려입고 과시하면 처벌받을 수도 있었다. 불법 사치품의 상당수가 해외로부터 수입한 물품이었기 때문이다.

탐험가와 군대가 새로운 땅을 정복하면서 국가의 통치자는 상인에게 새로운 땅에서 교역할 권리를 부여했다. 하지만 바다 항해는 위험이 따랐기 때문에 혼자 재정을 부담하려는 상인은 아무도 없었다. 통치자는 상인이 여러 투자자가 각각 자금을 부담하고 그에 따라 수익을 나눠 갖는 특수 기업을 설립하도록 허락해주었다. 그러한 회사들이 외국으로 나가 자신과 통치자를 위한 부와 명예를 손에 넣었다. 1600년에 설립된 영국의 동인도회사가 그렇게 생긴 기업 중 하나로, 토머스 먼도 동인도회사에서 근무했다. 동인도회사는 이후 강력한 조직이 되어 영국이 인도에 제국을 세우는 데 도움을 주었다.

수입을 억제하고 자국 상품의 수출을 장려하는 정부의 도움에 힘입어 상인들은 부자가 되었다. 중상주의자들은 상인에게 이로운 일이 국가에도 이로운 일이라고 주장했다. 여기서 우리는 때로 경제사상이 사회 내 특정 집단에만 이익을 가져다주는 결말로 이어진다는 점을 살펴볼 수 있다. 중상주의는 수입을 제한함으로써 노동자보다 상인에 더 호의적으로 작동했다. 수입품에 세금을 부과하면 상인은 돈을 더 많이 벌지만, 일반인은 생활에 필요한 음식과 옷에 결국 더 큰 비용을 지출하게 된다. 이것이 바로 후대의 사상가들이 중상주의는 잘못되었다고 비판한 또 다른 이유다. 뒤에서 우리는 보통 '현대 경제학의 아버지'로 여겨지는 애덤 스미스를 만날 것이다. 애덤 스미스는 경제학자가 해야 할 일은 경제가 작동하는 방식에 관한 객관적인 법칙을 발견하는 것이라고 생각했고, 중상주의자가 이에 실패한 원인은 그들이 주로 자신의 이익을 위한 논쟁을 펼쳤기 때문이라고 보았다. 애덤 스미스는 상인에게 좋은 일이 항상 나라에도 좋은 일인 건 아니라고 했다.

중상주의자는 수입품을 나쁜 것이라 여겼지만, 현대 경제학자는 이를 말도 안 되는 주장이라고 생각한다. 중상주의 시대의 시각으로는 영국이 네덜란드에 못을 팔면 영국은 이득(못을 판매한 대금)을 얻고 네덜란드는 손해를 보는 것이었다. 하지만 네덜란드 사람이 원하는 게 영국 못(아니면 러시아산 철갑상어 알이나 프랑스 치즈)이라면 수입품도 나쁜 게 아니다. 수입품은 보통 경제 진보에 필수다. 예를 들어 시골에서 도시로 식품을 운송하기 위한 마차를 만드는 데 튼튼한 외국산 못을 사용한다고 해보자. 그러면 영국이 네덜란드에 못을 팔아 양국이 모두 이득을 얻는 셈이다. 영국은 돈을 벌고 네덜란드는 품질 좋은 못을 싸게 얻기 때문이다.

애덤 스미스가 중상주의를 비판한 건 18세기 말의 일이었다. 동시에 영국으로부터 아메리카 식민지가 분리해나가면서 영국은 또 한 번 타격을 입었다. 영국은 식민지를 통제해 자국 상인들이 상품을 팔 수 있는 시장을 확보했지만, 식민지에서 영국의 통치에 저항하며 독립을 선언하자 영국 정부는 더 이상 자국 상인들에게 시장을 보장할 수 없었다.

토머스 먼과 같은 사상가는 두 시대를 아울렀다. 하나는 중세 시대로, 중세의 경제생활은 지역에서 이루어졌고 돈보다 종교와 개인적인 친분을 바탕으로 하는 유대 관계가 중심이 되었다. 다른 하나는 이제 막 시작된 산업 시대로, 이때는 돈이 경제를 지배했고 사람들의 경제생활은 지역과 전 세계로 확대되었다. 중상주의자는 이러한 두 시대를 연결했다. 중상주의자는 도덕보다 자원과 돈을 강조하며 관심을 기울인 최초의 사람들이었으며, 뒤이어 나타난 여러 경제사상에 영향을 준 특징을 나타냈다. 중상주의자는 부를 추구하는 행위가 성경의 가르침에 어긋나는지 아닌지를 걱정하지 않았다. 그들에게는 돈이 새로운 신이었다. 상업에 종사하는 사람이 더 큰 힘을 얻게 되면서 다른 사람들은 교역이나 돈벌이가 아니라 기사나 왕의 명예와 용기를 중시하는 기사도에 가치를 둔 옛 삶의 방식이 끝나가는 걸 애석하게 여겼다. 1790년 아일랜드의 정치가이자 작가였던 에드먼드 버크는 '기사도의 시대는 저물었다'라고 했다. '경제학자와 계산기의 시대가 뒤를 이었다. 그리고 유럽의 영광은 영원히 사라졌다.'

CHAPTER 5

풍년

1760년 어느 날 오후 베르사유 궁전에서 프랑수아 케네 (1694~1774)는 절망에 빠져 있었다. 친구이자 공동 연구자인 마르키스 드 미라보가 막 펴낸 책이 많은 사람의 심기를 불편하게 했기 때문이다. 『조세론』이라는 그 책은 다소 지루한 내용이 담겨 있을 것처럼 들렸다. 하지만 이 책 때문에 마르키스 드 미라보는 투옥되었다. 프랑수아 케네는 루이 15세가 사랑한 정부情婦 퐁파두르 부인의 주치의였다. 그로부터 몇 년 전, 매주 화요일 미라보의 저택에서 생각을 나누는 사상가 모임에서 케네는 60세의 나이로 모임을 선도해나가는 사람이 되었다(미라보의 도움이 있었다). 이들은 세계 최초의 '경제학파'였다. 케네는 왕실에 잘 알려진 인물이었고, 강력하지만 정중하게 프랑스 경제를 비판했다. 하지만 미라보는 다혈질이었다. 미라보는 책에서 프랑스가 소작농에게 부과하는 세금을 철폐하고, 대신 귀족들에게 세금을 부과해야 한다는 케네의 제안을 따라야 한다고 목소리를 높였다. 이에 왕은 분노했고 미라보를 감옥에 가두었다. 퐁파두르 부인은 걱정스러워하는 주치의에게 왕을 진정시켜보겠다며 모두 지나갈 일이라고 말하면서 그의 마음을 달래려 했다. 케네는 퐁파두르 부인에게 왕 앞에 설 때마다 '이분이 내 목을 벨 수 있구나'라는 생각밖에 떠오르지 않는다고 침울하게 말했다.

미라보가 알게 된 것처럼, 세금은 민감한 문제다. 통치자는 국민에게 세금을 부과해야 한다. 그러지 않고서 어떻게 왕실이 쓰는 비용을 감당하고 군대가 나라를 지키도록 할 수 있을까? 당시 프랑스는 전쟁을 치르느라 많은 돈을 썼고, 왕과 귀족은 멋진 성에 살며 연회를 열고 보석으로 치장하느라 더욱 많은 돈이 필요했다. 하지만 우선 누구에게 과세할지, 다음으로는 얼마를 과세할지가 문제였다. 통치자는 힘 있는 귀족들을 계속 곁에 둬야 하므로 귀족 계급에 과세하기가 쉽지 않았다. 그렇다고 소작농에게 세금을 너무 많이 부과하면 일을 하지 않거나, 혹은 더한 경우 반란을 일으킬지 모른다. 한 세기 전에 재상이었던 장 바티스트 콜베르는 이러한 과세의 균형 문제를 염두에 두고 '과세의 기술은 거위가 소리를 가장 적게 지르게 하면서 가장 많은 양의 털을 뽑는 데 있다'라고 말했다. 케네는 프랑스의 거위(프랑스의 사회와 경제)는 털을 너무 심하게 뽑혀 사실상 털이 없는 셈이라고 생각했다. 그로부터 몇십 년이 흐른 뒤 프랑스라는 거위는 크게 소리를 내지르며 혁명을 일으켰다. 하지만 당시에 거위는 죽을 듯 크게 소리를 지르지는 않았다. 영국과 비교하면 프랑스의 농업은 낙후되어 있었고, 비생산적이었다. 소작농의 삶은 비참했다. 농촌 사람들은 가난과 기근에 시달렸고, 오랫동안 힘들게 일만 해야 했다. 케네는 왕실과 귀족들의 손에 들어갈 세금을 높은 세율로 농부들에게 부과하는 방식을 비판했다. 소작농과 달리 귀족과 부유한 성직자들은 세금을 한 푼도 낼 필요가 없었다.

케네는 농업은 특별하다고 했다. 들판과 강, 사냥터로 활용되는 자연은 국가에 부를 안겨주는 궁극의 원천이었다. 이것이 바로 케네가 속한 사상가 모임, 즉 처음으로 자신들을 경제학자라고 불렀던 이들의 생각이 '자연에 의한 지배'라는 의미에서 '중농주의physiocracy'로 알려지게 된 이유다. 중농주의자들은 부를 땅에서 생산된 밀과 돼지라고 보았다. 농부들은 직접 기른 작물을 스스로 소비하거나, 혹은 이를 팔아 번 돈으로 먹고산다. 그뿐만 아니라 때로는 다른 사람에게 판매할 수 있는 잉여분을 생산한다. 케네는 이러한 잉여생산분이 경제의 생명력이라 믿었고, 이를 '순생산물 net product'이라고 불렀다. 순생산물은 농산물(총생산물)에서 농부가 필요한 만큼 갖고 난 뒤 남은 분량이다. 케네는 순생산물에는 자연과 함께하는 사람들이 생산하는 것만 포함된다고 보았다. 어부가 강에서 잡은 생선이나 양치기가 초원에서 키운 양 같은 것을 말한다.

중농주의자들은 순생산물이 신이 주신 변하지 않는 자연의 법칙을 따르는 경제에서 발생하는 것이라고 믿었다. 그러므로 통치자가 순생산물의 생산에 간섭하려는 건 현명하지 못한 생각인데, 프랑스의 군주는 바로 그런 간섭을 해왔다고 중농주의자들은 말했다. 그 때문에 농민들은 피가 말랐고 나라의 농업 발전이 가로막혔다. 설상가상으로 농부들이 착취당하는 동안 장인과 상인은 나라로부터 특혜를 받았다. 프랑스에는 자국의 산업을 강화하기 위한 복잡한 법이 있었는데, 주로 제조업자를 국내외 경쟁으로부터 보호하는 내용을 담고 있었다. 그리고 그 법은 앞서 제4장에서 살펴본 중상주의 사상가들이 제안했던 내용을 따르는 부분이 많았다.

상인과 장인은 '길드guild'를 통해 자신들의 특권을 방어했다. 길드는 중세 시대부터 이어져온 조직으로, 보통 매우 강력한 힘을 지니고 있었다. 당시보다 몇십 년 전 파리에서 있었던 일을 살펴보면 길드가 소속 조합원의 지위를 보호하기 위해 어떤 일까지 해주었는지 알 수 있다. 1696년 6월 파리의 단추 생산업자들이 난리를 피웠다. 이들은 자신의 실크 단추 거래 지배권을 위협하는 불법 단추를 찾아내려고 양복점에 들이닥쳤다. 몇몇 진취적인 재단사가 양모로 단추를 만들기 시작한 게 문제였다. 단추 생산업자들의 길드에서 재단사들의 그러한 시도에 불만을 드러냈고, 당국에서는 모직 단추 금지령을 내렸다. 하지만 파리의 양복 가게에서는 금지령을 무시했고, 그러자 길드 관리인들은 당국의 금지령을 지키지 않는 재단사들을 찾아냈고, 심지어 길에서 모직 단추가 달린 옷을 입은 사람을 보면 전부 체포하려 했다. 오늘날 생산자 협회에서 사람들이 구매할 수 있는 상품을 통제하는 그 정도의 힘을 가졌다고 생각해보면 놀라운 일이다. 단추 생산자들은 그들이 누리는 특혜 덕분에 돈을 벌었다. 중농주의자들은 생산자들이 이익을 얻을 수 있었던 건 그들이 실질적으로 경제적 잉여를 만들어내서가 아니라 오직 그들에게 주어진 특혜 때문이라고 여겼다.

케네는 제조업계에는 사실 흑자를 낼 능력이 전혀 없다고 말했다. 단추 생산자가 단추를 팔아 이익을 내는 건 그저 단추를 만드느라 소비하는 노동력과 비단 덕분일 뿐이다. 단추 생산자가 하는 일이라곤 자연이 이미 만들어둔 자원의 형태를 바꾸는 게 전부이다. 케네는 이러한 제조업을 '불모' 행위라고 불렀다. 그런데 엎친 데 덮친 격으로 프랑스 정부는 산업을 장려하면서 생산성 높은 농장에서 자원을 가져다가 여러 불모 산업에 투입했다. 케네는 은행가와 상인을 한층 더 비판적인 시각으로 바라보았는데, 그가 보기에 은행가와 상인은 스스로 아무런 기여도 하지 않은 채 다른 사람이 만들어낸 가치 주변에서 얼쩡거리는 경제 기생충이었다.

케네는 의사로서 경제를 하나의 커다란 유기체로 보았고, 귀중한 경제 잉여분은 전체 경제에 필수적인 혈액을 공급하는 역할을 한다고 생각했다. 케네는 이러한 생각을 설명하기 위해 최초로 경제'모형', 즉 경제를 단순화해 보여주는 그림을 만들어냈다. 케네의 경제모형은 그가 고안한 경제표Tableau Economique라는 독창적인 표 안에 들어 있었다. 그는 경제 주변에서 일어나는 자원의 순환을 보여주는 여러 개의 지그재그 선을 그렸다. 농부는 잉여분을 생산하고, 땅을 소유한 귀족에게 임대료 형태로 잉여분을 지불한다. 귀족은 농부에게서 받은 임대료를 수공업자에게 내고 실크 단추와 은촛대를 산다. 다시 수공업자는 농부로부터 식량을 사고, 그렇게 경제의 순환이 완성된다. 경제는 농부와 지주, 수공업자 사이에서 잉여분이 순환하는 흐름이었다. 잉여분이 늘어나면 이들 사이에 더 많은 자원이 움직이고, 경제가 성장한다. 반대로 잉여분이 줄어들면 경제는 위축된다. 중농주의자들이 프랑스에서 일어나는 일이라고 믿은 바로 그런 현상이다.

케네가 그린 지그재그 모델을 보고 사람들은 깊은 인상을 받았지만, 당혹스러웠다. 미라보는 지그재그 선이 의미하는 바를 알아내자 케네가 유럽에서 가장 현명한 사람이며 소크라테스만큼 똑똑한 사람이라고 강조했다. 케네의 경제표는 분명 다른 사람들에게 큰 영향을 미쳤다. 애덤 스미스를 포함해 후대 경제학자들은 케네의 경제표에 찬사를 표했으며 노동자와 기업, 소비자 사이에서 일어나는 자원의 순환이라는 개념은 오늘날에도 경제를 이해하는 데 기본적인 사항이다.

의사 케네에게는 프랑스의 병을 고칠 치료법이 있었다. 가장 중요한 방법은 경제 내에서 잉여분의 생산을 늘리는 것이었다. 미라보는 잉여생산분을 늘리는 방법을 설명하려다 곤경에 처하게 되었다. 케네의 지그재그 모델은 농부에게 과세하는 방식에 문제가 있다는 점을 보여주었다. 농부가 내야 할 세금이 많으면 이듬해에 뿌릴 씨앗의 양이 적어지고, 농기구를 개선하는 데 사용할 돈도 줄어들었다. 하지만 지주인 귀족에게만 과세하면 농부에게는 땅을 경작할 자원이 더 많이 남을 터였다. 그러면 경제에 전반적으로 잉여분이 늘어나는 데 도움이 될 것이었다. 그렇게 경제가 성장하면 결국에는 귀족들에게도 이익이 된다. 하지만 불운하게도 미라보가 투옥될 당시에는 이러한 주장이 묵살되었다.

농부들은 무거운 세금에 짓눌렸을 뿐 아니라 곡식을 수출할 수 없었고, 국내에 판매할 때도 정해진 방식을 따라야 했다. 이러한 제약 때문에 농부들이 버는 돈이 줄어들었고, 경제의 잉여생산분은 훨씬 더 줄어들었다. 케네는 농업을 통제하는 온갖 답답한 규제를 완화하고 상인이 누리는 특권을 폐지하라고 정부에 촉구했다. 그는 '자유방임laissez-faire' 정책을 주장했는데, 이는 문자 그대로 '하도록 내버려두라'는 뜻이었다. 정부가 경제에 간섭하지 않는 정책을 묘사할 때 사용하는 이 프랑스어 표현은 오늘날에도 여전히 사용되고 있다. 중농주의자의 주장은 정책에 어느 정도 영향을 미쳤다. 예를 들어 1760년대에 프랑스 정부는 농부가 곡식을 좀 더 쉽게 팔 수 있도록 규제를 완화해주었다. 이후 케네의 사상학파는 쇠퇴일로를 걸었고, 케네도 실용적인 경제학 질문에서 벗어나 추상의 즐거움을 주는 기하학으로 관심을 옮겼다.

케네는 경제행위를 묘사하는 법칙을 찾으려 했고, 경제모형을 통해 이를 설명했다는 점에서 완전히 현대적인 사상가였다. 오늘날 경제학에서 사용하는 방법론도 이와 같은 방식이다. 케네 이전의 시대에는 종교와 전통이라는 렌즈를 통해 경제를 바라보거나, 혹은 (중상주의자가) 종교를 배제했을 때도 생각이 대립하며 피어난 희뿌연 안개 속에서 경제를 바라보았을 뿐 명확한 원칙을 통해 경제를 파악하지 않았다. 케네는 경제란 그냥 내버려두는 게 가장 좋다고 주장하면서 오늘날 많은 경제학자가 지닌 신념을 당시에 이미 예상했다. 정부가 경제에 간섭하지 않는 게 대개 가장 좋은 방법이라는 것으로, 예를 들어 무거운 세금을 지나치게 많이 부과하는 것 등의 일이다. 케네는 경제적 가치의 원천을 돈만이 아니라 밀, 돼지, 생선과 같은 확고한 실물에서 찾았다는 점에서 획기적인 사상가였다. 하지만 경제적 가치의 원천을 농업으로 한정한 탓에 중농주의자들은 과거에 갇혀 있는 셈이었다. 중농주의자들이 글을 쓴 시기는 유럽을 뒤바꿔놓은 경제 혁명이 일어나기 직전이었다. 경제 혁명이 일어나면서 제조업자들은 제품을 더 싸게 만들거나 새로운 상품을 개발함으로써 경제적 가치를 새로 만들게 되었다. 이로 인해 얼마 지나지 않아 자연이 주는 풍족한 선물은 강과 들판에서만이 아니라 공장에서도 열매를 맺게 되었다.

결국 케네는 프랑스 경제체제의 비판자인 동시에 옹호자였다. 그는 프랑스의 귀족에게 세금을 부과해야 한다는 대담한 주장을 펼쳤다. 세금을 내지 않아도 된다는 건 귀족들이 소중히 여긴 특권이자 사회 내에서 귀족의 신분을 나타내는 중요한 상징이었기 때문이다. 케네는 마찬가지로 대담하게도 프랑스의 왕이 경제 발전을 억누르고 있다고 비판했다. (이 때문에 케네는 왕의 노여움을 사지 않을까 염려했지만 별다른 일은 일어나지 않았다. 미라보는 책 때문에 투옥되었지만 이후 퐁파두르 부인이 풀려나도록 도와주었고, 케네는 장수해 왕보다 몇 개월 더 살다가 세상을 떠났다.) 케네는 부유하고 힘 있는 귀족의 귀에 거슬리는 주장을 펼치는 위험을 감수했지만, 귀족에게 충성을 다했다. 왕과 퐁파두르 부인과 함께 케네는 궁정 회랑을 걸어 다니며 모여든 사람들을 만나는 나날을 보냈다. 케네는 왕과 왕비가 이끄는 유럽의 '구체제'에서 큰 부분을 차지했고, 귀족과 소작농으로 계층을 나누어 구분하는 사회에 믿음을 가졌다. 그래서 케네는 왕이 경제에 접근하는 방식을 바꿔야 한다고 주장했지만, 여전히 매사를 다스리는 전능한 군주가 있기를 바랐다. 케네처럼 대담한 경제학자라도 대개 사회 내에서 가장 큰 힘을 가진 계층이 정한 방식 안에서 생각해야 한다.

케네가 사망한 후 1789년 강력한 혁명이 일어나 왕, 귀족, 농민으로 이루어진 구체제가 산산이 조각나자 프랑스의 귀족은 피바람 속으로 휩쓸려갔다. 이후 경제학자들은 절대군주의 권위에 바탕을 둔 케네의 사상을 저버리게 되었지만, 케네는 현대 경제학의 형태를 갖추는 길을 열어주었다.

CHAPTER 6

보이지 않는 손

스코틀랜드의 철학자 애덤 스미스(1723~1790)는 생각에 깊이
빠져 때로 자신이 어디에 있는지조차 잊어버리는 사람으로 유명
했다. 친구들은 그가 마치 새로운 아이디어를 시험해보는 것처럼
입술을 달싹거리고 고개를 끄덕이며 혼잣말하는 모습을 목격하
곤 했다. 어느 날 애덤 스미스는 스코틀랜드의 작은 마을 커콜디
에 있는 자택에서 아침에 일어나 깊은 생각에 빠진 채 정원을 걷
고 있었다. 그는 잠옷 위에 가운만 걸친 차림으로 길거리까지 나
갔고, 20킬로미터쯤 떨어진 옆 마을에 닿을 때까지 그의 산책은
계속되었다. 옆 마을에서 일요 예배 시간을 알리는 교회 종소리
를 듣고서야 그는 겨우 정신이 들었다.

애덤 스미스가 그 정도로 생각에 잠긴 데에는 그럴 만한 이유가 있었다. 그는 도시에서 철학자로 이름을 날렸지만, 경제학 역사상 가장 유명해질 책을 쓰기 위해 도시의 소란스러움을 피해 이사를 했다. 그 책 덕분에 이후 애덤 스미스는 '현대 경제학의 아버지'라고 불리게 된다. 산책으로 기분 전환을 하고 잠 못 드는 밤을 수없이 보낸 끝에 1776년 그는 마침내 두꺼운 책을 펴냈다. 『국부론』이었다.

『국부론』에서 애덤 스미스는 경제학의 가장 근본적인 질문을 던졌다. 사익 추구와 좋은 사회가 양립할 수 있는가? 이 질문을 이해하기 위해서 사회가 작동하는 모습을 축구팀 활동과 비교해 보자. 좋은 축구팀에는 훌륭한 선수가 있어야 하는 게 당연하다. 훌륭한 선수는 그저 공을 드리블하고 슈팅을 잘하는 것 이상의 몫을 한다. 훌륭한 선수는 팀워크를 발휘할 줄 안다. 수비수라면 후방에 남아 실점하지 않도록 자리를 지킨다. 공격수라면 앞으로 나가 득점하려 애쓰는 등 팀의 일원으로서 역할을 하는 것이다. 팀워크가 좋지 못한 선수는 자신의 영광만 생각한다. 그런 선수는 자기가 골을 넣을 생각만 하므로 경기장에 널리 퍼져 팀이 득점하도록 돕지 않고 하나같이 공 뒤만 따라서 뛴다. 그 결과 경기장에는 혼란이 벌어지고, 득점은 전혀 이루어지지 않는다.

사회는 함께 일하고 거래하는 사람 수백만 명이 모인 팀이다. 사회라는 팀이 잘 작동하려면 무엇이 필요할까? 경제가 축구와 같다면 사회에는 팀을 위해 뛸 선수가 필요하다. 사회 전체의 이익을 위해 뛰어줄 선수 말이다. 마치 개인의 영광에만 집착하는 축구 선수처럼 주로 자기 자신만, 즉 자신의 사익만 생각하는 선수는 필요하지 않다. 예를 들어 빵집 주인은 가능한 한 많은 돈을 벌려고 애쓰기보다 이웃 주민들이 저녁 식사에 먹을 빵이 충분한지 확인한다. 정육점 주인은 일을 도와줄 사람이 정말 필요해서가 아니라 친구에게 일자리를 마련해주기 위해 직원으로 고용한다. 모든 사람이 서로를 잘 대해주면 사회는 화합의 장이 될 것이다.

하지만 애덤 스미스는 이러한 생각을 뒤집었다. 그는 사람들이 각자 자신의 이익을 위해 움직일 때 사회가 잘 작동한다고 주장했다. 항상 서로에게 잘해주려 애쓰기보다 자신에게 가장 도움이 되는 일을 하면 결국 더 많은 사람이 혜택을 입게 된다는 것이다. 애덤 스미스는 이렇게 말했다. '정육점 주인, 양조장 주인, 혹은 빵집 주인이 선행을 베풀어서가 아니라 그들이 각자의 이익에 관심을 가졌기 때문에 우리가 저녁 식사를 할 수 있다.' 빵집에서 저녁에 먹을 빵을 구할 수 있는 건 빵집 주인이 착하고 좋은 사람이라서가 아니다. 물론 착하고 좋은 빵집 주인도 있겠지만, 그렇지 않은 빵집 주인도 있다. 어느 쪽이든 그건 중요하지 않다. 여기서 중요한 건 빵집 주인이 돈을 벌기 위해 빵을 팔아 자신의 이익을 추구했기 때문에 우리가 빵을 살 수 있다는 점이다. 마찬가지로 우리가 빵을 구매해 우리의 이익을 추구했기 때문에 빵집 주인은 생계를 유지한다. 우리는 빵집 주인의 사정에 신경 쓰지 않고, 빵집 주인도 우리의 사정을 신경 쓰지 않는다. 아마 빵집 주인과 우리는 서로 알지도 못하는 사이일 것이다. 사람들이 서로에게 도움이 되는 건 모두가 낯선 이를 돕고 싶어 하는 착한 사마리아인이라서가 아니라 각자 자신에게 가장 도움이 되는 행위를 하기 때문이다. 결국 사람들이 사익을 추구하면 혼란이 아니라 사회적 화합이 찾아온다.

축구팀과 경제 사이에는 또 다른 중요한 차이점이 있다. 축구팀에는 선수를 조직할 감독이 있어야 한다. 감독이 말 그대로 선수들의 손을 잡고 경기장 내 여러 구역으로 보낸다고 생각해보자. 수비수는 뒤로 데려가고, 공격수는 전방으로 데려다놓는 등과 같은 식으로 말이다. 선수를 안내하는 감독의 손 덕분에 팀은 경기를 잘 풀어나간다. 하지만 경제에서는 누구도 그런 역할을 할 수 없다. 빵집 주인에게 빵을 몇 덩어리 구워야 하는지, 양조장 주인에게 어떤 맥주를 만들어야 하는지 알려주는 사람은 없다. 다들 각자 돈을 벌 수 있을 거라는 생각에 근거해 스스로 결정한다. 그런 식으로도 사회는 잘 작동한다. 사회에는 마치 팀을 조직하는 감독의 손길이 있는 것처럼 보이지만, 막상 찾아보려 하면 그런 건 없다. 이러한 상황을 설명하기 위해 애덤 스미스는 경제학에서 가장 유명한 표현을 생각해냈다. 바로 사회가 '보이지 않는 손invisible hand'을 따른다는 것이다.

이쯤에서 아마 이런 생각이 들 것이다. 정부는 어떻게 된 걸까? 정부가 경제를 이끄는 게 아닐까? 맞는 말이다. 어느 정도는 정부가 경제를 이끄는 면이 있다. 당신이 어느 나라 출신이든, 각 나라에는 온갖 일을 도맡아 하는 정부가 있을 확률이 높다. 이 책의 후반부에서는 정확히 정부가 하는 일에 관한 이야기를 다룰 것이다. (앞으로 살펴보겠지만, '공산주의' 국가라는 일부 사회에서는 정부가 경제를 완전히 통제하면서 모든 국민에게 무슨 일을 해야 하는지 항상 알려준다.) 그렇기는 하지만, 우리가 속한 나라의 경제는 아마 애덤 스미스가 말한 경제와 상당히 유사한 점이 많을 것이다. 다음번에 동네 가게에 들르면 상자에 담긴 토마토와 우유 팩, 신문 뭉치를 둘러보라. 그러한 상품은 어떻게 그 가게까지 왔을까? 그건 가게 주인이 우리처럼 해당 상품을 원하는 사람에게 판매하려고 매입하겠다는 결정을 내렸기 때문이다. 정부뿐 아니라 그 누구도 가게 주인에게 어떻게 하라고 말하지 않았다.

애덤 스미스가 말한 '보이지 않는 손'이라는 개념을 들으면 '탐욕이 좋은 것'이라고 생각하기 쉽다. 하지만 그건 왜곡된 해석이다. 애덤 스미스는 상업 사회가 인간의 여러 좋은 품성과 연관되어 있다고 보았다. 빵집 주인과 정육점 주인은 보통 다른 사람을 친절히 대한다. 친구가 아프거나 돈을 잃으면 함께 슬퍼한다. 그렇게 사람들은 옳고 그름에 관한 인식을 키운다. 사람들이 언제나 완전히 이기적이기만 하다면 상업은 제대로 작동하지 않을 것이다. 빵집 주인은 빵 덩어리의 무게를 속일 것이고, 양조업자는 맥주에 물을 탈 것이기 때문이다. 그렇게 거짓말과 속임수가 일상이 되면 혼란이 뒤따른다. 사람들이 정직하고 서로 신뢰할 때 각자의 사익을 추구하는 행위는 사회에 이익이 된다.

그리고 애덤 스미스의 '보이지 않는 손'은 제대로 된 사람에게 서로 상품을 교환할 자유, 즉 물건을 사고팔 자유가 있을 때 작동한다. 물건을 교환하고자 하는 의사가 있다는 점에서 인간은 동물과 다르다. 뼈다귀를 맞바꾸는 개는 본 적이 없지만, 사람은 항상 서로 교환한다. 우리는 빵을 주고 상대의 맥주를 받는다(돈을 받고 빵을 판 뒤 그 돈으로 맥주를 산다고 하는 편이 더 정확할 것이다). 이처럼 온갖 교환이 이루어진 결과 사람들은 특정한 일을 전문화한다. '분업division of labour'이 발생하는 것이다. 어느 작은 마을에서 처음에는 모든 주민이 자신이 먹을 빵을 굽고, 마실 맥주를 만들었다. 그러다 보니 어떤 사람은 빵을 정말 잘 굽게 되어 집에서 먹을 빵보다 더 많이 굽게 되었다. 그는 남는 빵을 맥주를 받고 팔았다. 그러다 마침내 맥주 만드는 일은 완전히 그만두고 빵을 구워 팔아 맥주를 잘 만드는 사람에게서 필요한 만큼 맥주를 전부 샀다. 모두에게 좋은 일이다. 애덤 스미스가 『국부론』을 쓴 때에 분업은 새로운 형태를 띠고 있었다. 영국의 사업가들은 거대한 수차의 힘으로 돌아가는 공장을 세웠다. 여러 층을 갖추고 수백 명의 직원을 고용하는 공장도 있었다. 공장 안 각각의 작업실에서 도구를 갖춘 노동자가 생산의 특정 단계를 담당했다. 애덤 스미스는 전문화된 노동이 경제의 효율성을 향상하는 방법을 설명하며 핀을 만드는 공정을 생각해보라고 했다. 핀을 만들려면 우선 철사를 뽑은 뒤 끝을 뾰족하게 갈아야 한다. 그리고 나서 핀의 머리 부분을 만들어 몸체에 붙여야 한다. 마지막으로, 완성한 핀을 포장해야 한다. 애덤 스미스는 핀을 만들기 위한 열여덟 가지 공정을 관찰했다. 혼자서 이 일에 매달린다면 하루에 한두 개를 만들기도 어려울 것이다. 하지만 여럿이 모여 각자 다른 일을 하다 보면 맡은 일을 정말 잘할 수 있게 된다. 특히 다양한 공정에 사용할 특수 기계가 있다면 핀을 더 많이 만들 수 있다. 이처럼 여러 명이 함께하면 매일 수많은 핀을 생산하게 된다. 전문화된 노동 체계가 경제 전반으로 퍼지면 낮은 비용으로 많은 상품을 생산할 수 있다.

시장이 발달하면 전문화specialization도 한층 발전한다. 외부 세계와 전혀 연결되지 않은 채 단 열 명만 모여 산다면 시장이 작으므로 누군가는 종일 핀 끝부분만 다듬고, 다른 누군가는 종일 핀의 머리 부분만 만드는 식으로 분업을 하는 게 별 의미가 없다. 빵집, 양조장, 정육점도 따로 있어야 할 필요가 없다. 시장이 커질 때 마을끼리 서로 이어지고 전문화된 분업이 수익을 낸다. 큰 도시에서는 정말 복잡한 분업도 가능하다. 건축가, 피아노 조율사, 밧줄 만드는 사람과 돈을 받고 묏자리를 파는 사람도 도시 안에서 생계를 유지할 수 있다. 사람들이 서로 물건을 사고팔 때 '보이지 않는 손'에 의해 이 모든 일이 일어난다.

애덤 스미스는 '보이지 않는 손'은 모든 사람에게, 심지어 사회 내 극빈층까지 돕는다고 말했다. 노동자의 값싼 셔츠를 생산하려면 전문화된 업무를 수행하는 많은 사람과 기계의 도움이 필요하다. 실을 잣는 물레, 천을 짜는 직기, 그리고 단추를 다는 재단사가 있어야 한다. 게다가 직기를 만드는 데 쓰인 나무를 베는 사람과, 완성된 셔츠를 운송하는 배에 쓰인 못의 원재료인 철광석을 캐는 광부를 생각해보라. 셔츠 한 장을 만드는 데 수천 명의 노동이 들어간다. 이 수많은 노동자의 행위가 더해져 거대한 사회 기제를 형성하고, 마치 시계가 움직이는 것처럼 각각의 노동이 하나의 조각처럼 다른 조각과 맞물려 움직이면서 어느 노동자가 셔츠를 사려는 바로 그 순간 하나의 상품이 된다.

애덤 스미스는 또한 부라는 것 자체에 새로운 개념을 도입했다. 중농주의자들은 땅에서 부가 난다고 생각했고, 중상주의자들은 부는 곧 금이라고 여겼다. 하지만 애덤 스미스는 한 국가의 부를 그 나라의 경제가 국민을 위해 생산하는 유용한 재화(밀, 맥주, 셔츠, 책 등)의 총량으로 보았다. 오늘날 경제학자가 한 국가의 부를 생각하는 방식도 애덤 스미스와 같다. 국가의 소득('국민소득national income')은 해당 국가의 기업이 만든 모든 재화의 가치를 합한 것이다. 애덤 스미스는 경제의 핵심은 국민이 소비할 재화를 공급하는 것임을 깨달았다. 그에 반해 중상주의자는 국민이 재화에 접근함에 따라 얻게 되는 이득은 고려하지 않았다. 중상주의자에게는 금을 얻기 위해 해외에 판매할 상품을 생산하는 것이 중요했다. 수입품을 포함해 많은 상품을 이용할 수 있다는 건 심지어 나쁜 일이 될 수도 있었다. 상품을 사기 위해 돈을 쓰다가 국외로 금이 흘러나가게 되는 때가 그러했다.

애덤 스미스는 당시 분업과 사익 추구를 바탕으로 하여 새로 탄생하고 있는 경제를 통찰했다. 그는 현자라고 칭송받았다. 대개 다른 무엇보다 시장을 우선해야 하며, 정부는 가능한 한 개입을 줄이고 기업은 그들이 원하는 대로 움직여야 한다고 믿는 사람들이 애덤 스미스를 칭송했다. 『국부론』이 출간되고 200여 년이 흐른 뒤 미국 대통령 로널드 레이건은 애덤 스미스에게서 영감을 얻었다며 그의 이론을 옹호했다. 당시 백악관 직원들 중 일부는 애덤 스미스의 초상화가 그려진 넥타이를 매기도 했다.

그런다고 애덤 스미스가 기뻐하지는 않았을 것이다. 그 이유 중 하나로, 우선 애덤 스미스는 당시 유럽을 지배한 중상주의 체제를 공격하기 위해 시장의 역할을 옹호했기 때문이다. 중상주의 체제에서는 물건을 사고파는 데 많은 제약이 따랐는데, 애덤 스미스는 그러한 체제가 해체되기를 바랐다. 그렇기는 해도 애덤 스미스는 여전히 경제 내에서 정부가 중요한 역할을 한다고 믿었다. 또한 애덤 스미스는 번듯한 사람들이 각자 사익을 추구하며 조화를 이루는 모습 뒤로 울리는 불협화음을 들었다. 분업으로 노동자의 업무는 단순해졌다. 분업은 생산성을 늘리지만 노동자를 '무지하고 어리석게' 만든다. 그리고 새로 생겨난 부는 노동자와 고용주에게 각각 어떻게 분배해야 할까? 새로운 경제체제에는 갈등과 조화의 가능성이 둘 다 존재했다. 애덤 스미스 이후의 경제학자들은 이 두 가지 가능성 중 어느 한쪽을 강조하게 되었다.

CHAPTER 7

옥수수와 철의 만남

　프랑스의 역사학자이자 여행가였던 알렉시스 드 토크빌은 1830년대에 영국 맨체스터를 방문했을 때 새로운 사회의 징후를 발견하고 놀라움을 감추지 못했다. 높다란 공장에서 도로와 주택 위로 연기와 그을음을 뿜어냈다. 사방에서 산업 현장의 소리가 들렸다. '기계 바퀴가 철컹거리는 소리', '보일러에서 쉭쉭 뿜어져 나오는 증기 소리', '천을 짜는 직기에서 탁탁거리며 나는 규칙적인 소리'였다. 맨체스터에 있는 것과 같은 공장이 19세기 동안 영국 경제의 모습을 바꿔놓았다. 공장 소유주는 천, 유리, 나이프와 포크 등 상품을 만드는 데 필요한 도구와 기계를 구매했고, 공장 주변에 있는 작은 집에 살면서 일하기 위해 매일 물밀듯 들어오는 노동자들에게 임금을 지급했다. 점점 더 저렴한 비용으로 상품이 생산되었고, 새로운 상품도 개발되었다. 남성과 여성, 어린이도 농장을 떠나 점점 커지고 있는 도시로 이주했다. 도시에서 이들은 증기를 동력으로 작동하는 기계 옆에서 고된 노동을 했다. 더는 들판 위로 뜨고 지는 해에 맞춰 생활하지 않았고, 고용주가 정한 시간과 일정에 따라 움직였다. 이는 매우 근본적인 변화였기에 훗날 '산업혁명Industrial Revolution'이라 불리게 되었다.

　도시 너머에는 농촌 지역이 있었고, 농촌에서는 공장 노동자들이 먹을 밀을 재배했다. 농업은 오랫동안 나라 경제의 근간이었고, 그 결과 지주가 부와 권력을 누렸다. 과거에는 마을에 전해 내려오는 오래된 관습에 따라 토지를 분배했다. 하지만 지주는 커다란 농장을 만들기 위해 조금씩 땅을 둘러막았고, 마을의 농부와 양치기는 농장에 고용되어 임금을 받고 일하는 노동자가 되었다. 자본가인 농부는 이처럼 노동자를 고용해 자신이 소비하기 위해서가 아니라 내다 팔아 이윤을 남기기 위해 곡물을 재배했다. 새로운 농업 기법의 발달로 도시의 늘어나는 인구를 먹여 살릴 식량을 공급할 만큼 막대한 양의 농산물을 재배할 수 있게 되었다. 그 후 맨체스터와 같은 도시에는 창고와 공장이 가득 들어섰고, 나라의 부를 이루는 기반이 농업에서 산업으로 이동했다. 사람들은 산업 경제에 투자해 부를 쌓기 시작했다. 그런 투자자들 중에 데이비드 리카도(1772~1823)도 있었다. 그는 영국의 뛰어난 주식중개인(주식시장에서 주식 거래를 담당하는 사람)이었는데, 부자가 된 후 경제학으로 눈을 돌려 이전의 경제학자들에게서 볼 수 없었던 논리력을 선보였다.

　　　　　　경제학의 역사

18세기에 부유한 집안의 아들은 대학에 입학하기 전 개인 교습을 통해 그리스어와 라틴어를 배웠다. 하지만 리카도의 어린 시절은 달랐다. 리카도의 아버지는 성공한 유대인 사업가로, 실용적인 교육이 더 중요하다고 믿었기에 열네 살밖에 되지 않은 아들을 주식시장에서 일하게 했다. 리카도는 주식 거래에 뛰어난 능력을 발휘해 돈을 많이 벌었다. 훗날 리카도는 영국 정부가 나폴레옹과 맞서 싸우는 데 필요한 자금을 빌려주기도 했다. 리카도와 영국 정부 간의 거래 중에는 1815년 워털루 전투의 결과에 달린 사실상 도박과 같은 것도 있었다. 리카도는 영국 정부에 자금을 대여함으로써 큰 위험을 감수해야 했다. 만일 영국이 전투에서 패배하면 리카도는 많은 돈을 잃게 될 처지였다. 리카도의 친구이자 동료 경제학자인 토머스 맬서스도 대출 금액에 적으나마 지분을 가지고 있었다(토머스 맬서스에 대해서도 곧 살펴볼 것이다). 맬서스는 당황스러워하며 대출에서 자신의 지분은 제외해달라고 리카도에게 요청하는 편지를 썼다. 하지만 리카도는 두려워하지 않고 대출을 강행했다. 영국의 승리를 알리는 뉴스가 나왔을 때 리카도는 하룻밤 새 영국에서 가장 부유한 사람이 되어 있었다.

리카도는 도서관에서 뜻하지 않게 애덤 스미스의 『국부론』을 보게 되면서 경제학과 조우했다. 결과적으로 『국부론』은 리카도가 읽은 가장 중요한 책이 되었고, 엄청난 정신력을 경제 분석에 쏟아야겠다는 영감을 주었다. 때는 새로 나타난 자본가들이 오랫동안 토지를 소유해온 귀족들과 권력 다툼을 벌이는 시절이었고, 늘어나는 나라의 부를 지주와 자본가, 다수의 노동자 사이에서 어떻게 나눌지가 문제였다. 애덤 스미스는 시장이 번영을 가져오는 방식을 보여주었지만, 그로 인한 갈등이 일어날 것도 감지했다. 19세기 초에 식품 가격이 치솟아 노동자들이 분노했을 때 갈등은 고조되었다.

일각에서는 식품 가격이 높아진 이유가 지주가 지대를 많이 받기 때문이라고 생각했다. 지대가 비싸면 농부가 들이는 비용이 커질 수밖에 없기 때문이다. 하지만 리카도는 이 주장에 동의하지 않았고, 반대로 식품 가격이 비싸서 지대가 높아진 것이라고 했다. 리카도는 식품 가격이 몹시 비싸서 다른 모든 사람이 비용을 치르는 대가로 지주가 국부의 대부분을 가져가는 것으로 생각했다. 그러므로 지대를 낮추는 건 이러한 불균형을 바로잡는 데 아무런 도움이 되지 않는다고 보았다.

리카도는 자신의 논리를 이렇게 설명한다. 경제가 곡물을 생산하는 거대한 농장이라고 생각하자. 지주는 자본가인 농부에게 토지를 빌려준다. 농부는 노동자를 고용해 땅을 일구고 씨를 뿌린 뒤 생산된 작물을 판매한다. 인구가 늘어나면 더 많은 곡물이 필요하다. 더 많은 곡물을 기르자니 토지 공급이 부족하고, 농부는 덜 비옥한 땅에서 곡물을 재배하게 된다. 그러면 곡물을 생산하기가 더 어려워지고, 이에 따라 가격이 오른다. 가장 척박한 땅에서 농사를 짓는 농부는 곡물 한 포대를 생산하기 위해 많은 노동자를 부려야 하고, 그들에게 임금을 지급하고 나면 얻게 되는 이윤이 적다. 그렇다면 비옥한 땅에서 농사를 짓는 농부는 적은 수의 노동자를 고용해 같은 양의 곡물을 생산할 수 있으니 이윤이 더 많이 남을 거라는 생각이 들 것이다. 하지만 사실 여기서 이득을 얻는 사람은 지주다. 농부들이 토지 사용을 두고 경쟁을 벌이기 때문이다. 매우 비옥한 땅에서 농사를 지어 정말 큰 이윤을 얻는 농부가 있다면 다른 농부들도 그 땅을 쓰게 해달라며 지주에게 더 높은 지대를 내겠다고 제안할 것이다. 그러므로 곡물 가격이 높으면 자본가인 농부가 버는 이윤이 커지는 게 아니라 지주가 받는 지대가 높아진다. 그렇다면 도시에 공장을 소유한 자본가의 사정은 어떠할까? 공장 소유주의 이윤도 줄어든다. 높은 곡물 가격으로 빵값이 오르고, 공장 소유주는 노동자의 생존을 보장하기 위해 임금을 더 많이 지급해야 하기 때문이다. 노동자의 사정을 살펴보면 곡물 가격이 높으면 식비가 많이 드니 그들에게는 손해다. 그래서 리카도는 '지주의 이익은 항상 공동체 내 다른 모든 계층의 이익에 반한다'라고 결론지었다.

리카도는 지주가 지닌 힘이 경제를 끌어내린다고 말했다. 자본가가 공장을 짓고 노동자를 고용해 상품을 만들고 키우면 경제 내 생산이 늘어난다. 하지만 수익이 줄어 자본가가 투자할 돈이 적어지면 부를 만들어내는 속도도 느려진다. 지주는 그저 지대를 거둬들이는 행위만으로 부자가 된다. 지주는 자본가처럼 수입을 투자하는 대신 하녀나 집사를 부리고, 저택에 서재를 만들거나 정원에 심을 식물을 구해오라며 열대지방에 탐험대를 파견하는 데 돈을 들인다. 그 어느 것도 나라의 장기적인 부를 형성하는 데 도움이 되지 않는다.

리카도가 살았던 시대의 영국에는 해외에서 값싼 곡물을 들여오지 못하도록 하는 법이 있었기 때문에 경제의 불균형은 지주에게 더욱 유리하게 작용했다. '곡물법Corn Law'이라 불린 이 법 때문에 영국은 늘어나는 인구가 먹고사는 데 필요한 곡물을 추가로 수입할 수 없었다. 결과적으로 곡물 가격은 한층 더 비싸졌다. 리카도의 추론에 따르면 곡물법은 지주가 거둬들이는 지대를 부풀리고, 자본가가 얻는 이익을 줄였으며, 노동자를 가난하게 만드는 데 일조했음을 알 수 있다. 1819년 맨체스터의 세인트 피터스 필드에서는 보통선거 시행과 곡물법 폐지를 요구하는 시위가 열렸다. 그런데 군부대가 군중을 향해 발포해 여러 명이 죽고 수백 명이 다치면서 시위 장소는 피바다로 변했다. 이날의 사건은 워털루 전투에 비유해 '피털루 학살Peterloo Massacre'로 알려지게 되었다.

같은 해 리카도는 영국의 하원의원이 되었다. 그는 의회에서 영국이 지닌 문제를 해결할 방안, 바로 곡물법 폐지를 제안했다. 그러면서 곡물법을 폐지하면 영국이 '세계에서 가장 행복한 나라'가 될 것이라고 했다. 이 제안은 가차 없이 묵살되었다. 사람들은 엄밀한 경제 분석을 기초로 한 주장에 귀를 기울이는 데 익숙하지 않았다. 오히려 현실과 동떨어진 이야기로 여기는 사람이 많았다. 동료 의원은 리카도가 '마치 다른 행성에서 뚝 떨어진 사람이나 할 법한 주장을 펼치는 것 같았다'라고 했다. (사람들은 지금도 여전히 경제학자들의 이야기는 알아들을 수 없다고 투덜거린다.) 그럼에도 리카도는 마침내 논쟁에서 승리했고, 영국은 곡물법을 폐지했다. 그러나 곡물법이 폐지된 건 19세기 중반이 되어서였고, 리카도가 사망하고 몇십 년이나 지난 후였다.

리카도에 따르자면, 곡물법이 폐지되었을 때 어떤 일이 일어 날까? 값싼 해외의 곡물이 쏟아져 들어온다. 노동자는 비싼 식품 가격 때문에 고생할 필요가 없다. 자본가는 노동자에게 지급하는 임금을 낮출 수 있다. 노동자가 식비로 많은 돈을 쓰지 않아도 되 기 때문이다. 그러면 자본가의 이익이 늘어나고 그들은 다시 투 자하기 시작한다. 나라의 부가 쌓이는 속도는 빨라진다.

곡물법이 없으면 영국은 해외에서 저렴한 곡물을 매입할 것 이고, 국내의 곡물 생산은 줄어든다. 리카도는 모든 곡물을 직접 재배하는 게 항상 타당하지는 않다고 했다. 곡물을 사기 위해 외국 에 팔 다른 상품, 이를테면 공장에서 천이나 철을 생산할 수 있다. 만일 러시아가 영국보다 싸게 곡물을 생산할 수 있고 영국이 러시 아보다 싸게 철을 생산할 수 있다면, 영국은 철만 생산하고 러시아 는 곡물만 생산한 뒤 교역해 양국 모두 이득을 얻을 수 있다.

리카도는 기발한 추론으로 한 걸음 더 나아갔다. 양국 중 어 느 한 나라가 곡물과 철, 두 상품 모두 생산하는 데 뛰어나더라도 양국은 교역을 통해 이득을 볼 수 있다는 것이었다. 리카도의 논 리를 이해하기 위해, 친구와 내가 집안일을 해야 한다고 가정해 보자. 차고에서 무거운 상자를 옮기고 바닥을 쓸어야 한다. 나는 친구보다 상자를 더 빨리 옮길 수 있고 빗질도 더 빠르다. 그렇다 면 내가 상자도 옮기고 빗질도 해야 할까? 꼭 그럴 필요는 없다. 빗질을 하게 되면 상자 옮기는 작업을 빠르게 진행하는 건 포기 해야 한다. 옮기는 상자의 개수를 기준으로 생각할 때, 친구는 차 고 바닥을 1미터 쓰는 동안 옮기는 걸 포기해야 하는 상자의 개수가 나보다 적다. 친구는 차고 바닥 1미터를 쓰는 데 걸리는 시간 동안 상자 두 개를 옮길 수 있다. 한편 나는 차고 바닥 1미터를 쓰는 데 걸리는 시간 동안 상자 다섯 개를 옮길 수 있다. 상대적으로 볼 때 친구는 나보다 빗질에 우위가 있다. 다시 말해 친구는 빗질에 '비교우위comparative advantage'를 지닌 것이다. 비록 절대 기준으로는 나보다 빗질에 서툴더라도 말이다. 그러므로 나는 상자를 옮기는 일만 하고 친구는 빗질만 할 때 함께 집안일을 가장 빨리 끝마칠 수 있다.

같은 논리를 적용해보면 만일 영국이 철 생산에, 그리고 러시아가 곡물 생산에 비교우위를 지녔다면 영국은 철만 생산한 뒤 곡물은 러시아로부터 수입하고, 러시아는 곡물만 생산한 뒤 철은 영국으로부터 수입해야 한다. 리카도의 아이디어는 뜻깊다. 왜냐하면 어느 나라든 무언가 하나에는 비교우위를 지니고 있으며, 그러므로 모든 국가가 자국이 비교우위를 지닌 상품을 전문적으로 생산해 교역함으로써 이득을 얻을 가능성이 있기 때문이다. 따라서 국내에서 자급자족하려는 것보다 문호를 개방해 대외무역을 하는 편이 더 낫다. 비록 이 생각에 반대하는 경제학자가 몇몇 있었지만(제12장 참조), 리카도의 비교우위론은 경제학에서 가장 귀중하게 여기는 원칙 중 하나가 되었다.

리카도는 경제학에 새로운 추론의 기준을 도입했다는 점에서 찬사를 받았다. 19세기 영국의 작가 토머스 드 퀸시는 아편 사용으로 인해 예전처럼 일상적으로 수학이나 철학 서적을 읽을 수 없음을 알게 된 후 경제학으로 관심을 돌렸다. 하지만 그는 경제학자들이 쓴 글을 읽어도 아무런 감흥을 느낄 수 없었고, 조금이라도 분별력이 있는 사람이라면 바보 같은 경제학자들의 목을 조르고 '그들의 곰팡이 같은 머리를 여성용 부채로 가루 내게 될 것'이라고 말했다. 그때 누군가가 드 퀸시에게 리카도가 쓴 책을 빌려주었는데, 그는 제1장을 채 다 읽기도 전에 '바로 이 사람이다!'라고 소리쳤다. 리카도의 사고는 단순한 하나의 출발점(예를 들어 '땅마다 비옥도가 다르다')에서 시작해 길이 어디로 이어지는지를 보는 방식이었지만, 결코 엄격한 논리에서 벗어나지 않았다. 드 퀸시는 리카도가 경제 법칙을 발견하는 데 논리를 사용한 점을 칭찬했다. 경제 법칙은 사실과 역사의 혼란 속에서 한 줄기의 빛이었다. 후대의 경제학자들은 리카도가 사고의 출발점으로 삼은 내용 중 많은 부분을 버렸지만, 리카도가 구축한 인과관계를 연이어 길게 살피는 방식은 경제학을 연구하는 방법론으로 자리 잡았다. 리카도의 친구들은 종종 리카도가 논쟁에서 이기는 데는 관심이 없고, 근거를 사용해 진실을 찾는 데만 관심이 있다고 말했다. 심지어 진실이 리카도 자신의 이익과 상충할 때조차도 말이다. 1814년 리카도는 약 20제곱킬로미터의 땅을 샀고, 그 땅에서 상당한 수입을 얻었다. 리카도는 지주가 되었다. 그래도 그는 자유무역을 해야 한다는 주장을 멈추지 않았다. 자유무역은 리카도가 땅을 통해 벌어들이는 부를 위협할 수 있었지만, 그는 자신이 주장하는 경제학 원리가 옳다는 신념을 보여주었다.

CHAPTER 8

이상적인 세계

사람들은 때로 가난한 사람을 보고 가난하게 살아 마땅하다고 말한다. 그들이 가난한 건 그저 게으르거나 악한 사람이라서 그렇다는 것이다. 하지만 19세기에 작가 빅토르 위고는 유명한 책 『레 미제라블』에서 팡틴의 이야기를 들려준다. 팡틴은 일하던 공장에서 해고된 후 딸을 부양하기 위해 앞니를 팔아야 했다. 팡틴은 게으르거나 악하지 않았다. 다만 사람보다 이익을 우선하는 무자비한 경제의 희생양일 뿐이었다. 당시 사람들은 가난한 이들이 겪는 불행의 책임이 그들 자신에게 있다는 견해에 의문을 갖기 시작했고, 일각에서는 가난한 사람들이 더는 가난을 견뎌서는 안 된다고 주장했다.

산업혁명으로 몇몇 사람은 부자가 되었지만, 여전히 극심한 가난 속에서 살아가는 사람이 많았다. 사람들은 도시로 몰려들었지만 생활환경은 암울했다. 그곳에는 팡틴 같은 사람이 수천수만에 달했다. 어린아이들은 공장에서 장시간 일하다가 불구의 몸이 되었고, 사방에 질병이 만연했다. 영국에서 극빈층 사람들은 '구빈원workhouse'에 입소할 수 있었다. 구빈원에서는 가난한 이들에게 먹을 것과 잠자리를 제공했지만, 이곳에서 지내려면 열악한 생활 여건을 견뎌야 했다.

앞서 우리는 애덤 스미스와 데이비드 리카도를 만나보았는데, 이들은 교역과 경쟁이 번영으로 이끈다고 말했다. 두 사람은 이윤을 추구하는 행위가 전부 좋은 것만은 아니라는 점을 알고 있었지만, 전반적으로 자본주의는 진보를 의미한다고 믿었다. 하지만 주변의 사회 환경에 완전히 절망한 사상가들도 있었다. 도시는 너무나 열악한 상태였다. 그곳에는 삐쩍 마른 채 글도 모르는 어린아이들과 슬픔을 가라앉히기 위해 마지막 한 푼까지 털어 술을 마시는 데 써버리는 노동자들이 있었다. 사상가들은 자본주의가 이들을 구제할 수 없다고 생각했다. 오직 완전히 새로운 사회만이 인류를 구할 수 있을 터였다.

그렇게 생각한 사상가들 중 한 명이 샤를 푸리에(1772~1837)였다. 그는 사무원으로 일하면서 외롭고 따분하게 살았다. 그런 삶에 대한 보상이었는지 그는 '네 가지 운동과 일반적 운명에 대한 이론'과 같은 이상한 제목을 단 기이한 내용의 책을 쏟아냈다. 푸리에는 유럽 문명 전체를 비난했다. 그는 공장이 가득한 유럽 사회와 돈벌이를 우선하는 문화가 잔인하고 비인간적이라고 여겼다. 애덤 스미스가 이야기한 머리핀 공장을 다시 생각해보면, 그곳에서 각 노동자는 하나의 작은 업무를 맡아 수행한다. 그렇게 해서 많은 핀을 생산하지만 매일 머리핀 끝만 다듬으며 산다는 게 얼마나 지루할까! 상업 사회에서는 또한 사람들이 서로를 적대시한다. 유리를 파는 상인은 우박 폭풍이 몰아치기를 바란다. 우박이 모든 집의 유리창에 부딪혀 창문이 깨지면 유리를 더 많이 팔 수 있기 때문이다. 그리고 상업 사회에서 부유하고 힘 있는 사람들은 자신의 지위를 지키기 위해 할 수 있는 모든 일을 다 하고, 그러다 보면 결국 가난한 사람을 짓밟는 일로 끝난다.

푸리에는 새로운 사회를 제안했다. 그러고는 그것을 조화의 체제라고 불렀다. 그는 사람들이 '팔랑스테르phalanstère'라고 부르는 소규모 공동체 속에서 살아가는 모습을 그렸다. 팔랑스테르는 네모난 건물로, 안에는 작업장과 도서관에다가 오페라 하우스까지 자리한다. 그곳은 사람들이 마음껏 열정을 따를 수 있는 공간이다. 푸리에는 우정, 야망, 음식과 음악을 좋아하는 마음처럼 사람들이 친숙하게 느끼는 열정에 관해 이야기했다. 그에 더해 팔랑스테르에는 여러 다양한 활동을 이리저리 가볍게 해보는 '나비'의 열정에, 심지어 음모와 술책을 좋아하는 '비법가'의 열정까지 있었다. 푸리에는 그러한 인간의 열정을 이리저리 합하면 810가지의 성격 유형이 나타난다고 했다.

팔랑스테르에서는 인간이 지닌 열정을 주의 깊게 조직한다. 매일 사람들은 수행해야 할 일에 도움이 되도록 다양한 열정을 가진 이들로 무리 지어 일터로 향한다. 장미를 키우는 집단도 있고, 닭을 돌보는 집단도 있으며, 오페라를 만드는 집단도 있다. 게다가 각 개인은 수십 가지의 다른 집단에 속할 수 있다. 매일 머리핀 끝만 뾰족하게 갈아대며 지루하게 사는 대신 바라는 일은 무엇이든 할 수 있고 자신이 지닌 열정을 전부 이루며 지낼 수 있다. 그런데 다들 돈은 어떻게 버는 걸까? 여기서는 자본주의 체제에서처럼 임금을 받는 대신 팔랑스테르가 내는 이익으로부터 각자의 몫을 받는다.

푸리에는 매일 집에서 정오에 누군가가 찾아와 팔랑스테르를 세울 자금을 대주기를 기다렸다. 하지만 아무도 찾아오지 않았다. 푸리에가 그린 새로운 세상은 그의 마음속에 멋진 그림으로만 남았다. 푸리에는 팔랑스테르가 세워지고 나면 사람들에게 끝에 눈이 달린 꼬리가 자라고, 여섯 개의 달이 뜨며, 바다가 레모네이드로 변할 거라고 썼다. 야생동물이 사람과 친구가 되며, 사람과 친밀하게 지내는 '반호랑이anti-tiger'라는 동물이 사람을 등에 태워 여기저기 데려다줄 것이라고도 했다. 그러한 이야기는 하나같이 그가 미친 사람이라는 주장을 뒷받침하는 훌륭한 근거가 되었다. 그렇기는 하지만 푸리에는 기존 경제학에서 거의 다루지 않은 질문을 제기한다. 음식과 쉴 곳이 있다면 각자의 개성을 최대로 활용하는 일을 어떻게 찾을 수 있을까? 오늘날 학교에는 학생들이 각자의 재능과 흥미에 맞는 직업을 선택하는 데 도움을 주는 진로상담사를 배치하는데, 이러한 추세는 아마 이 질문에 답하려는 시도일 것이다.

푸리에와 마찬가지로 웨일스 출신의 로버트 오언(1771~1858)

도 인류를 구원할 새로운 공동체의 건설을 구상했다. 하지만 오언과 푸리에는 전혀 달랐다. 오언은 자기 공장에서 최신식 증기 기관을 사용해 면방적 공장의 기계를 돌렸으니 영국의 신생 산업 경제 속에서 운이 좋은 사람이었다. 그는 가게 점원으로 시작해 유명 공장의 경영인이 된 인물로, 공장 노동자부터 귀족인 공작까지 다양한 계층의 사람을 상대했다. 그리고 오언은 자신이 온갖 사람들과 어울린다는 것을 자랑스레 여겼다. 그러한 점이 그의 책『사회에 관한 새로운 의견』의 중심 사상에 영감을 주었다. 오언은 사람의 성격은 환경의 산물이라고 믿었다. 나쁜 사람은 나쁜 환경 출신이기 때문이다. 그러므로 좋은 사회를 건설하고 싶다면 그에 걸맞은 환경을 조성해야 한다. 자본주의의 치열한 경쟁이 없는 환경이라면 가난한 사람도 선하고 행복해질 수 있다. 오언에게는 완벽한 환경을 조성할 계획이 있었다.

오언은 '시범' 마을을 세울 수 있을 정도로 충분한 재력을 갖추었다. 대도시의 위험하고 더러운 공장의 대안을 만들려는 실험이었다. 그는 자신이 구매한 스코틀랜드 뉴래너크의 면방적 공장에서 이를 실행했다. 그리고 그렇게 좋은 환경을 갖춘 장소로 가득한 세상을 그렸다. 하지만 결국 그런 일은 일어나지 않았다. 그렇기는 해도 오언은 당시로서는 놀라운 일을 했고, 그가 세운 작은 공동체를 보기 위해 중요 인사들이 몰려왔다. 오언은 영국 최초로 유아 학교를 설립해 '성격 형성 학교'라는 이름을 붙였다. 또한 근무시간을 줄이고, 노동자들이 자기 몸과 집을 깨끗하게 유지하도록 하고, 지나치게 술을 많이 마시지 않도록 했다. 오언은 훌륭한 업무 습관을 갖도록 각 노동자의 앞에 '무성 감시 장치'까지 걸어두었다. 무성 감시 장치는 나무 주사위 모양의 정육면체로, 각 면에는 서로 다른 색깔이 칠해져 있었다. 각각의 색깔은 노동자의 업무 수행 태도를 나타냈는데 흰색은 매우 우수, 노란색은 우수, 파란색은 보통, 검은색은 나쁨을 의미했다. 업무 감독관은 노동자가 그날 일을 얼마나 잘했는지에 따라 나무 주사위의 면을 돌려놓았고, 각 노동자의 색깔을 '성격 대장'에 기록했다. 감독관은 노동자가 게으름을 피울 때 소리를 지르는 대신 나무 주사위를 검은색 면으로 돌렸다. 처음에는 대부분 주사위의 면 색깔이 검은색과 파란색이었지만, 시간이 흐르면서 검은색은 줄어들고 노란색과 흰색이 점점 늘어났다.

훗날 오언은 미국 인디애나 주 뉴하모니에도 공동체를 설립했다. 뉴래너크에서 운영한 공동체보다 훨씬 더 야심차게 진행되었고 마을에는 농장과 작업장, 학교가 있었다. 오언은 이 공동체가 자본주의를 완전히 대체하게 될 거라고 생각했다. 더 나은 삶에 믿음을 가진 과학자, 교사, 예술가들이 미국과 유럽 전역에서 이 마을로 몰려들었다(상당수의 악당과 괴짜들 또한 찾아왔다). 하지만 불행히도 오언의 공동체 마을로 간 작가와 사상가들은 글쓰기와 사색은 잘했지만, 수로를 파고 나무를 자르는 일은 그리 잘하지 못했다. 악당들은 아예 일하지 않으려 했다. 얼마 지나지 않아 주민들은 티격태격 다투기 시작했고, 오언의 실험은 실패로 끝났다. 노년에 접어든 오언은 '심령술'로 눈을 돌렸다. 빅토리아 시대에는 죽은 자와 소통할 수 있다는 심령술 열풍이 불었다. 오언은 윌리엄 셰익스피어나 웰링턴 공작과 이야기를 나누었고, 이미 사망한 과거 위대한 인물의 영혼이 도움을 주어야 새로운 사회가 도래할 거라고 생각했다. 궁극적으로 오언이나 푸리에 같은 사상가는 단지 물질적 조건만이 아니라 사람의 정신 상태도 향상할 수 있는 경제를 희망했다. 비록 어떻게 해야 실현할 수 있는지는 몰랐지만 말이다.

프랑스의 야심만만한 귀족 앙리 드 생시몽(1760~1825)은 새로운 사회를 향한 갈망이 특히 강했다. 생시몽은 젊어서부터 원대한 야심을 지녔고, 자신이 다름 아닌 소크라테스의 환생이라고 믿었다. 소년 시절 생시몽은 매일 아침 하인이 다음과 같이 외치는 소리를 듣고 자리에서 일어났다. "일어나십시오, 도련님. 오늘도 위대한 일을 하셔야지요!" 생시몽이 처음 한 일은 '인류'에 전해졌다. 그는 미국 독립 전쟁에 나가 싸웠고, 프랑스 혁명 당시 1년간 감옥에서 지냈다. 그리고 석방되자마자 교회 땅을 사들여 어찌어찌 부자가 되었지만, 몇 년 만에 가진 재산을 전부 탕진했다. 이후 그는 자기 생각을 알아주는 사람이 없다고 느끼면서 몹시 분노해 자살을 시도했다.

생시몽은 왕자나 귀족이 아니라 재능이 뛰어난 사람이 사회를 통치해야 한다고 생각했다. 사람은 누구나 다른 사람이 할 수 있는 한 최대한 번성하고 발전하도록 해야 한다. 사람들은 저마다 다른 점이 있지만, 그건 능력의 차이이지 출생의 차이는 아니다. 사람들이 더 이상 서로를 착취해서는 안 된다. 대신 사회가 윤택해지도록 과학 원리를 이용해 다 함께 자연을 개발해야 한다.

사회의 최상층에는 하나의 전국적 작업장으로 나라 경제를 이끄는 과학자와 기업가가 위치한다. 그 아래에서 노동자는 협동의 정신을 갖추고 함께 움직인다. 국가는 인간적이고 빈곤 없는 산업사회를 만든다.

생시몽은 말년에 『새로운 그리스도교』라는 책을 출간했는데, 이 책에서 자신의 비전을 산업 시대에 맞는 종교로 표현했다. 생시몽이 사망한 뒤 그를 따랐던 이들은 교회를 세웠다. 생시몽 추종자들은 하얀색 바지에 파란색 긴 상의, 그리고 빨간색 조끼를 입었다. 흰색은 사랑, 파란색은 믿음, 빨간색은 노동을 상징했다. 또한 이들은 다른 사람의 도움을 받아야만 입을 수 있는 조끼를 고안했는데, 그건 인간의 유대를 나타내기 위함이었다. 당연히 호기심 많은 파리 사람들은 생시몽주의자들이 수련하는 곳을 방문해 그들을 빤히 바라보곤 했다.

푸리에, 오언, 생시몽은 시장과 경쟁은 좋은 사회로 가는 길이 아니라고 믿었다. 이 때문에 사람들은 이들을 사회주의의 발명가라고도 여긴다. 사회주의는 자본주의의 대안으로 여겨지는 사회체제로, 이로부터 수 세기 동안 일부 국가에서 적용하려 했다. 사회주의 체제에서는 개인이 자원을 사적으로 소유하지 않는다. 그 대신 다 같이 자원을 나눠 가져 사람들이 비슷한 생활수준을 유지한다. 그렇지만 사실 푸리에와 오언, 생시몽 같은 사상가가 지녔던 생각은 뒤죽박죽이었고, 그들의 사상 전부가 오늘날 우리가 생각하는 사회주의에 포함되는 건 아니었다. 예를 들어 사람들 사이에 심각한 빈부 격차로 이어지지 않는다면 사유재산을 인정해도 괜찮다고 생각하는 사상가도 있었다.

　푸리에, 오언, 생시몽은 모두 인간의 이성과 선의로 완벽한 세상, 즉 '유토피아'를 건설할 수 있다고 믿었다. 이들은 혁명, 그리고 부자와 가난한 자 사이의 갈등에 반대했다. 하지만 19세기 중반 유럽 전역에서 연이어 혁명이 일어나면서 평화로운 변화를 바란 이들의 희망은 완전히 사라졌다. 그뿐 아니라 이들의 계획도 카를 마르크스의 혁명적인 책이 출간된 뒤에는 그저 순진해 보이기만 했다. 카를 마르크스는 제10장에서 만나보겠지만, 그는 자본주의를 비판한 것으로 역사상 가장 유명한 사람이다. 마르크스는 푸리에와 오언, 생시몽의 영향을 받았지만, 이들은 새로운 세상을 떠올리기만 했을 뿐 어떻게 이루어야 하는지 모르는 공상가일 뿐이라고 평했다. 그러면서 사람들의 선의에 기댄다고 새로운 세상이 찾아오지는 않는다고 했다. 대신 노동자와 고용주 사이의 갈등이 몹시 격해져야 강력한 혁명 속에서 자본주의가 붕괴할 것이라면서, 새로운 사회는 조화를 이루는 분위기 속에서 나타나는 게 아니라 큰 소동과 격변을 통해 등장한다고 했다.

CHAPTER 9

먹여 살려야 할 입이 너무 많을 때

찰스 디킨스의 소설 『크리스마스 캐럴』에는 성질이 고약한 구두쇠 에비니저 스크루지가 등장한다. 크리스마스이브에 스크루지는 사무실에 앉아 돈을 세며, 크리스마스 날 가족과 함께 집에 있고 싶어 하는 직원을 향해 투덜거린다. 곧이어 신사 두 명이 사무실에 들어와 가난한 이들에게 나눠줄 고기와 음료를 살 수 있도록 동전 몇 푼이라도 좋으니 기부해달라고 요청한다. 하지만 스크루지는 그들을 노려보고는 사무실 밖으로 쫓아낸다. 그러면서 그들을 향해 가난한 사람에 대해 얘기한다. "만일 가난한 자들이 차라리 죽고 싶어 한다면 그러는 편이 더 좋겠지. 잉여 인구는 줄어드는 게 더 낫지."

앞서 우리는 투자 천재이자 영국의 위대한 경제학자인 데이비드 리카도와 그의 친구이자 성직자인 토머스 맬서스(1766~1834)를 만나보았다. 맬서스는 리카도만큼 돈을 잘 버는 재주는 없었지만, 사람들이 바로 앉아 주목하는 경제 이론만큼은 정말 잘 떠올렸다. 그는 사상 최초의 경제학 교수가 되어 1805년 영국의 유명 상사인 동인도회사의 직원을 교육하는 동인도대학에 임용되었다. 살아 있는 동안에 자신의 이론을 널리 알리지 못한 사상가도 있지만, 맬서스가 주장한 이론은 대부분 그의 생전에 빛을 보았다. 디킨스가 『크리스마스 캐럴』을 쓰기 직전에 맬서스는 어느 경제 이론으로 명성을 얻었는데, 사람들은 그 이론을 듣고 맬서스를 경제학의 스크루지, 정말 비열하고 인색한 이론을 팔러 다니는 장사꾼으로 여기게 되었다. 맬서스는 계속 성장하는 인구에 두려움을 느꼈다. 그는 사람이 늘어난다는 건 빈곤이 늘어난다는 의미라고 주장했다. 인구가 늘어나 발생하는 일이라곤 점점 더 많은 사람이 비참하게 살게 되는 것뿐이다. 그리고 가난한 사람을 도우려 하는 건 의미 없는 짓이다. 그래 봤자 상황이 더 악화되기 때문이다.

이전의 경제사상가는 인구 과잉이 미치는 영향에 관한 맬서스의 비관주의에 동의하지 않았다. 중상주의자들은 인구가 늘어나는 것을 지지했다. 그들은 인구가 많으면 경쟁국을 이기는 데 도움이 된다고 생각했다. 낮은 임금을 받고 일하는 노동력이 많아지면 제조업자는 해외에 팔 저렴한 상품을 생산할 수 있고, 육군과 해군의 병력 규모가 크면 나라의 무역로를 지킬 수 있기 때문이다.

중상주의자 이후에 등장한 푸리에, 오언, 생시몽처럼 이상향을 추구한 사상가는 가난하게 살 운명을 지닌 사람은 없다고 보았다. 이들은 무엇보다 사람은 진보한다는 믿음을 가졌고, 사람들이 서로 도우면 가난과 불결한 생활에서 벗어날 수 있다고 했다. 맬서스의 아버지인 대니얼은 이상향을 추구하는 사상가의 생각이야말로 더 나은 사회로 가는 핵심이라고 믿으며, 그러한 사상가를 동경했다. 하지만 맬서스는 아버지의 생각에 완강히 반대했고, 부자는 이 주제를 두고 몇 시간이나 논쟁을 벌였다. 결국 맬서스는 1798년 자신의 생각을 담은 소논문을 출간했고, 그 논문으로 명성을 얻었다. 맬서스는 논문 제목에 자신이 동의하지 않는 사회의 진보를 주장한 영국과 프랑스 사상가의 이름을 넣었다. 논문 제목은 다음과 같았다. '인구 원리에 관한 소론, 인구 원리가 장래의 사회 개선에 미치는 영향에 관해 고드윈, 콩도르세 및 기타 저자의 추론을 논평함'. 마지막에 언급된 마르키 드 콩도르세는 1789년 프랑스 혁명을 이끈 지도자였다. 프랑스 혁명은 더 나은 사회를 꿈꾸며 민중이 봉기해 왕을 타도한 사건이었다. 그들이 바라는 더 나은 사회는 일반 민중이 권력을 가지는 사회였다. 혁명은 불타는 혜성처럼 진행되었지만, 혁명이 인류가 가난을 극복하는 길로 이어지는 것일까? 콩도르세는 그럴 거라고 했다. 인류는 완벽을 향해 행진하고 있다고 했다. 인류 문명은 이미 9단계의 개선을 거쳤고 10단계, 즉 모든 사람과 국가 사이의 평등 단계에 금방 도달할 참이었다.

하지만 맬서스는 그들의 생각에 찬물을 끼얹었다. 그가 펼치는 주장의 시작점은 별로 대수롭지 않게 들렸다. 첫째, 인간이 살아가려면 음식이 필요하다. 둘째, 아이를 낳으려면 성관계를 맺어야 한다. 여기에 더해 사람들은 성관계를 좋아하고 계속 관계를 맺을 것이다. 20년 뒤 현재의 아이들이 커서 두 명씩 자녀를 낳고, 그 아이들이 또 두 명씩 자녀를 낳고, 그렇게 이어질 것이다. 그러면 시간이 흐르면서 인구는 큰 폭으로 늘어난다. 맬서스는 인구를 관리하지 않으면 모든 세대가 두 배씩 늘어날 것이며, 그렇게 두 세대가 지나고 나면 1,000명이었던 인구가 4,000명으로 늘어나고, 여섯 세대가 지나고 나면 6만 4,000명이 된다고 계산했다. 그렇다면 이렇게 늘어난 인구를 먹여 살리는 데 필요한 식량은 어떨까? 물론 식량 생산을 약간 늘릴 수는 있지만, 인구가 두 배씩 늘어나는 속도에 맞춰 생산량을 늘릴 수는 없다. 일단 토지의 면적을 두 배로 늘릴 수 없기 때문이다. 맬서스는 식량 생산량은 매 세대에 정해진 양만큼만 늘어나며, 그 속도는 인구 증가 속도보다 현저히 느리다고 보았다. 인구는 식량 공급량을 넘어설 것이다. 얼마 지나지 않아 지나치게 많은 입이 턱없이 적은 음식을 먹어 치우는 날이 온다.

그러면 어떻게 될까? 인구 증가에 제동을 걸어 인구와 식량 공급량을 다시 맞추게 된다. 첫째, 기근과 질병으로 사람들이 사망한다. 둘째, 사람들이 자녀를 적게 낳는다. 문제는 자녀를 적게 낳으려고 죄를 범한다는 데 있다. 최악의 범죄는 신생아를 살해하는 것이다. 또한 낙태와 피임을 통해 태어날 아이의 수를 줄인다. 낙태와 피임 둘 다 당시에는 널리 죄악시하는 행위였다. 그러니 결과는 고통이나 악행이다. 질병과 기근의 결과로 사람이 더 많이 사망하거나 죄를 저지른 결과로 출생아를 줄이는 것이기 때문이다.

나라에 새로운 부의 원천이 생겼다고 가정해보자. 예를 들어 전쟁을 통해 땅을 얻어 더 많은 사람이 먹을 식량을 생산하는 것이다. 처음에는 식량이 더 많아진다. 사람들은 이전보다 부유해지고, 자녀를 더 많이 낳는다. 몸은 더 건강해지므로 사망자 수가 줄어든다. 그렇게 인구가 늘어남에 따라 공급되는 식량을 먹어치우는 입이 많아지고 각자에게 돌아가는 몫이 적어진다. 결국 사회는 처음과 같은 모습으로 되돌아간다. 새로운 땅이 생기기 전과 같이 낮은 생활수준으로 복귀하는 것이다. 데이비드 리카도 같은 19세기의 다른 경제학자들도 사람들은 그저 생존이 가능한 정도에 그치는 최저생활수준에서 빠져나오지 못하는 경향이 있다는 견해에 동의했다. 이는 노동자의 임금이 최저 생계 수준을 보장할 뿐이라는 점을 시사하며, 이는 '임금 철칙'으로 알려졌다. 맬서스는 식량과 인구의 비율을 통해 인구론의 냉혹한 논리를 보여주었다.

맬서스의 계산에는 암울한 내용이 또 하나 내포되어 있었다. 수 세기 동안 영국의 각 지역에서는 가난하고 병든 주민들을 지원해왔다. 맬서스가 살았던 시대에는 가난한 사람들이 식품을 살 수 있도록 지원금을 제공했다. 맬서스는 이를 비판했다. 가난한 주민에게 제공하는 지원금은 그저 게으름에 대한 보상일 뿐이라는 것이다. 그들을 도와주지 않으면 스스로 살길을 찾을 가능성이 커진다는 생각이었다. 맬서스의 인구론에 따르면 가난한 사람을 돕는 건 새로운 땅을 얻은 상황과 유사하다. 인구 증가를 부추기지만, 그 뒤에는 인구를 식량 생산량에 다시 맞추기 위한 고통과 악행을 낳을 뿐이다. 자선사업은 가난한 자와 사회 전체에 도움이 되지 않으며, 부도덕하고 비참한 거지의 수만 크게 늘리게 된다. 결혼과 섹스는 인생의 큰 즐거움이지만, 결국 비참함을 초래한다. 이상향을 추구하는 사상가들이 그토록 소중히 여기는 인류의 진보가 이런 결말을 맞는다! 그렇지만 한 줄기 희망의 빛이 있다. 남성과 여성 모두 성적 충동을 자제해 인구 증가에 따르는 부담을 줄이는 데 이바지할 수 있다. 맬서스는 사람들에게 결혼 시기를 늦추라고 권했고, 그에 따라 자신도 30대 후반이 되어서야 결혼했다. 하지만 맬서스의 조언이 누군가에게는 결혼하지 말라는 의미와 같았다.

놀랄 것도 없이 맬서스의 논문 내용을 못마땅해하는 목소리가 엄청났다. 세간에서는 맬서스가 흥을 깨는 심술쟁이라거나, 혹은 그보다 더 심하게는 세상의 가난한 사람들을 비난하는 인정머리 없이 냉담한 사람이라며 욕했다. 카를 마르크스는 맬서스의 이론이 '인류에 대한 모욕'이라고 낙인찍었다. 빅토리아 시대의 철학자이자 역사학자인 토머스 칼라일은 맬서스의 논문 내용이 애처롭고 음울하다며 경제학에 '우울한 과학'이라는 별명을 붙였다.

후대 역사는 맬서스의 인구론에서 많은 부분이 틀렸음을 입증했다. 인구는 빠른 속도로 증가하기 시작했지만, 질병과 기근 때문에 인구 증가에 제동이 걸리는 일은 줄어들었다. 19세기에 의학이 발전하고 도시가 깨끗해지면서 사람들은 이전보다 수명이 길어졌다. 질병과 기근으로 사망할 일이 없어진 것이다. 맬서스는 사람들이 부유해지면 아이를 더 많이 낳는다고 했다. 하지만 19세기와 20세기를 지나는 동안 상황은 정반대였고, 인구 증가 속도가 느려진 나라가 많았다. 효과 좋은 피임약이 발명되었고, 손에 넣기도 쉬워졌으며, 대다수 사람은 피임약을 쓰는 게 잘못된 행동이라고 생각하지 않게 되었다. 심지어 맬서스가 비참하다고 여겼던 가난한 계층의 사람들도 아이를 적게 낳기 시작했다. 공장과 사무실에서 새로운 종류의 일자리를 얻어 농사를 지을 때보다 수입이 더 늘어났기 때문이었다. 자녀의 수가 적어지자 식비도 줄어들었다. 대신 교육비를 더 지출했고, 그 결과 아이들은 새로운 직업을 가질 수 있었다.

19세기를 지나는 동안 맬서스도, 진보를 예언했던 사상가들도 예상하지 못한 일이 일어났다. 새로운 기술 덕분에 사람들의 생활수준이 높아졌고, 생존에 필요한 최저생계비 이상의 수입을 계속 얻을 수 있었다. 영국은 처음으로 농장의 생산성을 높인 나라였고, 덕분에 늘어난 인구에도 식량을 공급할 수 있었다. 훗날 증기기관과 철강 산업, 철도의 발전이 가져온 영향이 더해져 산업혁명이 일어났고, 식량 외 다른 생활필수품도 더욱 저렴한 비용으로, 훨씬 더 많은 양이 생산되었다. 우리가 이야기를 시작한 시점부터 현재까지 유럽의 인구와 평균 소득의 그래프를 그려보면 두 개의 선이 수 세기 동안 약간 오르락내리락하지만 대부분의 기간은 수평에 가깝다는 것을 알 수 있다. 그런데 18세기 이후

두 선이 위로 치솟은 뒤 계속 이어진다. 인구가 훨씬 많아졌고, 사람들은 전에 없이 높은 소득을 얻었다. 20세기 중반 영국인은 풍부한 음식과 옷을 누렸고, 자동차까지 운행하는 사람도 있었다. 이를 1700년과 비교해보라. 당시 영국인은 형편없는 음식을 먹었고 어딘가에 가려면 진흙탕에 빠져가며 몇 시간이나 터덜터덜 걸어야 했다. 게다가 20세기 중반이 되었을 때 영국 인구는 1700년보다 여섯 배나 늘어났다! 처음으로 유럽과 미국의 경제가 대도시와 계속 늘어나는 인구를 부양했다. 이는 인류 역사상 가장 놀라운 변화였으며, 확실히 가장 주목할 만한 경제적 변화였다. 인류가 자원의 희소성에 오랫동안 맞서 싸운 끝에 물질적 진보의 속도가 극적으로 빨라졌다.

하지만 물질의 발전이 가속하기 전의 경제는 맬서스가 묘사한 것과 상당히 유사한 모습이었다. 수입은 결코 많이 늘어나지 않았고, 소작농은 종종 살아남기 위해 분투했다. 때로 형편이 어려우면 친척이나 교회가 도와주었지만, 흉작이 들거나 전염병이 발생한다는 건 굶주림과 죽음을 의미했다. 출산 도중 사망하는 여성이 많았고, 유아기에 살아남지 못하는 아이도 많았다. 맬서스의 이야기가 애처롭고 음울하다지만 당시 사람들의 환경이 그러했다. 맬서스는 초기 사회의 사람들이 마주했던 제약 조건을 음울하지만 분명하게 설명했다. 지금 이 시대에도 여전히 세계 최빈국에서는 많은 사람이 같은 운명에 처해 있다.

오늘날 '인구 폭발'에 관해 이야기할 때 사람들은 대개 맬서스의 이론을 빌려온다. 그리고 그저 사람이 너무 많아서 세상이 불편할 정도로 좁아지고 있다고 믿는 사람이 많다. 하지만 맬서스가 쓴 글 중 사람들이 자주 잊어버리는 부분이 있다면, 그가 인구 증가를 반대하는 건 아니라고 한 부분이다. 맬서스는 사회가 인구를 먹여 살릴 방법만 있다면 인구가 많은 편이 좋다고 생각했다. 맬서스는 아마 스크루지 같은 사람이 아니었을 것이다. 맬서스의 친구들은 그를 친절하고 다정한 사람으로 기억했다. 비열한 구두쇠는 전혀 아니었다. 오늘날 장기적으로 경제성장을 연구하는 경제학자들은 거대한 인구는 건강한 경제와 함께한다고 생각한다. 사람은 자원을 써버리지만, 또한 새로운 자원을 만들어낸다. 더 많은 사람은 더 많은 두뇌를 의미하며, 그러므로 사회의 부를 만드는 방법에 관해 새로운 아이디어도 더 많이 나올 것이다.

CHAPTER 10

세계의 노동자

　'하나의 유령이 유럽을 떠돌고 있다. 공산주의라는 유령이.'
이는 『공산당 선언』의 첫 문장이다. 19세기 중반에 작성된 『공산
당 선언』은 아마 역사상 가장 유명한 정치 논설일 것이다. 여기
서 말하는 유령, 즉 무시무시하고 해를 끼칠 듯 보이는 대상은 유
럽에 이미 존재하는 자본주의 체제를 위협하는 존재였다. 그러한
위협은 자본주의의 대안으로 나타난 체제, 즉 공산주의에서 나
온 것으로, 공산주의는 유럽에서 자본주의를 휩쓸어버리려 하고
있었다. 공산주의는 사유재산을 인정하지 않으며, 고용주가 아니
라 노동자가 모든 통제권을 지닌다. 『공산당 선언』은 철학자, 역
사학자, 경제학자이자 역사상 가장 유명한 혁명가인 카를 마르크
스(1818~1883)와 그의 친구 프리드리히 엥겔스(1820~1895), 이 두 명

의 독일인이 썼다. 일각에서는 마르크스를 사회 선도자, 그 누구와도 다르게 미래를 내다본 위대한 사상가로 기억한다. 또 한편으로는 마르크스를 두고 경제학을 위험한 길로 몰고 간 악인으로 여긴다.

1848년 마르크스는 자본주의의 종말을 경고했다. 유럽 국가들이 벼랑 끝에 서 있다는 것처럼 말이다. 프랑스에서는 1789년 혁명으로 무너졌던 군주제가 부활했다. 하지만 이제 프랑스 민중은 또다시 왕을 향한 분노를 드러내고 있었다. 마르크스가 『공산당 선언』을 펴냈을 때 파리에서는 시위가 일어났다. 시위대는 방책을 쌓고 거리에서 군대에 맞서 싸웠다. 마르크스도 투쟁에 참여하기 위해 달려갔다. 마르크스가 도착했을 때는 프랑스 왕이 도망치고 공화정이 선포된 상태였다. 혁명을 일으킨 군중이 환호하며 광장을 가득 메웠다.

『공산당 선언』의 그 유명한 첫 문장으로부터 몇 줄 뒤를 보면 마르크스가 흥분한 이유가 나온다. 마르크스는 이렇게 썼다. '지금까지 존재하는 모든 사회의 역사는 계급투쟁의 역사이다.' 이 구절이 의미하는 바는, 역사는 분쟁과 갈등을 담고 있다는 것이다. 부자와 빈자, 고용주와 노동자 사이의 분쟁과 갈등이다. 마르크스는 파리에서 그 역사적인 투쟁을 봤다고 여겼다. 마르크스는 노동자('프롤레타리아')가 자본가인 고용주('부르주아')를 전복시킬 것으로 예상했다. 그리고 프랑스에서 일어난 반란이 계급투쟁의 시작이 되기를 바랐지만, 그로부터 몇 달 뒤 유럽의 혁명은 흐지부지 끝나버렸다. 자본주의의 종말까지는 장기전이 될 것 같았다.

마르크스는 영국으로 몸을 피했다. 유럽에서 영국은 마르크스가 문제작을 낸 이후 그를 추방하지 않은 유일한 국가였다. 영국에서 마르크스는 외국인 혁명가 모임을 이끌게 되었다. 매서운 눈초리에 턱수염을 길게 길렀고, 손에 털이 많았던 마르크스는 경이로운 수준의 학식을 이용해 사람들의 우둔함을 폭로했다. 마르크스는 곧잘 동료 혁명가를 공개석상에서 질책했고, 명성이 높고 힘 있는 인물을 조롱했다. 영국의 철학자 제러미 벤담을 두고 지나치게 메마르고 재미없는 사람이라서 혀가 가죽으로 된 게 틀림없다고 하거나 영국 총리인 러셀 경을 '비뚤어진 난쟁이'라고 불렀다.

마르크스는 경제학을 열심히 공부했고, 그 결과 방대한 책을 펴냈다. 마르크스의 목표는 이 책을 통해 자본주의에 관한 완전한 이론을 제시하는 것이었다. 책을 펴내기까지는 오랜 시간이 걸렸다. 마르크스는 체력이 엄청났지만, 동시에 일을 미루거나 무질서한 경향이 있었다. 상점 주인이 밀린 외상값을 갚으라고 문을 두드리는 일이 잦았다. 아내와 아이들은 자주 아팠고, 어린 딸이 죽었을 때는 관을 사기 위해 이웃에게 2파운드를 빌려야 했다. 마르크스는 자주 대영박물관 도서관으로 피신해 어려운 역사와 경제 서적을 탐독했다. 그러고는 메모한 내용을 잔뜩 들고 집에 돌아와 밤새 글을 쓰며 줄담배를 피웠다. 글을 쓰는 그의 주위에는 아이들이 가지고 노는 장난감과 망가진 가구 조각이 널려 있었다. 하지만 펜을 드는 건 종종 고통스러웠다. 그건 마르크스가 끔찍한 종기가 나는 악창을 앓고 있었기 때문인데, 그는 비소를 써서 피부병을 치료하려 했다. 1860년대 후반, 글을 쓰기 시작한 지 약 20년이 지난 뒤 마르크스는 마침내 제1권을 완성했다. 마르크스는 책을 마무리하기 위해 건강과 행복, 가족을 희생해야 했다고 불평했다. 마르크스가 책의 끝부분을 쓸 때는 책상 앞에 서서 썼는데, 그건 종기가 너무 심하게 곪아 있었기 때문이었다. 집필을 끝냈을 때 마르크스는 말했다. "부르주아가 사라지는 날까지 내 악창을 기억해줬으면 좋겠어."

우리가 앞서 만나본 이상향을 추구한 사상가들은 자본주의가 인간 사회에 독이 된다고 했다. 그들과 마찬가지로 마르크스도 민중이 진정으로 번영하려면 새로운 사회가 필요하다고 보았다. 하지만 이상향을 추구한 사상가들을 두고 인간의 친절함이 새로운 사회를 가져올 것으로 여기다니 어리석다고 보았다. 마르크스는 대신 자본주의 자체에 새로운 사회를 불러올 씨앗이 들어 있다고 생각했다. 역사는 일련의 경제체제 속에서 전개된다. 자본주의 이전의 경제는 봉건주의적 전통이 지배했다. 공장을 소유한 자본가가 없었고 소규모 수공업자와 소작농, 그리고 귀족뿐이었다. 자본주의가 등장해 힘 있는 사람은 땅을 차지하고, 공장을 지었고, 소작농과 수공업자는 자본가에게 임금을 받는 노동자가 되었다. 그리고 마침내 자본주의 자체도 다른 체제로 대체되는데, 이는 자본가가 이익을 얻는 방식 때문이다.

자본가는 상품(셔츠)을 생산하기 위해 원재료(천, 단추, 실)를 구매한다. 생산한 상품은 이익을 남기고 판매한다. 자본가가 얻는 이익은 어디에서 올까? 이를 알기 위해서는 경제적 가치가 어디에서 발생하는지 알아야 한다. 애덤 스미스와 데이비드 리카도처럼 마르크스는 상품의 가치는 상품을 만드는 데 들어간 노동의 양에 따라 결정된다고 보았다. 이를 '노동가치설labour theory of value'이라고 한다. 셔츠를 만드는 데 30분 걸렸다면 셔츠의 가치는 30분이라는 노동의 양과 같다. 애덤 스미스나 데이비드 리카도처럼 마르크스도 노동자는 최저생계비, 즉 최소한의 음식과 의복을 구하는 데 드는 돈만큼 번다고 보았다. 노동자가 최저생계비를 벌려면 다섯 시간 동안 힘든 노동을 해야 한다고 치자. 이게 바로 자본가가 노동자를 고용하며 지급하는 임금이 된다. 그런데 만일 노동자의 근무시간이 열두 시간이라면 노동자가 최저생계비를 버는 데 필요한 다섯 시간 외에 일곱 시간을 더 일하는 셈이다. 그렇다면 '잉여가치', 즉 노동자가 추가로 일곱 시간을 들여 만든 셔츠를 팔아 버는 돈은 어떻게 될까? 그 돈은 이윤이 되어 자본가에게 돌아간다. 자본가는 그렇게 얻은 여분의 돈으로 기계를 더 구매하고 자본을 더 투입하며, 경제 규모 또한 커진다.

자본가는 노동자를 '착취'한다. 노동자를 오랫동안 열심히 일하게 해 가능한 한 많은 잉여가치를 짜내고 싶어 한다는 점에서 그렇다. 노동자는 노동 일수를 줄이고, 더 많은 임금을 받고 싶어 한다. 하지만 노동자 간의 경쟁 때문에 임금 또한 계속 줄어든다. 일자리가 있는 노동자는 언제나 다른 사람에게 그 일자리를 빼앗길 위험이 있기 때문이다. 프롤레타리아의 앞날은 어둡다. 자본주의로 인해 노동자의 인생에는 중노동밖에 남지 않았고, 자본주의는 '노동자의 아내와 아이들을 자본이라는 거대 괴물이 끄는 수레의 바퀴 밑으로 끌어들인다'.

　마르크스에게 부르주아와 프롤레타리아 사이의 갈등은 자본주의가 지닌 뿌리 깊은 모순이다. 자본가는 노동자를 점점 더 세게 쥐어짜 이윤을 지키려 한다. 경제 파이에서 노동자에게 돌아가는 몫은 점점 더 줄어든다. 결국 공장에서 온갖 상품이 대량 생산되어도 노동자는 그저 살 돈이 없다. 그러면 자본가는 상품을 팔 수 없게 되었음을 알게 된다. 그렇게 되는 내내 노동자의 삶은 점점 더 비참해지고 불만이 쌓여간다. 그러다 결국 전체 체제가 붕괴된다. 노동자가 폭동을 일으켜 공장과 논밭을 점령하고 공산주의 사회를 세운다. 공산주의 사회에는 사유재산이 없으므로 자본가가 노동자를 착취하는 행위는 끝난다. 공산주의 사회에서는 용광로나 크레인을 특정 자본가가 아니라 공동체가 소유한다. 사람들은 자본가인 고용주로부터 임금을 받는 대신 살아가는 데 필요한 것을 공동체로부터 배급받는다. 공산주의 아래에서는 서로 계속 투쟁하는 사회 내 계급 구분이 사라진다.

　그래서 마르크스는 자본주의에는 혼란과 스트레스가 전부라고 여겼다. 마르크스의 시각에는 애덤 스미스가 말했듯 돈을 버는 행위를 통해 사회의 조화를 이루는 '보이지 않는 손'의 기미가 전혀 느껴지지 않는다. 자본주의 아래에서는 자본가가 '생산수단 means of production'을 소유한다. 생산수단이란 상품을 만드는 데 필요한 자본을 뜻한다. 반면 노동자에게는 자신의 노동력 외에 아무것도 없다. 영주에 묶여 있는 봉건 사회의 소작농과 달리 자본주의 사회의 노동자는 누구를 위해서든 일할 수 있다. 하지만 노동자가 가진 건 노동력뿐이라서 자본가를 위해 일하는 걸 선택하고 착취당할 수밖에 없다. 그와 달리 자본가는 자본을 축적하고 부자가 될 수 있다. 자본가가 자본을 소유하고, 노동자가 만들어낸 잉여가치를 이윤으로 가질 수 있도록 나라의 법과 정치체제가 허용하기 때문이다. 종래의 경제학에서는 자본주의에 대체로 갈등이 없다고 보았기에 자본은 단순히 물품을 집적한 덩어리로 여겼다. 자본이란 상품을 생산하는 데 쓰이는 건물, 컨베이어 벨트, 톱과 직기 같은 것이었다. 하지만 마르크스에게 자본은 그 이상의 의미가 있었다. 자본은 권력이었다. 자본은 유산자 계급과 무산자 계급으로 사회 계층을 나누고, 자본주의가 탄생했다는 건 유산자 계급이 모든 권력을 얻게 되었다는 걸 의미한다. 이를 이해하는 것이 자본주의의 현실을 아는 데 매우 중요하다. 바로 이런 이유에서 마르크스는 자신이 쓴 책에 '자본론'이라는 단순한 제목을 붙였다.

마르크스의 생각은 이후 마르크스주의라는 세계관으로 발전했고, 마르크스주의는 20세기의 정치 운동에 가장 큰 영향을 주었다. 마르크스가 사망하고 한참이 지난 뒤 러시아, 헝가리, 폴란드, 중국 등에 공산주의 정치체제가 수립되었다. 국가가 경제를 장악하고 공장과 농장에서 무엇을 생산할 것인지를 정했다. 처음에는 산업이 빠르게 발전했다. 하지만 공산주의 국가의 국민은 일상의 어려움을 자주 겪었다. 정말 운이 나쁘면 노동 수용소에서 고된 노동에 시달리거나 굶주림을 겪었다.(제16장 참조) 공산주의 국가에서는 아주 많은 공장을 관리해야 했고, 업무가 지나치게 복잡해졌다. 생산자는 비효율적으로 일했고, 새로운 제품과 생산 방법을 개발하는 속도도 느렸다. 유럽의 공산주의 국가에서 그랬듯 전 세계의 여러 공산주의 국가에서도 경제가 완전히 무너졌고, 공산주의는 붕괴했다.

이후 경제학자들은 마르크스 이론의 많은 부분에 이의를 제기했다. 다음 장에서 살펴보겠지만 후대 경제학자들은 마르크스의 노동가치설을 무너뜨렸고, 다른 이론으로 대체했다. 마르크스를 비판하는 경제학자들은 또한 실제 공산주의 사회체제의 실패가 마르크스가 틀렸음을 입증하는 거라고 말한다. 하지만 마르크스의 이론은 공산주의의 미래를 세세히 설명하기보다는 자본주의에서 발생하는 긴장에 보다 초점을 맞추고 있다. 그리고 사람들은 종종 공산주의 국가가 마르크스가 구상한 체제대로 사회를 구성하지 않았다고 주장한다. 공산주의 국가에 사는 국민의 삶을 힘든 노동으로 채우고, 그에 의문을 갖는 사람은 누구라도 망설이지 않고 죽이는 잔인한 공산주의 정부의 지도자를 봤다면 마르크스는 몸서리를 쳤을 것이다. 또한 마르크스는 일단 자본주의 경제가 고도로 발달한 뒤에야 공산주의 체제를 성공적으로 수립할 수 있다고 했다. 그런데 사상 최초의 공산주의 혁명은 20세기 초 러시아에서 일어났고, 당시 러시아는 빈곤한 농업 경제 국가였지 마르크스가 말한 고도로 발달한 자본주의 체제의 나라가 아니었다.

19세기를 지나면서 많은 이들은 가난한 사람들의 곤경을 걱정하면서도 체제를 전복시키는 게 문제의 해답은 아니라고 생각하게 되었다. 사람들은 자본주의를 좀 더 인간적인 체제로 만들 수 있다고 생각했다. 많은 나라에서 부유층만 행사한 투표권을 노동자 계층에까지 확대했고, 덕분에 노동자 계층은 사회에서 새로운 영향력을 갖게 되었다. 각국 정부는 자본주의가 빈곤층에 미치는 가혹한 결과를 완화하려 애썼다. 20세기에 접어들면서 프랑스, 덴마크를 비롯한 여러 나라에서 실업급여제도를 도입했다. 19세기 초에 독일 정부가 제일 먼저 대중에게 교육을 제공하기 시작했고, 이후 미국, 프랑스, 영국이 그 뒤를 따랐다. 여러 나라에서 서서히 아동노동 또한 불법으로 규정했고, 덕분에 글을 모르고 배고픈 아이들이 광산이나 공장으로 가는 일이 몹시 드물어졌다.

마침내 평균적인 노동자의 생활수준이 높아졌다. 그렇다면 마르크스의 이론은 무의미한 것일까? 그렇지 않다. 마르크스주의에서는 사람들이 자동차와 텔레비전을 소유할 정도로 여유가 있더라도 자본주의는 여전히 사람에게 상처를 준다. 마르크스가 말하는 '소외alienation' 때문이다. 마르크스는 자본주의 체제에서 노동자는 거대한 기계의 톱니가 된다고 보았다. 노동자는 고용주가 이윤을 얻기 위해 판매하는 상품을 만들지만, 해당 상품과 그어떤 실제적 연관성도 없다. 또한 타인을 바라볼 때도 인간이 아니라 생산도구로 여기게 된다. 결국 우리는 사람과 사람을 결속시키는 힘인 인간성을 상실한다. 높은 임금을 받는다고 '소외'라는 무거운 사슬을 끊을 수는 없다.

소외는 사유재산 때문에 발생한다. 사유재산이 존재하므로 사회가 자본을 소유한 사람과 그렇지 않은 사람으로 분열하기 때문이다. 노동자가 혁명을 일으켜 사유재산을 폐지해야만 우리는 인간성을 완전히 품을 수 있게 될 것이다. 그래서『공산당 선언』은 계급투쟁을 촉구하며 끝을 맺는다. '프롤레타리아가 잃을 건 쇠사슬뿐이다. 하지만 승리하면 온 세상을 얻는다. 만국의 노동자여, 단결하라!'

CHAPTER 11

완벽한 균형

샴페인 한 병이 왜 그렇게 비싼 걸까? 애덤 스미스와 카를 마르크스는 상품의 가치가 생산에 드는 비용, 특히 투입된 노동력에 있다고 보았다. 그런데 가격이 300파운드(약 48만 원)나 하는 샴페인 한 병을 만드는 데 그 정도로 비용이 많이 들지는 않는다. 샴페인이 비싼 건 사람들이 매우 좋아하기 때문이다. 샴페인을 마시면 큰 만족감이나 행복이 느껴진다. 지금까지 우리는 부유한 자본가와 공장에서 고된 노동을 하는 지친 노동자에 관한 이야기를 꽤 많이 했다. 그런데 상품을 사는 사람들은 어떨까? 물건을 사는 사람은 상품에서 만족을 얻는다. 샴페인뿐 아니라 냄비와 프라이팬, 모자와 코트를 산 뒤에도 만족을 느낀다. 경제를 어떻게 바라볼지 알아보려면 상품을 사는 사람에 관해 알아보는 것도 분명 중요하지 않을까?

영국의 경제학자 윌리엄 제번스(1835~1882)도 그렇게 생각했다. 제번스는 경제학 학위를 받으려고 공부한 최초의 유명 경제학자였다. 다른 사상가들처럼 라틴어와 그리스어를 공부하면서 경제학을 익히는 전통적인 방식을 따르지 않은 것이다. 제번스는 '한계효용marginal utility'이라는 개념을 발전시켰다. 캐러멜 하나를 먹는다고 해보자. 우리는 캐러멜을 무척 좋아한다. 캐러멜을 먹으면 경제학자들이 '효용'이라고 부르는 만족감을 크게 느낀다. 하지만 캐러멜을 더 먹으면 먹을수록 추가로 먹는 캐러멜에서 느끼는 만족감은 앞서 먹은 것만큼 크지 않다. 캐러멜을 열 개째 먹으면 맛있기는 하지만, 처음 먹은 캐러멜만큼 맛있지는 않다. 열다섯 개를 먹고 나면 그만 먹고 싶어지기 시작한다. 스무 개를 먹고 나면 아마 전혀 맛있다고 느끼지 못할 것이다. 캐러멜을 하나씩 더 먹을 때마다 느끼는 만족감이 한계효용이다. '한계margin'란 무언가의 끝을 뜻한다. 그러므로 캐러멜에서 느끼는 효용의 '끝'은 마지막으로 먹은 캐러멜에서 얻는 효용이다. 이처럼 사용하면 할수록 한계효용이 줄어드는 경향을 '한계효용 체감의 법칙'이라고 한다.

한계효용은 경제학에서 중요한 개념이다. 제번스는 한계효용을 이용해 사람들이 돈을 쓰는 방식을 설명했다. 간단한 음식을 파는 가게에 갔다고 해보자. 수중에 10파운드가 있고 그 돈으로 핫도그나 캔 콜라를 산다. 10파운드를 한번에 쓴다고 가정하자. 몇 개의 핫도그와 캔 콜라를 살 것인가? 배가 몹시 고파서 핫도그를 열 개 사서 쟁반 가득 쌓았다. 그런데 아무리 배가 고파도 핫도그만 사는 건 어리석은 짓임을 금방 깨닫게 된다. 핫도그를 열 개 산다면 열 번째로 먹는 핫도그의 한계효용은 매우 낮기 때문이다. (핫도그를 열 개나 먹으면 배탈이 날 거라는 말을 경제학자 방식으로 멋있게 표현한 것이다.) 쟁반에는 콜라가 한 캔도 없다. 그러므로 콜라 한 캔을 더했을 때 한계효용은 매우 높다. 열 개째는 핫도그 대신 콜라 한 캔을 사야 한다. 핫도그보다 콜라의 효용이 더 크기 때문이다. 그러므로 쟁반에서 핫도그 하나를 빼고 콜라 한 캔을 담는다. 하지만 계산대로 가서 돈을 내기 전에 다시 한 번 생각해보자. 아홉 개째의 핫도그보다 두 캔째 콜라의 효용이 더 클 수 있다. 그러니 핫도그를 하나 더 빼고 콜라 한 캔을 더 담는다. 캔 콜라 개수를 늘리고 핫도그 개수를 줄이면 캔 콜라의 한계효용은 낮아지고(캔 콜라의 개수가 많아지기 때문에), 핫도그의 한계효용은 높아진다(핫도그 개수가 적어지기 때문에). 그렇다면 핫도그와 콜라를 각각 몇 개씩 담아야 할까? 캔 콜라를 하나 더 먹을 때 얻는 한계효용과 핫도그를 하나 더 먹을 때 얻는 한계효용이 같아질 때다. 핫도그를 좋아하는 배고픈 사람이라면 핫도그 일곱 개에 캔 콜라 세 개가 되는 지점일 수 있다. (나처럼 배고픔보다 목마름을 더 느끼는 사람은 핫도그 세 개와 캔 콜라 일곱 개가 되는 지점일 수 있다.) 핵심은 양쪽의 한계효용이 정확히 균형을 이루는 지점을 찾는 것이다. 적절한 균형점을 찾았다면 계산대로 간다.

이제 이런 생각이 들 것이다. '잠깐만, 물건을 살 때 난 이 모든 단계를 일일이 거치지는 않아. 조금 전까지 한계효용이란 게

뭔지조차 몰랐다고!' 가게에서 이런 식으로 핫도그와 콜라를 사는 사람을 본다면 아마도 조금 이상한 사람이라는 생각이 들 것이다. 경제학자도 사람들이 정확히 이렇게 행동한다고 생각하지는 않는다. 여기서 우리가 이야기하는 건 경제모형economic model, 즉 세상을 단순화한 그림이다. 예를 들어 우리는 한번에 10파운드를 다 쓰고, 핫도그와 콜라만 산다는 점을 가정했다. 현실에서는 살 수 있는 상품이 수백 개나 있다. 하지만 경제모형은 설명하고 싶은 핵심 내용에만 초점을 맞춘다. 여기서는 희소성이라는 기본 문제를 다룬다. 알다시피 실생활에서 우리가 쓸 수 있는 돈은 제한되어 있지만, 살 물건은 많다. 하지만 그 많은 물건을 다 가질 수는 없다. 물론 가게 안에서 마치 로봇처럼 한계효용을 계산하지는 않겠지만, 우리는 어떻게든 행복을 느끼는 방식으로 한정된 금액의 돈을 쓰려고 한다. 한계효용은 그런 우리의 행동을 설명할 수 있을 만큼 정확하게 모형으로 만든 방법이다.

19세기 후반에는 이처럼 한계의 법칙을 이용한 추론이 경제학에 접근하는 완전히 새로운 방식의 기초를 이루었다. 오늘날 한계효용의 법칙은 경제학자가 항상 사용하는 기본적인 연구 방법이다. 제번스는 이론을 완성하지 못한 채 사망했지만, 영국의 경제학자 앨프레드 마셜(1842~1924)이 제번스의 이론을 발전시켰다. 마셜은 배낭 가득 책을 짊어지고 여러 날 동안 알프스 산맥에서 산길을 걸으며 이론을 떠올렸다. 마셜은 빙하 옆에서 손에 책을 든 채 잠시 쉬면서 많은 개념을 떠올렸는데, 이는 오늘날 경제학을 공부하는 학생이 첫 수업 시간에 배우는 내용이다.

우선 수요의 법칙이다. 핫도그 예시에서 우리는 가격을 고려하지 않았다. 그런데 수요의 법칙은 가격이 구매 의사 결정에 미치는 영향에 관한 내용이다. 어느 상품의 가격이 높아지면 수요가 낮아지고, 가격이 낮아지면 수요가 높아진다. 한계효용이 줄어드는 모습이 수요의 법칙이 어디서 비롯되었는지 보여준다. 우리는 이런 모습을 항상 볼 수 있다. 예를 들어 어느 상점에서 점포 정리 할인을 시작했다고 하자. 상점 측은 가격을 대폭 할인해 손님에게 남은 숟가락을 다 팔려고 한다. 만일 숟가락이 하나도 없는 사람이라면 숟가락을 하나 살 때 큰 효용을 얻게 된다. 숟가락 한 개에 4파운드를 낼 용의가 있다. 두 번째 숟가락은 첫 번째 숟가락만큼의 효용을 주지 않으므로 3파운드까지만 낼 생각이 있다. 열 번째 숟가락은 어떨까? 딱 1파운드만 내고 싶을 것이다. 숟가락 가격이 싸다면 많이 사겠지만, 숟가락 가격이 비싸면 한두 개만 살 것이다. 이렇게 우리는 한계효용과 제품을 살 때 내야 하는 가격을 비교한다.

한계효용의 법칙은 사람들이 소비하는 방식을 설명할 때만 사용되는 게 아니다. 기업 활동을 설명할 때도 사용된다. 기업은 숟가락 한 개를 더 팔아 얻는 추가 수익(한계수익·marginal revenue)이 그 숟가락을 만들 때 드는 비용(한계비용·marginal cost)보다 크면 숟가락을 생산한다. 기업에서는 숟가락을 더 많이 생산할수록 추가로 숟가락 한 개를 생산하는 비용도 더 많이 들어간다. 왜냐하면 공장에서 더 많은 노동자를 고용할 때 추가로 고용된 한 명의 노동자는 이전 고용자보다 적게 생산하기 때문이다. (노동자가 한 명뿐인 공장을 떠올려보자. 노동자를 한 명 더 고용하면 생산량을 크게 늘릴 수 있다. 하지만 이미 1,000명이 일하는 공장이라면 노동자 한 명을 더 고용해도 생산량이 크게 늘어나지 않는다.) 높은 비용을 감당할 만큼 숟가락이 비싼 가격에 팔리면 기업에서는 숟가락을 많이 생산한다. 상품 가격이 높으면 기업으로부터의 공급량이 늘어나고, 가격이 낮으면 공급량은 줄어든다.

마셜은 수요와 공급 이론으로 소비자와 기업을 결합했다. 이는 경제학에서 가장 잘 알려진 개념이다. '수요곡선 demand curve'은 가격과 소비자가 원하는 상품의 수량을 연결한다. 그래프상의 선으로 생각해보자. 숟가락 개수는 가로축을 따라 늘어나고 가격은 세로축 위로 올라갈수록 높아진다. 수요곡선은 우하향을 그린다. 가격이 내려갈수록 소비자는 상품을 더 많이 원하기 때문이다. '공급곡선 supply curve'은 가격과 기업이 생산하는 수량을 연결한다. 공급곡선은 우상향을 그린다. 상품 가격이 높아지면 기업에서는 더 많은 숟가락을 만들려고 하기 때문인데, 이는 높은 가격으로 늘어난 생산 비용을 감당할 수 있어서다. 그렇다면 어느 쪽이 숟가락의 가격을 정할까? 공급일까, 아니면 수요일까? 이 질문은 마치 가위의 양날 중 어느 쪽이 종이를 자르는지 묻는 것과 같다. 수요와 공급은 함께 가격을 결정한다. 숟가락 수요량이 숟가락 공급량과 정확히 같아질 때 시장은 '균형 equilibrium'을 이룬다. 수요곡선과 공급곡선이 만나는 지점이다. 시장은 균형을 향해 가는 경향이 있다. 시장은 가격이 특정 수준에 이르렀을 때 균형에 도달한다. 그리고 기업은 시장의 균형에서 소비자가 구매하고 싶어 하는 숟가락의 개수와 똑같은 개수의 숟가락을 생산하고 싶어 한다.

때로 균형도 변한다. 무늬를 아로새긴 멋진 숟가락이 유행한다고 해보자. 이 숟가락을 향한 수요가 늘어나고 균형가격도 높아진다. 기업이 생산량을 늘리려면 추가 생산 비용을 충당할 수 있도록 상품 가격이 높아야 하기 때문이다. 시간이 지나면서 숟가락의 높은 가격은 기업인이 숟가락 생산 공장의 신규 건설을 촉진한다. 공급이 늘어나고 가격은 다시 떨어진다. 수요와 공급은 밀부터 다이아몬드와 주택까지 거의 모든 시장에 적용된다. 수요와 공급이라는 개념은 경제학에서 사용하는 가장 기본적인 도구다.

경제학자가 항상 사용하는 또 다른 개념으로 경쟁이 있다. 애덤 스미스는 경쟁이라는 개념에 주목했고, 마셜과 동료들은 이를 경제모형으로 만들었다. 고등어를 잡는 어부 수십 명이 항구에서 생선을 파는 모습을 그려보라. 고등어 가격은 2파운드라고 해보자. 이 가격은 고등어에 대한 수요와 공급에서 비롯된다. 경쟁의 중요한 특징은 어떤 구매자나 판매자도 시장에서 아무런 힘을 갖지 못하게 한다는 점이다. 어느 어부가 똑같은 고등어를 3파운드에 팔려고 하면 다른 어부에게 가서 고등어를 사면 된다. 만일 우리가 단돈 1파운드에 고등어를 사겠다고 하면 어부는 다른 구매자를 찾는다. 그 어떤 판매자나 구매자도 단독으로 가격을 바꿀 수 없다. 경제학자는 이를 '완전경쟁perfect competition'이라고 부른다. 경쟁이 가격을 계속 낮추기 때문에 누구도 큰 이익을 얻지는 못한다. 소비자는 원하는 상품을 낮은 가격으로 손에 넣게 된다.

제번스와 마셜 이전 시대에 경제학자들은 인간이 다소 다채로운 성격을 지녔다고 보았다. 애덤 스미스가 그린 경쟁 속에서 상인은 최상의 조건으로 거래하기 위해 실랑이를 벌이며 흥정하는 모습이었고, 맬서스가 설명한 가난한 이들은 토끼처럼 자식을 낳았다. 그런데 이제 경제학자는 무대 중심에 새로운 인물, '합리적 경제인rational economic man'을 등장시켰다. '합리적 경제인'은 한계비용과 한계이익을 가늠해 무엇을 해야 할지 의사 결정을 내린다. 예를 들어 숟가락의 가격과 효용을 비교하는 식이다. 경제 내에는 이러한 계산을 완벽하게 해내는 냉철한 사람으로 가득하다.

이런 경제는 차분하고 조화로워 보이며, 이전의 경제학자들이 경제를 바라보는 방식과 상당히 다르다. 마르크스에게 자본주의는 온통 자본가가 노동자를 착취하기만 하는 체제였다. 경제적 가치를 만드는 건 노동자이지만, 그 대부분은 자본가가 이윤의 형태로 가져가버린다. '합리적 경제인'의 세상에는 그저 물건을 사고파는 사람이 많을 뿐이다. 착취 같은 건 존재하지 않는다. 얼마나 일해야 할지까지 한계효용의 법칙을 이용해 정한다. 한 시간의 여가(축구를 하거나 영화관에 간다)에서 얻는 한계효용을 확인하고 그 시간에 일하면 받는 임금과 비교하는 것이다. 만일 한 시간 동안 축구를 했을 때 얻는 효용이 크다면, 그 시간에 일해서 받는 임금이 정말 많지 않은 이상 일하지 않는 편을 선택한다. 무자비한 자본가가 더 이상 우리의 시간을 지배하는 일은 없다.

마셜이 주창한 경제학은 '신고전주의neoclassical' 경제학으로 알려지게 되었다. 신고전주의 경제학은 애덤 스미스와 데이비드 리카도가 전개한 '고전주의classical' 경제학의 내용을 발전시킨 이론이다. 고전주의 경제학은 시장이 경제를 어떻게 작동시키고 번성하게 하는지를 연구했다. 신고전주의 경제학은 합리적인 개인이 시장을 어떻게 작동시키는지, 그 방식을 연구했다. 경제학은 노동이나 금처럼 근본적인 가치 수단을 찾는 일을 그만두었다. 가치는 수요와 공급에서 비롯되는 상품의 가격일 뿐이다. 진귀한 와인의 가격이 비싼 건 제한적인 공급량에 비해 수요가 넘치기 때문인 것이다.

19세기의 사회적 압박이 완화되면서 새로운 사고방식이 등장했다. 산업혁명으로 평범한 사람도 레이스 장식 모자와 중국산 찻잔을 손에 넣을 수 있었고, 경제의 표면 아래에서 느껴지던 긴장감(마르크스가 몹시 우려했던 부분이다)은 밀려났다. 그리고 이런저런 한계효용의 균형을 완벽하게 맞추는 '합리적 경제인'이 인간의 행동 방식을 바라보는 경제학자의 주요 이론이 되었다. 일각에서는 '합리적 경제인'이란 완전히 비현실적인 이야기라고 이의를 제기한다. 그렇게 비판하는 사람은 경제학자가 진짜 사람을 만난 적이 있느냐고 묻는다. 모든 이론은 현실을 단순화해서 설명할 수밖에 없지만, 문제는 어디까지 단순화해야 하는가이다. 뒤에서 살펴보겠지만, 일부 경제학자조차 '합리적 경제인'은 너무 멀리 갔다고 생각했다.

CHAPTER 12

태양을 막아라

1840년대에 어느 경제학자가 프랑스 의회에 양초 제조업자의 모임인 척하며 장난 편지를 보냈다. 편지에서 양초 제조업자들은 시장에 최저가로 빛을 쏟아붓는 업체와 경쟁하느라 망할 판이라고 항의했다. 양초 제조업자를 폐업 위기로 몰아가는 두려운 경쟁자는 누구였을까? 그건 태양이었다. 양초 제조업자 모임에서는 의회에 모든 창문과 커튼을 닫고 햇빛이 들어오는 구멍은 죄다 막아야 한다는 법안을 통과시켜달라고 요구했다. 그러면서 그 법이 양초 공장을 구할 것이고, 프랑스가 부유해지는 데 도움이 될 거라고 했다.

편지를 쓴 경제학자는 수입 상품과의 경쟁을 끊임없이 불평하는 사업가를 조롱하고 있었다. 사업가들은 해외로부터 상품 수입을 막는 건 국가 전체의 이익을 위한 것이라고 주장하려 하지만, 사실 그들이 신경 쓰는 건 자기 회사가 이익을 얻는 것뿐이다. 오늘날에도 여전히 수입품과 경쟁하는 것에 대해 불평하는 소리를 많이 듣는다. 예를 들어 미국과 영국의 철강업체는 자국에서 중국산 철강이 싸게 판매되는 것에 대해 불만을 토로한다.

애덤 스미스 이후 경제학계에서는 국가 간 자유무역이 얼마나 중요한지를 깨달았다. 자유무역이란 상품이 어디에서 왔든 똑같이 취급한다는 뜻이다. 영국에서 저렴한 인도산 천 사용을 금지하거나 어떤 식으로든 규제하지 않는 것이다. 영국 소비자는 마음에 드는 천을 자유롭게 살 수 있고, 인도산 천이 더 싸다면 영국 천 대신 인도 천을 산다. 자유무역에 대한 경제학적 논쟁을 정말 완벽하게 정리한 경제학자가 영국의 데이비드 리카도였다. 리카도는 각국에서 상대적으로 싸게 만들 수 있는 상품을 전문적으로 생산한 뒤 다른 나라와 교역해야 한다고 했다. 그러면 모든 나라가 이득을 얻는다.

하지만 19세기에는 양초 제조업자를 동정하는 경제학자도 있었다. 양초 제조업자가 태양을 막으려 한 건 아니었지만 말이다. 그런 생각을 가진 경제학자는 자유무역이 항상 나라를 부유하게 하진 않는다고 보았다. 때로는 그 반대일 수 있다. 독일의 경제학자 프리드리히 리스트(1789~1846)가 그렇게 생각한 경제학자들 중 한 명이었다. 리스트는 처음에 자유무역을 신봉했지만 1820년대에 미국을 방문한 뒤 생각을 바꾸었다. 당시에는 영국의 고전주의 경제학자가 주장하는 자유무역에 동의하지 않는 미국인이 많았다. 미국의 새로운 사회에는 새로운 경제학자가 필요했다. 영국이라는 옛 사회에 속한 경제학자와 달라야 한다고 했다. 미국 독립선언서를 작성한 토머스 제퍼슨은 심지어 미국에서 리카도의 책을 출판하는 것도 중지시키려 했다. 미국 건국의 아버지에 속하는 또 다른 인물인 알렉산더 해밀턴은 자신이 생각하는 무역관을 내세웠다. 해밀턴의 무역관은 영국 경제학자의 무역관과 완전히 달랐다. 그는 『연방주의자 논집』을 쓴 여러 저자 중 한 명이었는데, 이 논집은 미국이 영국에서 독립한 후 출판된 일련의 글을 모은 것으로서 새로운 국가의 운영 방식을 설명해주었다. 이 책에서 해밀턴은 미국의 경제체제를 세워야 한다고 명확히 이야기했고, 정부는 미국의 산업이 성장하도록 앞장서야 한다고 주장했다. 외국 정부는 자국 산업을 보호하기 위해 미국 기업이 상품을 판매하기 어렵게 하려고 노력한다. 마찬가지로 미국도 자국 산업의 발전을 위해 노력해야 한다고 해밀턴은 생각했다. 리카도의 자유무역 이론은 미국에 적합한 해법이 아니었다.

리스트는 『정치경제학의 민족적 체계』라는 책에서 해밀턴의 생각을 발전시켰으며, 영국 경제학자와는 차별화된 주장을 펼쳤다. 애덤 스미스와 데이비드 리카도는 오늘날의 대다수 경제학자와 마찬가지로 나라 간 교역은 개인 간의 거래와 크게 다르지 않다고 여겼다. 국가 간 무역은 단지 국경으로 분리된 곳에 사는 개인이 상품을 사고파는 행위에 불과하다고 본 것이다. 동네 채소 가게에서 양파를 사면 소비자와 가게 주인 둘 다 이득을 얻는다. 그런데 해외 공급자로부터 양파를 사는 데 어떤 반대를 할 수 있을까? 리스트는 나라 간 교역을 개인 간 거래와 똑같이 생각해서는 안 된다고 했다. 서로 다른 국가라는 건 각각 자국의 여권을 가진 사람이 모인 단체, 그 이상의 의미이기 때문이다. 각국은 저마다 고유의 역사와 문화, 그리고 통치 방식을 가지고 있다. 나라마다 발전 단계도 다르다. 선진 산업사회인 나라가 있는가 하면, 여전히 농업 중심의 국가도 있다. 리스트가 살았던 시대에는 영국이 도약하고 있었다. 산업혁명을 거쳤고 미국, 프랑스, 독일보다 경제적으로 앞서 있었다. 리스트는 다른 나라가 영국의 성공을 따를 기회를 잡으려면 자유무역제도를 채택하는 것 이상의 무언가를 해야 한다고 말했다.

리스트는 경제 발전이란 농장이 아니라 산업과 공장에 기반을 둔 경제를 만드는 것으로 생각했다. 그런데 초기 신규 산업은 아이와 같다. 어린아이는 잘 보살피고 키워야 한다. 어린아이에게 돈을 버는 일자리를 두고 경쟁하기를 기대하지는 않는다. 어린아이가 자라는 동안에는 그런 압력을 받지 않도록 보호한다. 그리고 어른이 되었을 때 혼자 세상에 나가 살 수 있도록 필요한 기술을 배우는 시간도 주어진다. 리스트에 따르면 '유치산업infant industries'이 성장하려면 육성이 필요하다. 독일이 19세기에 그랬던 것처럼 철강과 화학 같은 산업을 새로 성장시키려 한다고 해보자. 그런데 영국처럼 경제적으로 더 발전한 나라의 철강과 화학 산업이 성공에 방해가 된다. 경제적으로 앞선 나라의 생산자는 이미 낮은 비용으로 상품을 만드는 방법을 알고 있다. 그만큼 숙련 과정을 많이 거쳤기 때문이다. 생산 중에 작은 결함이 발견되어도 무시할 수 있고 노동자는 매우 효율적으로 일한다. 그러니 문제는 외국에 능력이 더 뛰어난 경쟁자가 있는데 어떻게 국내에서 새로운 산업을 키울 수 있는가이다. 독일 소비자는 항상 저렴한 영국산 상품을 원할 테고, 독일이 육성하는 신규 산업에는 기회가 주어지지 않을 것이다.

그러므로 리스트는 해외 경쟁으로부터 신규 산업을 보호하자고 제안했다. 국내의 신규 산업을 보호하는 방법 중 하나는 수입품에 세금, 즉 '관세tariff'를 부과하는 것이다. 독일에서 영국산 철강에 관세를 부과하면 독일에서는 영국산 철강의 가격이 비싸진다. 관세가 높으면 영국산 철강이 독일산 철강보다 더 비싸진다. 그러면 독일의 소비자는 자국산 철강을 구매할 것이므로 독일의 유치산업인 철강 산업이 살아남을 것이다. 경제학자는 이러한 정책을 '보호무역'이라고 부른다. 어린아이가 목공을 배우는 건 나무 상자와 나무 선반을 어떻게 만드는지 이론을 알게 되어서가 아니라 톱질과 망치질을 몇 번이고 반복적으로 연습해서다. 경제 내에서도 유치산업이 시장에서 버티도록 도와줌으로써 해당 산업 내 기업이 제품군의 생산에 숙달되고 해외 업체와 경쟁할 기회를 가질 때까지 연습을 거듭할 수 있다. 그렇게 되고 나면 관세를 철폐하고 자유무역을 시행한다. 그렇게 새로운 산업 부문이 나타나고, 다른 부문에서 같은 방식을 반복함으로써 경제 전체를 산업화할 수 있다. 수입품에 관세를 부과하는 데는 비용이 든다. 결국 소비자가 상품을 구매할 때 더 많은 돈을 내야 하기 때문이다. 하지만 리스트는 그런 비용을 부담할 가치가 충분하다고 여겼다. 덕분에 유치산업이 성숙하고 경제가 발전하기 때문이다. 리스트는 이를 두고 자녀에게 목공처럼 훗날 유용하게 쓸 수 있는 기술을 지금 배우게 하려고 노력하는 부모의 모습에 비유했다.

리스트에게 자유무역의 원칙은 항상, 그리고 모든 곳에서 유효한 게 아니었다. 자유무역은 경제 발전의 단계가 같은 국가나 지역 사이에서만 유익했다. 예를 들어 19세기 독일의 여러 지방처럼 말이다. 하지만 경제 발전의 단계에 큰 차이가 있는 나라 사이에서는 좋은 방법이 아니었다. 선진국의 산업이 상대국의 산업을 간단히 쓸어버릴 수 있기 때문이다. 리스트는 영국 경제학계의 '세계주의cosmopolitanism'를 비판했다. 영국 경제에 적용되는 이론이 프랑스, 독일, 혹은 러시아에도 적용되므로 영국에 자유무역이 도움이 된다면 다른 나라에도 도움이 될 거라는 식의 생각을 비판한 것이었다. 자유무역이 진짜 의미하는 바는 영국이 다른 나라의 경제를 지배할 자유였다.

19세기는 보통 자유무역의 세기로 불리는데, 고전주의 경제학자의 이론이 옳았음을 입증한 시대였다. 1840년대에 영국은 곡물법을 폐지했다. 곡물법은 해외에서 영국으로 들어오는 곡물의 수입을 막아 외국과의 경쟁으로부터 영국 농업을 보호한 법이었다. 곡물법 폐지는 자유무역을 향해 한발 나아가는 일이었다. 19세기에 걸쳐 나라 간 교류가 증대되었고, 세계 경제가 만들어졌다. 그 속에서 사람들은 밀, 면화, 차 등을 비롯해 온갖 상품을 국경 너머로 사고파는 게 일상이 되었다. 하지만 때로 자유무역은 전혀 '자유롭지 않았다'. 자유무역을 강제로 시행할 수밖에 없는 때도 있었기 때문이다. 19세기 중반 영국과 프랑스는 중국과 전쟁을 벌였다. 영국의 무역업자가 중국에서 아편을 판매하는 걸 중국 정부가 막으려 한 것도 어느 정도 전쟁을 일으킨 원인이 되었다. 중국이 전쟁에서 패했고, 영국은 중국 시장을 강제로 개방시켜 영국 상품을 판매했다. 이는 리카도가 자유무역을 바라본 방식과 전혀 달랐다. 리카도가 그린 자유무역은 나라 간에 완전히 자발적인 의사로 상품을 교환하는 방식이었다. 그리고 19세기 동안 자유무역을 향해 나아갔지만, 여전히 보호무역 장치가 많이 남아 있었다. 리스트는 유럽에서 선진 경제가 발전하는 데는 보호무역 조치가 필수였으며, 이는 영국 역시 마찬가지였다고 주장했다.

그렇기는 하지만 오늘날의 대다수 경제학자는 애덤 스미스와 데이비드 리카도의 편에 서 있고 유치산업을 보호해야 한다는 리스트의 주장에 동의하지 않으며, 보호무역은 산업에 무능과 낭비를 가져온다고 생각한다. 기업 간 경쟁은 경제에 도움이 된다. 질 나쁜 상품을 만드는 기업은 망하게 되기 때문이다. 그리고 그 회사가 썼던 노동력과 건물은 더 나은 상품을 만드는 기업에서 사용할 수 있다. 경제학자는 보호무역 때문에 그런 일이 일어나지 않게 될까 우려한다. 보호무역은 비효율적인 기업이 시장에 남는 데 도움을 주기 때문이다. 20세기에는 아프리카와 아시아의 많은 나라가 외국과의 경쟁으로부터 자국 산업을 보호했다. 그 결과 여러 나라에 비효율적이고 수익성이 없는 회사가 많아졌다.

리스트는 또한 경제학의 기본 연구 방식, 즉 경제학자가 어떤 질문을 던져야 하고 그 질문에 어떻게 대답해야 하는가에 대해 고전주의 경제학자와는 다른 시각을 가졌다. 경제학자는 예를 들어 '교역이 나라를 부유하게 한다', '인구가 늘어나면 각자에게 돌아가는 식량이 줄어든다' 등 온갖 주장을 펼치고 종종 서로 다른 의견을 내놓는다. 그렇다면 경제가 작동하는 방식에 대해서는 어떻게 생각할까? 이는 중요한 문제이다. 경제학자가 사실을 두고 서로를 설득하는 방법과 관련되어 있기 때문이다. 리스트는 경제학이 사실과 역사에서부터 출발해야 한다고 했다. 어느 나라에 어떤 산업이 존재했는가? 얼마나 많은 노동자가 있었으며 물건을 생산하는 데 어떤 기술을 사용했는가? 이러한 정보를 갖추면 어느 경제가 어떻게 작동하고, 이를 발전시키려면 어떤 정책을 써야 하는지 결론을 내릴 수 있다. 경제학을 연구하는 또 다른 방식은 데이비드 리카도처럼 관념적으로 추론하는 것이다. 리카도는 기본 원칙에서 출발해 결론을 향해 추론해나갔다. 리카도의 주장은 역사와 사실보다 논리에 더 기댄 것으로 보였다. 리스트는 논리만으로 폭넓게 적용되는 경제 원칙을 세울 수 있다는 생각을 부정했다. 어느 경제 원칙이 서로 다른 나라에서 실제로 작동할지 어떻게 알수 있을까? 경제가 발전한 영국에서 잘 작동하는 경제 원칙이 발전이 뒤처진 러시아에서도 똑같은 효과를 낼까?

1880년대에 독일어권 경제학자들 사이에서 그러한 토론이 경제학의 정수를 찾는 싸움으로 번졌다. 이를 두고 '방법론 논쟁 battle of the methods'이라고 부른다. 한쪽은 리스트처럼 경제학은 우선 무엇보다 역사와 구체적 사실에 기반을 둬야 한다고 생각하는 경제학자들이었고, 다른 한쪽은 관념적인 이론을 탐구해야 한다고 생각하는 경제학자들이었다. 결국 양쪽 생각에 모두 일리가 있다는 점이 분명해졌다. 이론은 역사적 경험에 비추어 검증해야 한다. 그러는 한편 대량의 사실을 분류할 이론이 없으면 사실은 금세 무의미해진다. 그 후부터 경제학은 사실의 세계와 이론의 세계를 모두 받아들였다. 그렇기는 하지만 경제학이 발전하면서 역사적 사실과 통계를 샅샅이 훑는 경제학자보다 새로운 이론을 정립한 경제학자가 큰 명성을 얻게 되었다. 경제학자는 수학과 사랑에 빠졌고, 경제에 관한 구체적인 사실보다는 일반적 개념에 기반을 둔 온갖 정교한 이론을 정립하는 데 수학을 사용했다. 하지만 모두가 여기에 동의하지는 않았다. 현재까지도 경제학을 비판하는 사람들은 경제학이 연구하는 주제가 현실과 다소 동떨어져 있으며, 경제와 관련해 진짜 사람들의 삶에 영향을 미치는 사실을 탐구하기보다는 수학 문제를 푸는 게임이 되어버렸다고 불평한다.

CHAPTER 13

전쟁으로 얻는 이익

　　1914년 제1차 세계대전이 발발했을 때 러시아의 혁명가 블라디미르 일리치 레닌(1870~1924)은 폴란드 타트라 산맥 속 외딴 산장에 숨어 있었다. 레닌은 고국 러시아를 벗어나 유럽의 여러 나라로 여러 번 망명했는데, 이번에는 경찰과 정부 요원을 피해 가명과 위조 여권으로 폴란드에 들어온 상태였다. 러시아에서 레닌은 신문 〈이스크라〉에 글을 실어 혁명을 독려했는데, 레닌의 동지들은 공연장 위 박스석에서 아래층에 앉은 부유한 사람들의 머리 위로 레닌의 글이 실린 신문을 비처럼 뿌렸다. 감옥에서 레닌은 빵으로 만든 잉크통을 사용해 비밀 메시지를 적었다. 교도관이 눈치채면 얼른 먹어 없애기 위해서였다. 언젠가 한번은 여섯 개나 삼킨 적도 있었다.

레닌에게 전쟁은 서로 대립하는 나라의 지배 계층이 노동자를 내보내 서로 죽이게 하는 상황을 의미했다. 그러므로 노동자는 전쟁에 나가는 대신 진정한 공동의 적, 즉 유럽의 자본가들에 맞서 일어나 단결해야 했다. 사회주의자는 결코 전쟁에 동의할 수 없으며, 레닌과 전 유럽의 혁명가 동지들은 전쟁에 단호히 반대하기로 했다.

하지만 8월 5일 레닌은 큰 충격을 받았다. 독일이 러시아에 선전포고하고 며칠이 지난 때였다. 산장에서 함께 지내는 폴란드의 활동가가 레닌에게 폴란드 신문 한 부를 가져다주었다. 신문에는 독일 의회의 사회주의자들이 참전에 동의했다는 기사가 실려 있었다. 처음에 레닌은 폴란드 동지들이 기사를 잘못 번역했다고 생각했지만, 그 내용은 틀림없는 사실이었다. 독일의 사회주의자들이 자국을 향한 애국심을 정치적 신념보다 우선한 것이었다. 영국과 프랑스의 사회주의자들도 같은 선택을 했다. 레닌은 분노했다.

레닌이 전쟁에 반대한 건 단지 대량 학살을 두려워해서가 아니라 자본주의 이론 때문이었다. 레닌은 사상가이자 실제 혁명가였고, 마르크스의 계승자였다. 마르크스는 자본주의 안에는 갈등이 내재해 있고, 그로 인해 때가 되면 자본주의는 붕괴할 것이라고 주장했다. 레닌은 마르크스의 사상을 발전시켰고, 자본주의 시스템 그 자체가 국가 간 갈등을 일으켜 결국 전쟁으로 이어진다고 했다.

레닌은 세 가지의 큰 흐름을 지적했다. 마르크스는 주로 단일국가 안에서 일어나는 현상을 살폈지만, 20세기가 시작될 무렵에는 국가 간 관계가 그 어느 때보다 밀접하게 연결되었다. 엄청난 양의 무역이 이루어졌고, 투자자는 해외 사업에 투자를 늘렸다. 또 하나의 흐름은 대기업과 대형 은행의 등장이었다. 이전 시대의 자본주의에서는 기업의 규모가 작았고, 대개 기업 소유주의 자금으로 회사를 운영했다. 하지만 이제는 대형 은행이 대기업에 자금을 조달했다. 이를 두고 레닌은 '독점자본주의monopoly capitalism'라고 불렀다. 대기업이 전체 시장을 통제하는 독점 현상이다.

그리고 세 번째 흐름이 제국주의다. 유럽 국가들은 외국의 영토를 장악해 전 세계로 확장된 제국을 형성했다. 이는 군사적 침략을 통해 이루어졌고, 이후 침략국은 대개 외국 영토에 자국 정부를 세우고 식민지를 건설했다. 제국주의는 수백 년 전인 15세기에 스페인과 포르투갈이 남아메리카를 정복했을 때부터 시작되었다. 유럽 국가들은 금과 여러 귀중품은 물론 노예로 삼을 수 있는 사람들까지 포함된 외국 영토를 장악하기 위해 서로 다투었다. 19세기 후반에는 제국주의 경쟁에 새로운 불이 붙었다. 유럽의 여러 나라는 아직 침략당하지 않은 전 세계의 여러 지역을 두고 다툼을 벌였다. 남아 있는 땅은 대부분 아프리카의 미개척지였다. 1914년 제1차 세계대전이 시작될 무렵에는 유럽의 여러 제국이 지구상 땅의 3분의 1을 점령하고 있었다.

레닌은 경제적 상호 연계성, 독점자본주의, 제국주의라는 세 가지의 흐름이 서로 연결되어 있다고 생각했다. 레닌이 살았던 시대에 제국주의를 바라보는 종래의 관점은 제국주의가 영웅적인 노력이며, 위대한 지도자가 모험심과 용기를 분출하는 창구라고 여겼다. 게다가 제국주의 국가는 빈곤국에 문명을 전파해 아프리카와 아시아인을 현대 세계로 이끈다고 보았다. 하지만 레닌의 생각은 그러한 관점과 전혀 달랐다. 레닌이 보기에 제국주의는 순전히 돈벌이 수단일 뿐이었다. 레닌은 존 홉슨(1858~1940)이라는 영국 경제학자의 책에서 영향을 받아 그런 생각을 하게 되었다. 존 홉슨은 평범하고 책을 좋아하며, 레닌처럼 비밀 회합을 하거나 감옥에서 음모를 꾸미는 등과 같은 활동을 하는 이들과는 동떨어진 인물이었다. 홉슨은 마르크스주의자가 아니었지만 정통 사상에 반기를 든 이단아였다. (홉슨이 쓴 여러 책들 중 하나가 『경제 이단아의 고백』이다.) 런던 대학교의 어느 경제학과 교수가 홉슨의 책을 읽었는데, 이후 홉슨은 런던 대학교에서 강의할 수 없게 되었다. 많은 사람들이 보기에 홉슨이 책에서 펼친 주장(레닌이 펼치는 논거의 기초를 형성했다)은 전혀 말도 안 되는 소리였다.

홉슨의 이론은 당시 경제학자라면 복음처럼 여긴, 저축은 좋은 일이라는 생각과 반대되는 내용이었다. 홉슨은 때로 나라에 돈이 지나치게 많이 쌓인다고 생각했다. 노동자와 자본가는 상품을 생산해 수입을 얻는다. 그렇게 번 돈은 오늘 쓸 수도 있고, 아니면 신중하게 저축할 수도 있다. 수입이 많지 않은 사람은 먹을 것과 옷 등 생활필수품을 사는 데 수입의 대부분을 쓴다. 하지만 부유한 사람은 수입이 매우 많으므로 번 돈을 전부 쓸 수가 없다. 수입이 많지 않은 노동자가 버는 돈의 50배를 벌더라도 생활필수품을 사는 데 노동자의 50배를 쓰지는 않는다. 고미술품인 꽃병을 몇 개 사더라도 결국 수입이 남아 저축하게 된다. 홉슨과 레닌은 독점자본주의 아래에서는 경제 내 수입이 부유하고 힘 있는 소수의 금융가에게 더 많이 돌아간다고 보았다. 이는 곧 그 나라에서 소비보다 저축이 더 많이 이루어진다는 뜻이다. 저축은 새로운 기계와 공장을 사는 데 사용되고, 그러면 상품을 더 많이 생산할 수 있다. 경제학자는 이러한 소비를 '투자investment'라고 부른다. 기업가가 소시지 만드는 기계를 새로 샀다면 투자를 한 것이고, 앞으로 소시지를 더 많이 생산하게 된다. (다만 소시지를 만들어 다 먹어버린다면 투자가 아니라 소비하는 셈이다.)

　문제는 투자가 늘어나면 생산된 제품을 사려 하거나 살 수 있는 사람이 줄어든다는 것이다. 부유한 사람은 엄청난 수입으로 이미 원하는 만큼 제품을 샀기 때문에 더는 사지 않는다. 그러니 나머지 수입을 저축하는 것이다. 한편 노동자는 상품이 무엇이든 그걸 살 돈이 없다. 그러므로 저축한 돈으로 세운 공장의 소유주가 얻는 이윤은 점점 줄어든다. 저축이 늘어나면 저축액을 사용할 좋은 투자처는 적어진다. 하지만 아직 저축이 충분히 이루어지지 않은 외국은 좋은 투자처가 된다. 그래서 저축 자금이 해외로 흘러갈 수 있도록 제국주의 열강은 외국을 침략해 식민지를 세운다. 유럽의 자본가는 이제 식민지에 공장을 짓고 자국 시장에서 팔 수 없는 상품을 식민지 주민에게 판매한다. 침략국의 군대는 공장을 보호함으로써 식민지 주민이 공장을 탈취하려는 시도를 저지한다. 홉슨은 19세기에서 20세기로 넘어가는 무렵 영국과 남아프리카공화국 간의 전쟁을 취재하면서 그런 일을 직접 보았다. 1880년대 중반 남아프리카공화국에서 금광이 발견되었고, 영국과 남아프리카공화국은 1899년 전쟁에 돌입했다. 홉슨은 자본가가 금광을 손에 넣기 위해 일으킨 전쟁이라고 생각했다. 이 전쟁으로 인해 남성, 여성, 어린아이까지 수천 명이 목숨을 잃었다. 끔찍한 환경의 강제수용소에서 사망한 사람도 많았다. 홉슨은 제국주의가 탐욕에서 나오며, 제국의 군대는 자본가가 더 부유해지도록 돕기 위해 현지인을 짓밟는다고 했다. 경쟁 관계인 다른 자본주의 국가가 새로운 시장을 찾게 되면 양국은 서로 방해되고, 그로 인해 19세기가 끝나갈 즈음 제국주의 열강은 영토를 놓고 힘을 겨루었다. 그리고 몇 년 지나지 않아 제1차 세계대전이 발발했다.

홉슨은 저축 초과분을 제국주의 '경제의 뿌리economic taproot'라고 불렀다. 제국주의의 근본이 되는 경제 유인이기 때문이다. 마르크스의 예상대로 자본주의가 붕괴하지 않은 이유라는 수수께끼를 푸는 데 홉슨의 생각이 도움을 주었다. 그건 바로 제국주의의 확장에 따라 자본주의가 새 생명을 얻었기 때문이었다. 19세기에는 제국주의를 나라 간 무역을 진흥하는 방식이라고 환영하는 사람이 많았다. 홉슨의 이론에서 제국주의는 저축이 향할 중요한 투자처를 제공한다. 이는 홉슨의 이론이 제국주의가 좋은 행위라는 점을 실제로 보여주는 게 아닐까? 하지만 홉슨은 그렇지 않다고 부정했다. 애초에 돈이 지나치게 많이 쌓인 건 소득이 극소수에 집중된 결과다. 이를 해결하는 방법은 소득을 재분배하는 것이지 외국에 군대를 보내는 게 아니었다. 소득이 더 균등하게 분배되었다면 남는 저축은 국내에서 소비될 터였다. 그랬다면 제국주의가 존재할 이유는 완전히 사라졌을 것이다. 결국 제국주의로 이득을 보는 건 독점 금융과 은행 등 소수에 불과하다고 홉슨은 말했다. 제국주의가 나라 전체에 도움을 주는 건 아니었다. 나라에서는 새로운 땅을 손에 넣고, 또 그 땅을 지키기 위한 군대에 돈을 써야 하기 때문이다. 그리고 제국주의는 외국 군대와 정부의 통치 아래에 놓인 식민지 주민에게 피해를 준다.

레닌이 보기에 이 문제는 부의 불공평한 분배보다 더욱 심각했다. 1916년 노동자 계층에 속하는 사람 수백만 명이 전장에서 서로를 살육하는 동안 레닌은 『제국주의론 : 자본주의의 최고 단계』라는 책을 냈다. 마르크스는 자본주의와 사유재산이 노동자 착취로 이어진다며 격분했다. 레닌은 거기에 또 하나의 불만을 덧붙였다. 자본주의와 사유재산 때문에 전쟁을 피할 수 없었다고 본 것이다. 그리고 레닌은 과격한 해결책을 내놓았다. '제국주의 전쟁을 내전으로 전환하라.' 서로 다른 나라 출신의 노동자 계급은 싸움을 멈추고, 대신 봉기해 자국의 자본가 계급을 전복시켜야 한다. 그래야만 국가 간 전쟁이 막을 내린다.

하지만 유럽의 노동자 계급은 혁명을 시작하지 않고 다른 나라와의 전쟁에 열정적으로 참전했다. 레닌은 제국주의 이론이 그 이유를 설명한다고 했다. 독점력과 제국주의를 통해 기업은 막대한 이윤을 얻었고, 그렇다는 건 기업이 노동자에게 높은 임금을 지급할 수 있다는 뜻이다. 그러면 노동자는 자본주의와 전쟁을 받아들이는 '노동 귀족'이 된다. 임금을 받아 구매한 집의 안락함에 만족하면서 혁명을 시작하기보다는 일자리를 유지하는 편을 선호하게 된다.

레닌과 홉슨은 제국주의를 보고 자본주의가 끝을 향해 가는 신호로 여겼다. 하지만 당시를 돌이켜보면 그들의 생각은 빗나갔다. 20세기에 들어섰을 때 유럽의 선진 경제 국가는 성장하는 중이었고, 자본주의 체제는 그 어느 때보다 왕성하게 잘 돌아가고 있었다. 영국 자금이 외국으로 흘러가는 건 자본가가 영국에서 상품을 팔지 못해 가라앉는 경제에서 탈출하기 위해서가 아니라 영국의 경제가 아주 잘 운영되고 있기 때문이었다. 새로운 기술을 활용해 부를 창출했고, 기업가는 그 돈으로 전 세계에 투자할 수 있었다. 예를 들어 영국에서 철도 산업이 성장하면서 이윤이 커졌고, 철도 사업가는 이를 해외에 투자했다. 그리고 비록 전쟁과 식민주의가 무역 및 원자재를 둘러싼 다툼 등 분명 경제와 밀접하게 관련되기는 했지만, 동시에 권력이나 지위 등 다른 욕망과도 연관되어 있었다.

20세기에 '제국주의'라는 단어는 모욕을 주는 표현으로 바뀌었다. 사회주의자들이 썩은 자본가의 행위를 비난하는 말이 된 것이다. 대개 경제학자는 자본주의를 옹호하고 싶어 했고, 그래서 경제학자에게 제국주의라는 말은 욕이었으며, 경제학 용어로 받아들일 수 없는 표현이었다. 이후 기존 이론에 얽매이지 않는 경제학자들이 자본주의의 새로운 이론으로서 제국주의라는 개념을 되살린다.(제26장 참조)

제1차 세계대전이 발발하고 몇 년 뒤 레닌은 변장하고 슬그머니 러시아로 돌아가 세계 최초의 공산주의 국가를 세우는 혁명을 이끌었고, 이 혁명은 카를 마르크스의 생각에서 영감을 얻었다. 소비에트 연방이라는 이 새로운 나라는 세계 최대 규모였고, 제국주의의 최대 적수라고 주장했다. 그 후 20세기에 아프리카와 아시아의 식민국 국민은 제국주의자의 지배에 맞서 항거했다. 그들은 봉기와 반란을 일으켰고, 마침내 자국의 정치적 통제권을 되찾았다. 식민 지배에서 벗어난 국가는 '개발도상국'으로 알려졌는데, 이들 국가가 여전히 경제 발전의 초기 단계에 머물러 있었기 때문이었다.(제22장 참조) 식민 지배를 받은 국가는 통치권을 되찾으면서 외국 자본가가 아닌 자국민이 혜택을 볼 수 있는 경제를 건설하려고 노력했다.

CHAPTER 14

시끄러운 트럼펫 연주자

제2차 세계대전이 발발하고 얼마 지나지 않은 어느 날 밤, 케임브리지 킹스 칼리지King's College의 교수진은 독일군의 포격을 피해 공습 대피소에 모였다. 새벽이 되자 공습경보가 해제되었고 무사히 대피소에서 빠져나왔지만, 몸은 피곤하고 눈이 퀭했다. 그런데 대피소 앞 잔디밭에서 그들은 동료 교수를 보고 깜짝 놀랐다. 그는 위험은 아랑곳하지 않고 접이의자에 혼자 앉아 신문을 읽느라 여념이 없었다. 그는 영국의 경제학자 아서 세실 피구(1877~1959)였다. 피구는 매우 독특한 괴짜 교수로, 허름한 양복을 입고 다녔으며 그 무엇보다 사고의 기술을 연마하는 데 몰두했다. 피구의 스승은 빅토리아 시대의 위대한 경제학자 앨프레드 마셜이었다. 마셜은 경제학계에서 오늘날까지 사용하는 시장에

관한 기본 이론을 정립한 학자다. 그런 마셜도 피구를 천재라고
불렀다.

피구는 마셜이 정립한 이론을 한층 발전시켰다. 피구는 특히
시장이 항상 완벽하게 작동하지 않는다는 점을 보여주었다. 경제
학자는 대부분, 심지어 자본주의를 열렬히 지지하는 학자라 해도
시장 실패를 인정한다. 때로는 시장 실패로 인해 경제 자원을 최
대한 활용하지 못한다. '실패'라고 해서 경제에 엄청난 재난이 닥
치거나 위기가 찾아오지는 않는다. 특정 상품의 시장, 예를 들어
생선 시장이나 석유 시장이 실패할 수 있으며, 이때 경제 전체가
무너져 내리지는 않는다. 피구는 이 의미를 정확히 짚어 이유를
설명했으며, 그 과정에서 '후생경제학welfare economics'이라는 분야
를 개척했다. 후생경제학에서는 개인의 구매 결정, 판매 결정, 노
동 결정과 기업의 생산 결정, 고용 결정 등 사회 전체의 의사 결정
이 사회에 주는 전반적인 이득을 연구한다. 후생경제학은 '규범
경제학normative economics'의 일부인데, 규범경제학이란 경제 상황
에서 가치 판단을 내리게 해주는 경제학의 한 분과이다. 후생경
제학에서는 시장이 잘 기능하는지, 혹은 제대로 기능하지 못하는
지를 판단한다.

피구는 종종 시장으로 인해 사람은 자기에게 이득이 되지만
다른 사람에게 피해를 주는 부작용이 나타나는 선택을 한다고 주
장했다. 피구의 주장을 이해하기 위해, 예를 들어 이웃집 사람이
트럼펫을 연주한다고 해보자. 시끄러운 트럼펫 소리는 듣기 싫
다. 특히 몇 시간 동안 계속 연주하는 소리라면 더욱 그렇다. 이웃

집 사람이 의도하지는 않았지만, 그가 즐기는 취미에는 부작용이 따른다. 연주 소리가 주변 사람을 짜증나게 하는 것이다. 이웃집 사람의 즐거움과 주변 사람의 짜증 사이에서 어떻게 균형을 찾을 수 있을까? 판단을 내리기 위해 우리는 한 사람의 개인을 위해서만이 아니라 사회 전체로 봤을 때 최선의 결정이 무엇인지 생각하게 된다. 위의 간단한 예에서 '사회 전체'란 바로 이웃에 있는 한 집만이 아니라 근처에 사는 모든 집을 뜻한다. 잠깐은 트럼펫 연습 소리가 신경 쓰이지 않는다. 이때는 연주가 주는 이득, 즉 이웃집 사람이 느끼는 즐거움이 비용, 즉 우리의 가벼운 짜증보다 크다. 그러므로 사회 전체로 보면 이웃집 사람이 계속 연주하는 편이 가장 좋다. 하지만 세 시간 동안 연주를 계속 듣고 나면 우리는 트럼펫 소리에 미칠 것 같다는 생각이 든다. 트럼펫 연주가 세 시간째로 접어들면서 이웃집 사람이 느끼는 즐거움보다 우리가 느끼는 짜증이 더 커졌다고 해보자. 사회 전체의 관점에서 보면 이웃집 사람은 두 시간 동안 연주한 후에 트럼펫을 정리하는 편이 낫다. 그런데 문제는 대개 이웃집 사람이 연주를 멈추지 않고 계속한다는 점이다. 얼마나 오랫동안 연주할지를 결정할 때 그는 자신이 직접 느끼는 이익과 비용(이웃집 사람의 '개인적인' 이익과 비용)만 고려하기 때문이다. 이웃집 사람은 연주하며 느끼는 재미와 몇 시간 동안 트럼펫을 연주하느라 입술에 느껴지는 고통만 고려한다. 그 이상의 폭넓은 비용('사회적' 비용), 즉 우리가 느끼는 두통은 무시한다.

　시장에서는 이와 같은 문제가 항상 발생한다. 이익과 비용은 금액으로 측정되므로 더욱 정확하게 계산할 수 있다. 예를 들어 페인트 공장과 인근에 있는 물고기 양식장의 이익을 생각해보자. 페인트 공장은 페인트 생산 비용과 판매 가격 사이에서 균형을 찾아 이익을 최대화하는 양만큼 생산한다. 그런데 페인트 생산 과정에서 부산물로 화학물질이 나온다고 해보자. 이는 페인트 공장의 이익에 아무런 영향을 주지 않는다. 그저 근처의 강에 버리는 쓰레기일 뿐이다. 그런데 강 하류에는 물고기 양식장이 있다. 페인트 공장에서 강에 버린 화학물질이 양식장으로 흘러들면 물고기가 죽는다. 그러면 양식장의 이익이 줄어든다. 마치 페인트 공장이 시끄럽게 트럼펫을 불어 다른 사람에게 두통을 안기는 꼴이다. 페인트 공장에서 페인트를 많이 생산하면 강에 버리는 화학물질도 많아진다. 그러면 물고기가 많이 죽고 양식업자는 큰 돈을 잃게 된다. 어느 시점에 이르면 페인트 공장에서 추가로 생산한 페인트 몇 통으로 인해 페인트 공장이 페인트를 생산해 팔아 버는 이익보다 양식업자가 입는 손해가 더 커진다. 사회 전체의 관점, 즉 페인트 공장과 양식장을 함께 생각하면 페인트 공장에서 페인트 몇 통을 추가로 생산하지 않는 편이 더 나을 것이다. 하지만 트럼펫을 연주했던 사람과 마찬가지로 페인트 공장은 페인트 생산에 따르는 사적 비용private cost, 즉 공장에 직접적인 영향을 주는 비용만 생각한다. 이를테면 페인트를 만드는 데 필요한 안료 가격 등이다. 그보다 더 광범위한 사회적 비용, 즉 화학물질이 양식장에 미치는 영향은 무시된다. 사회 전체의 관점에서 볼 때 시장은 페인트의 '과잉' 생산을 유발한다.

하지만 때로는 의도치 않은 부작용이 이익이 된다. 포장 전문 회사에서 식품 용기를 더 싸게 생산할 수 있는 새로운 플라스틱을 발명해 이익을 얻는다면 자동차 생산업체에서도 그 지식을 활용해 한층 저렴한 비용으로 대시보드를 제작할 수 있다. 새로운 플라스틱을 발명한 포장 회사의 연구가 사회 전체에 가져다주는 이익은 이 회사가 제품을 판매해 추가로 버는 이익보다 훨씬 더 크다. 그렇지만 이 회사에서 연구비로 얼마나 쓸지를 결정할 때 광범위한 사회적 이익, 즉 다른 회사에 미치는 긍정적인 영향을 고려하지는 않는다. 그래서 사회 전체로 볼 때 가장 좋은 수준보다 연구비를 적게 들인다. 여기서 문제는 페인트 공장이 일으킨 문제와 정반대다. 이제 시장은 사회에 도움이 되는 상품을 '과소' 생산하게 한다.

경제학에서는 페인트 공장이 배출한 오염물질이나 포장 회사에서 진행한 연구를 '외부효과externalities'라고 부른다. 의도치 않은 부작용을 만들어낸 두 회사가 아닌, 혹은 '외부에 있는' 사람이나 기업에 영향을 미치기 때문이다. 피구는 '사회적' 효과(모든 사람에게 전반적으로 미치는 영향)와 '사적' 효과(외부효과를 발생시키는 오직 그 사람에게만 미치는 영향) 사이에 차이가 있어서 시장 실패가 일어난다는 점을 밝혔다. 사람들은 사적 비용과 이익을 돈으로 계산한다. 페인트 공장은 돈을 내고 안료를 사며, 고객은 돈을 내고 페인트를 사 간다. 사적 비용과 이익이 아무런 영향을 미치지 않을 때 시장은 잘 작동한다. 이때는 사회적 효과와 사적 효과가 같고, 사회적 효과도 전부 소비자가 상품을 사며 지불하는 금액 안에 포함되어 있다. 하지만 외부효과가 발생하면 사적 비용과 이익 안에 사회적 비용과 이익이 전부 포함되지 않는다. 외부효과는 상품을 사는 사람이 지불하는 금액 어디서도 계산되지 않는다. 페인트 공장에서 나오는 오염물질처럼 말이다. 이런 경우에는 사적 효과와 사회적 효과 사이에 차이가 생긴다. 그래서 페인트 공장이 페인트를 '과잉' 생산했다고 말하는 것이다. 페인트 공장은 오염물질에 대한 비용을 부담하지 않으므로 결국 페인트를 사회 전체의 관점에서 가장 적당한 양보다 더 많이 생산하고 만다. 포장 회사는 연구 결과가 사회 전체에 미치는 영향력만큼 이익을 얻지 않는다. 그러므로 사회 전체에 필요한 수준보다 적게 연구하는 편이 회사에는 가장 좋은 선택이 된다.

돈을 내지 않은 사람에게까지 이득을 주는 상품의 극단적인 사례를 경제학에서는 '공공재public goods'라고 부른다. 한 예로 가로등이 있다. 밤에 내가 앞을 보려고 가로등 불빛을 사용한다 해서 다른 사람이 앞을 못 보도록 막는 건 아니다. 상대가 이익을 보지 못하게 막을 방법이 없다. 이것이 다른 대부분 상품과의 차이점이다. 내가 샌드위치를 먹으면 다른 사람은 먹을 수 없다. 상대에게 샌드위치를 주지 않는 간단한 방법으로 그 사람이 샌드위치를 못 먹게 할 수 있다. 그렇다면 왜 굳이 가로등에 드는 비용을 부담해야 할까? 가로등을 설치하든 말든 관심 없다고 한 뒤 다른 사람이 돈을 내어 가로등을 설치하면 환해진 거리를 이용하면 된다. 하지만 모든 사람이 그렇게 생각하면 결국 모두 캄캄한 거리를 걷다 넘어지게 될 것이다. 경제학에서는 이를 '무임승차freeriding'라고 부르며, 무임승차는 중요한 많은 상품과 서비스에 적용된다. 예를 들어 나라를 안전하게 지켜줄 군대를 양성하는 데 드는 비용을 부담해야 할까? 일단 군대가 국경을 지키고 나면 군대가 주는 이익에서 배제되는 사람은 아무도 없다. 상품에 무임승차를 할 수 있으면 시장에서 공급이 극히 적어지거나, 심지어 공급이 전혀 이루어지지 않기도 한다.

그래서 외부효과가 발생하거나 공공재가 필요할 때는 애덤 스미스가 말한 '보이지 않는 손'이 제대로 작동하지 않는다. 시장은 사회의 자원을 최대한 활용하지 않는다. 좋지 못한 상품은 지나치게 많이 생산하고, 좋은 상품은 충분히 생산하지 않는다. 피구는 그러므로 시장이 올바른 방향으로 나아가도록 정부가 유도해야 한다고 보았다. 정부는 '긍정적' 외부효과를 장려하고 '부정적' 외부효과를 억제해야 한다. 예를 들어 정부가 기업에 연구비를 지원('보조금subsidies')하면 포장 회사는 보조금이 없을 때보다 유용한 기술을 더 많이 개발할 것이다. 페인트를 생산하는 데 세금을 부과하면 페인트 회사는 사회 전체의 관점에서 가장 적절한 수준으로 생산량을 줄일 것이다. 피구가 논문을 쓴 당시에 정부는 술과 석유를 포함해 모든 상품에 세금을 부과했다. 술과 석유는 소비하는 사람을 넘어 외부에까지 영향을 주는 상품이다. (술에 취하면 맑은 정신이 어지럽혀지고 자동차를 운전하는 사람은 모두가 공유하는 도로를 닳게 한다.)

공공재를 위해서는 더욱 강력한 조치가 필요하다. 정부는 세금을 거둬 공공재 자체를 공급하는 데 사용해야 한다. 가로등이나 국방 서비스를 거의 항상 정부에서 제공하는 이유이다. 경제적으로 볼 때 정부가 반드시 있어야 한다는 주장의 주요 논거는 정부가 없으면 공공재가 공급되지 않는다는 점이다.

피구가 논문을 쓴 당시에 경제학계에서는 소수의 회사나 하나의 회사(독점)가 시장을 지배하면 시장이 실패할 수 있다는 점도 알고 있었다. 20세기 초 미국에서는 스탠더드 오일Standard Oil이라는 거대 기업이 석유 시장을 대부분 장악했고, US스틸United States Steel Corporation이 철강 시장을 대부분 지배했다. 독점기업은 경쟁업체가 없으므로 상품에 부과하는 가격을 마음대로 정할 수 있다. '시장 지배력market power'을 지닌 것이다. 그래서 독점기업은 이윤을 늘리기 위해 가격을 올리는 경향이 있다. 가격이 높다는 건 소비자가 덜 구매한다는 뜻이며, 그러면 기업은 생산량을 줄인다. 사회 전체의 관점에서 이는 해로운 일이다. 소비자는 더 많은 상품을 더 싼값에 살 수 있기를 바라기 때문이다. 하지만 독점기업은 자기 회사의 이익만을 기준으로 제품을 얼마나 생산할지 결정한다. 수많은 회사가 존재하는 경쟁 시장에서는 훨씬 더 많은 양의 상품이 만들어져 더 싼값에 팔린다. 경제학에서 사회를 위해 독점 시장보다 경쟁 시장이 더 낫다고 여기는 이유가 여기에 있다.

정부는 '반독점antitrust' 정책을 시행해 독점기업의 탄생을 막거나 독점기업을 여러 개의 작은 회사로 분리함으로써 시장에 경쟁을 도입하려 노력한다. 20세기 초 미국 정부는 스탠더드 오일을 수십 개의 회사로 분리했다. 오늘날에도 정부는 여전히 독점기업이 미치는 경제적 영향력을 우려한다. 20세기 말 미국 법원은 마이크로소프트가 시장 독점을 시도했다는 점을 확인했고, 그에 따라 경쟁을 지원하기 위해 마이크로소프트의 상품 판매 방식에 규제를 가했다.

피구의 연구는 한동안 빛을 보지 못했다. 피구가 논문을 쓴 1920년대와 1930년대는 자본주의와 공산주의 중 어느 경제체제가 최선인가를 두고 격렬한 논쟁이 벌어진 시기였다.(제16장 참조) 피구는 그보다 제한적인 주제, 개별 시장이 작동하는 방식과 관련된 사항을 연구했다. 그러나 제2차 세계대전 이후 적어도 경제학에서만큼은 큰 문제가 거의 해결되었고, 많은 경제학자가 자본주의가 최선의 체제이지만 이를 건강하게 유지하려면 정부가 상당히 강하게 개입해야 한다고 생각하게 되었다. 피구의 연구는 페인트, 어업, 석유 등 특정 시장이 작동하는 방식을 개선하는 데 사용할 수 있는 정책을 보여주었다. 오늘날 경제학에서도 정부가 어떻게 세금과 보조금을 활용해 사회의 자원을 더 잘 이용할 수 있는지를 연구할 때 여전히 피구의 이론을 이용한다.

CHAPTER 15

코카콜라 아니면 펩시?

목이 말라 슈퍼마켓에 들어가 음료수를 사려고 하면 선택지가 엄청나게 다양하다. 탄산음료를 마시고 싶어 찾으면 코카콜라나 펩시, 환타, 세븐업을 비롯해 수십 가지 브랜드의 제품이 눈앞에 줄지어 놓여 있다. 감자칩이나 치약을 사려고 할 때도 마찬가지다. 앞서 우리는 영국의 경제학자 앨프레드 마셜을 만났다. 수요와 공급 이론을 완성한 학자다. 그때 우리는 모자, 빵, 석탄과 같이 상품의 큰 범주에서 수요와 공급 이론을 살펴보았다. 하지만 경제가 발전하면서 기업은 기본 상품을 아주 다양한 종류로 생산하기 시작했다. 갖가지 스타일의 모자, 수없이 많은 종류의 빵, 수십 가지 브랜드의 주방용 세제가 나타난 것이다. 20세기 초 무렵 기업은 한층 정교해졌고, 소비자의 욕구를 충족하기 위해 온갖 신제품을 개발했다. 시장과 기업에 관한 경제학 이론도 새로운 현실을 따라잡아야 했다.

경제학 이론은 1930년대에 뜻밖의 학자에 의해 발전했다. 케임브리지 대학교 교수의 아내 조앤 로빈슨(1903~1983)이었다. 로빈슨은 여성으로서 경제학계에서는 완전히 아웃사이더였다. 로빈슨이 케임브리지 대학교에서 공부한 1920년대에는 대학에서 여성에게 학위를 수여하지 않았다. 졸업시험을 통과하더라도 마찬가지였다. 그래서 로빈슨은 경제학계로 진출할 기회를 잡으려면 사람들이 주목해 귀 기울일 만한 이론을 생각해내야 한다는 걸 깨달았다. 그리고 첫 책『불완전경쟁의 경제학』을 펴냄으로써 그 일을 해냈다. 이 책은 기업 행동에 대한 새로운 설명을 제시했다. 어느 가든파티에서 앨프레드 마셜의 미망인이 로빈슨의 책 출판을 축하해주었다. 마셜의 미망인은 앨프레드에게 경제학자로서 여성의 능력을 과소평가한 당신의 생각은 틀렸다고 말할 수 있으면 정말 좋겠다고 로빈슨에게 이야기했다(마셜이 사망하고 9년이 지난 뒤였다). 로빈슨의 연구는 경제를 생각하는 방식을 바꿀 이론을 정립하는 능력은 여성에게도 충분하다는 사실을 입증했다.

로빈슨의 책은 비슷한 주제를 다룬 또 다른 책에 이어 몇 달 뒤에 출간되었다. 미국의 경제학자 에드워드 체임벌린(1899~1967)이 쓴『독점적 경쟁 이론』이라는 책이었다. 두 권의 책은 양쪽 케임브리지 간에 경쟁의 불을 지폈다. 로빈슨이 있는 영국의 케임브리지와, 체임벌린의 근무지인 하버드 대학교가 자리한 미국 매사추세츠 주의 케임브리지였다. 체임벌린은 자신의 이론이 로빈슨의 이론과 다르다고 주장하는 데 자기 경력의 대부분을 썼다. 사실 이들의 생각은 정말 비슷했고, 둘 다 동일한 기본 상품이 수 없이 다양한 종류로 판매되는 시장을 살펴보았다.

로빈슨과 체임벌린이 활동한 시대에 경제학자들의 머릿속은 앞서 이야기한 완전경쟁 이론으로만 꽉 차 있었다. 완전경쟁은 시장에 구매자도, 기업도 많이 존재한다는 가정에서 출발한다. 각 기업은 같은 상품을 판매한다. 각 기업은 서로 경쟁하고, 전체 시장에 비춰보면 규모가 아주 작다. 기업은 이윤을 최대화하고 싶지만 가격을 무턱대고 올릴 수 없다. 가격을 올리면 고객을 다 른 회사에 빼앗길 것이기 때문이다. 산업혁명 초기의 기업은 분 명 규모가 작았다. 가족끼리 운영하는 회사가 많았고, 한 사람이 회사를 관리했다. 하지만 기업 환경이 점점 복잡해지면서 시장은 완전경쟁 모델로부터 점점 멀어졌다.

완전경쟁 이론의 대안으로 등장한 이론은 그와 정반대인 독 점 이론이었다. 독점 이론에서는 오직 하나의 회사가 공급을 담 당할 때 시장이 작동하는 방식을 연구했다. 그런데 독점 이론은 반대 방향으로 너무 멀리 나갔다. 순수한 독점 시장은 드물었기 때문이다. 예를 들어 단 하나의 회사가 케첩을 전부 생산하고, 경 쟁사가 전혀 없는 경우는 찾기 어려웠다. 현실에서 시장은 흑백 으로 구분할 수 없었다. 로빈슨과 체임벌린은 현실 속 회색 지대 를 경제학에 반영하려 했다. 보다 현실에 가까운 조건에서 기업 은 어떻게 행동했을까?

두 경제학자는 독점과 경쟁이 지닌 각각의 면을 결합한 이론

경제학의 역사

을 떠올렸다. 오늘날과 마찬가지로 1930년대에도 비누를 사러 가면 다양한 브랜드를 볼 수 있었다. 어느 브랜드 제품이나 피부를 깨끗이 씻어주지만, 각각의 제품에는 미묘한 차이가 있었다. 피어스Pears는 투명한 비누였고, 쿠손스 임페리얼 레더Cussons Imperial Leather 비누에는 러시아 궁정의 향기가 담겨 있었다. 프록터 앤드 갬블Proctor and Gamble에서 만든 아이보리 비누는 '물에 뜨는 비누!'라는 광고 문구가 붙어 있고, 이를 통해 소비자는 아이보리 비누만의 특성을 알 수 있었다(욕조 안에서 아래로 가라앉아 놓친 비누를 찾으려고 이리저리 물을 휘저을 필요가 없어 유용했다). 프록터 앤드 갬블은 물에 뜨는 비누 시장을 독점했고, 쿠손스는 달콤한 향이 나는 임페리얼 레더 비누 시장을 독점했다. 쿠손스는 비누 가격을 올려도 완전경쟁 시장의 판매자처럼 고객을 모두 잃지 않을 것이다. 임페리얼 레더 비누 구매자는 다른 비누보다 임페리얼 레더 비누를 더 좋아하므로 쿠손스에서 비누 가격을 조금 올려도 구매를 멈추지는 않을 것이다.

하지만 쿠손스에서 모든 비누 시장을 독점하는 건 아니다. 쿠손스에서 비누 가격을 크게 인상했다고 해보자. 그러면 쿠손스의 고객은 임페리얼 레더 비누 없이 지내는 편을 선택하고, 대신 피어스 비누를 산다. 다른 비누를 파는 회사가 경쟁사가 되고, 그로 인해 쿠손스는 이제 순수한 독점기업이 아니게 된다. 또한 완전경쟁 시장과 마찬가지로 새로운 기업이 등장하고 기존 기업과 경쟁해 가격을 계속 낮춘다.

체임벌린은 기업이 광고를 활용해 경쟁사의 비슷한 제품과 차별화할 수 있다고 말했다. 때로 광고는 판매되는 제품의 실제 특성을 이야기할 필요조차 없었다. 1920년대에 미국 기업 휘트먼스Whitman's는 초콜릿 광고를 냈는데, 초콜릿의 맛에 대해서는 아무런 언급도 하지 않았다. 대신 골프 선수 한 명과 세련된 젊은 여성 여럿이 반짝거리는 새 차 옆에서 초콜릿을 맛있게 먹는 모습만 담았다. 이 광고를 보면 화려한 라이프 스타일을 연상하게 해 휘트먼스 초콜릿을 갖고 싶은 상품으로 만든 것이다. 오늘날 향수나 자동차 광고도 마찬가지다. 광고에서 향수의 향이나 자동차의 신뢰성을 이야기하는 법은 거의 없다. 광고를 통해 '브랜드 이미지'를 만들어 소비자가 해당 기업의 상품과 경쟁사 상품을 다르게 보이도록 만드는 것이다. 그런 차이를 통해 기업은 비슷한 브랜드와 경쟁하는 중에 약간의 독점력을 얻는다.

로빈슨과 체임벌린의 이론은 '독점적 경쟁monopolistic competition'으로 알려졌다. 경쟁과 독점을 혼합한 이론이기 때문이다. 독점적 경쟁은 '불완전경쟁imperfect competition'의 예다. 경쟁이 '불완전'한 이유는 기업 사이에 경쟁이 존재하지만 완전경쟁 산업에서 펼쳐지는 경쟁보다는 부족한 경쟁이라서다. 경제학에서는 대개 경쟁 시장에서 사회의 자원을 잘 활용한다고 본다. 경쟁 시장에서는 사람들이 원하는 상품을 낮은 가격으로 공급하기 때문이다. 하지만 독점기업은 상품을 그렇게 공급하지 않는다. 상품에 높은 가격을 매기고 생산량을 줄인다. 이러한 상황은 흑과 백처럼 명확하게 달라 보인다. 하지만 로빈슨과 체임벌린의 이론은 그보다는 회색 지대를 살펴보았고, 평가가 더 까다로운 부분이었다. 한편으로 소비자는 독점적으로 경쟁하는 산업에서 제공하는 브랜드 다양성에 가치를 둔다. 예를 들어 코카콜라, 펩시를 비롯해 탄산음료 업계에서 공급하는 다양한 음료 가운데 선택하기를 즐긴다. 다른 한편으로 업계는 신규 브랜드를 출시해 경쟁사의 고객을 끌어오려는 기업으로 가득하다. 경쟁사 제품보다 조금 더 멋진 병에 담아 비싼 돈을 들인 광고로 마케팅하는 또 다른 향수가 우리에게 정말로 필요한 물건일까? 일각에서는 아마 그렇지 않다고 답할 것이다. 그런 의미에서 보면 독점적으로 경쟁하는 산업은 사회자원을 최대로 활용하지 못한다.

훗날 로빈슨은 자신이 공부한 전통 경제학에 대해 다소 비판적인 견해를 갖게 되었다. 로빈슨은 이렇게 말했다. '경제학을 공부하는 목적은…… 경제학자에게 속지 않는 법을 배우기 위해서다.' 로빈슨은 강인했고 도망치지 않고 맞섰으며, 대적하는 상대에게는 무례할 수 있었다. 로빈슨은 경제학계에 부는 유행을 혐오했다. 특히 미국 경제학계에서 경제 이론의 논리를 이해하기 위해 복잡한 수학에 기대는 걸 몹시 싫어했다. 로빈슨은 "저는 한 번도 수학을 배운 적이 없어서 생각을 해야 했습니다"라고 말하기도 했다. (이 점에서는 로빈슨이 졌다. 오늘날 경제학 연구에서는 고급 수학을 활용하는 게 일상이다.)

로빈슨은 난감한 질문을 즐겨 떠올렸다. 이를 위해 잘 알려진 이론을 뒤집기도 했다. 이를테면 로빈슨은 독점적 경쟁이라는 주제에서 벗어나 어느 한 회사가 시장 전체를 지배한다는 독점 이론을 뒤집으면 어떻게 될지 궁금해했다. 상품의 판매자 대신 구매자에게 독점 이론을 적용하면 어떻게 될까? 상품의 구매를 독점하는 사람에게 붙인 이름이 '수요 독점자monopsonist'다. 예를 들어 지역 어부가 잡은 생선을 전부 사들이는 식당이 있다면 생선 시장의 수요 독점자다. 작은 마을 옆에 카펫 공장이 있다고 해보자. 이 지역에서 직원을 고용하는 유일한 곳이므로 노동력을 구매하는, 즉 노동자를 고용하는 노동시장을 독점한다. 카펫 공장은 노동시장의 수요 독점자이므로 자신에게 유리하도록 노동에 지불하는 가격을 통제할 수 있다. 노동자의 임금을 깎을 수 있는 것이다. 표준 경제학에서 노동자는 생산에 기여한 만큼 그와 동일한 금액을 임금으로 얻는다. 그런데 수요를 독점하는 공장에서는 노동자가 생산에 기여한 정도보다 적은 금액을 임금으로 줄 수 있다. 여기서 노동자는 고용주에게 착취당한다는 마르크스의 이야기가 떠오른다. (하지만 마르크스가 제시한 이유는 이와 달랐다. 마르크스는 자본가가 노동자의 노동 일수를 늘리고 노동강도를 높이기 때문이라고 보았다.) 로빈슨은 경제학의 기존 방법론을 사용해 종래의 경제학자에게는 다소 난감한 사실을 발견했다. 그리고 이를 통해 임금을 계속 높이는 방법이 있어야 한다고 주장하는 데 사용했다. 예를 들어 고용주가 높은 임금을 지급하도록 압박하는 수단으로 최저임금제를 정하고, 강력한 노동자 조직(노동조합)을 만드는 것이다. 하지만 그렇게 하면 시장 기능이 망가지지 않을까 하는 두려움에 로빈슨의 주장을 경계하는 경제학자가 많았다.

로빈슨은 나이가 들면서 종래의 경제학에서 훨씬 더 벗어나는 행보를 보이며 공산주의 국가를 찬양했다(주로 자본주의, 시장, 이윤의 장점과 관련된 앨프레드 마셜의 이론을 공부해 성장한 경제학자로서 택할 수 없는 생각이었다). 1975년 세계 여성의 해를 맞아 〈비즈니스 위크〉에서는 로빈슨이 노벨 경제학상을 받을 것이라고 예측했다. 하지만 그런 일은 일어나지 않았다. 로빈슨의 급진적 시각이 심사위원단을 두렵게 한 모양이다. (여성이 마침내 노벨 경제학상을 받게 된 건 2009년이었다.)

로빈슨과 체임벌린 이후 경제학계는 소수의 대기업이 시장을 지배하는 '과점oligopolies' 연구에 몰두했다. 20세기 초가 되자 몇 개의 거대 기업이 시장 전체를 지배하는 일이 발생했다. 예를 들어 독일의 중공업은 다섯 개 기업이 지배했다. 그중 하나인 크루프Krupp는 석탄, 제철, 제강업을 운영했는데 직원 수천 명을 고용했으며, 제1차 세계대전 동안 독일군에 무기를 공급했다. 영국의 임페리얼 타바코Imperial Tobacco 또한 그러한 회사로, 열세 개의 작은 회사를 합병해 탄생했다. 크루프와 임페리얼 타바코 같은 회사는 완전경쟁이나 독점 이론에 맞지 않았고, 로빈슨이 주장한 독점적 경쟁 이론에도 해당하지 않았다. 거대 기업은 독점적 경쟁 기업처럼 비슷한 경쟁 상품을 출시하는 방법으로만 이윤을 추구하는 게 아니다. 때로는 기업끼리 연합해 이익을 늘리려고 그들 사이에서 시장을 분할한다. 또 어느 때는 '가격 전쟁price war'을 벌이며 싸운다. 서로 상대 기업을 시장에서 몰아내려고 가격을 할인하는 싸움을 벌이는 것이다. 로빈슨의 이론은 이러한 전술을 포착하지 못했다.

동일한 기업이 수없이 존재하는 완전경쟁 시장이나 단 하나의 기업만 존재하는 독점 시장처럼 극단적인 경우를 설명하는 이론을 정립하기는 상대적으로 쉽다. 양극단 사이의 시장을 설명하기가 까다롭다. 완전경쟁을 벌이거나 독점기업이 지배하는 시장이 되는 방법은 각각 하나밖에 없다. 하지만 그 사이 어딘가에 있는, 즉 불완전하게 경쟁하는 시장이 되는 방법은 많다. 그러므로 그 모든 가능성을 포함해 설명하는 이론을 찾기란 어렵다. 오늘날의 경제학에서는 게임 이론을 활용한다. 게임 이론은 서로 다른 수많은 상황에 놓인 기업의 행동을 연구할 수 있는 방법론이다. 제20장에서 살펴보겠지만, 게임 이론은 한 사람의 행동이 다른 사람이 얻을 결과에 영향을 미치는 상황을 연구한다. 그것은 특히 과점기업의 행동을 연구하는 데 유용하며, 현재 경제학계에서는 기업이 서로 시장을 지배하기 위해 다투는 과정에서 발생하는 복잡한 상호작용을 연구할 때 늘 게임 이론을 활용한다.

CHAPTER 16

계획이 있는 사람

소련이 공산주의 체제를 따른 시절, 굴착기 생산 공장이 석탄 광산에 굴착기 공급을 중단했다. 탄광에는 굴착기가 절실했다. 조사관은 굴착기 공장에 들렀다가 반쯤 만들어진 굴착기만 가득한 걸 보고 당혹스러워했다. 굴착기 공장장은 굴착기를 빨간 페인트로 칠하라는 지시를 받았다고 설명했다. 그런데 굴착기 공장에 녹색 페인트밖에 없다는 게 문제였다. 지시와 다른 색깔을 칠한 굴착기를 만들어 납품하면 감옥에 가게 될 수도 있었다. 그렇게 위험한 상황에 부닥칠 바에야 굴착기 생산을 마무리하지 않고 놓아두는 편이 더 낫다고 공장장은 생각했다. 조사관은 부서에 전보를 보내 굴착기 공장에서 굴착기를 녹색으로 칠할 수 있게 해달라고 허가를 구했다. 그렇게 굴착기 생산이 완료되어 탄광으로 배송되었고, 탄광에서는 다시 작업을 시작할 수 있었다.

1930년대 당시 소련에서는 사상 최대의 경제 실험이 진행되고 있었다. 소련은 카를 마르크스가 학수고대한 공산주의 사회를 건설하는 중이었다. 자본주의와는 완전히 다른 경제체제였다. 굴착기 공장의 이야기를 통해 공산주의 체제에서 경제학의 일반적인 규칙이 어떻게 뒤집혔는지 엿볼 수 있다. 영국이나 미국의 공장장이라면, 심지어 페인트 색깔까지 정부 관리가 내린 지시를 따라야 한다는 생각은 잘못되었다고 여길 것이다. 영국에 있는 공장이었다면 굴착기를 원하는 바에 따라 분홍 점무늬로 칠할 수도 있고, 고객이 굴착기를 살 거라고 판단했다면 그대로 생산을 마무리했을 것이다. 만일 고객이 분홍 점무늬를 좋아하지 않는 것으로 나타나면 그 대가는 누군가가 감옥에 갇히는 게 아니라 폐업하면 그만이다.

소련에서는 정부가 아주 작은 세부 사항에 이르기까지 모든 경제적 의사 결정을 책임졌다. 즉 무엇을 생산하고, 어떻게 생산하고, 생산된 제품을 누가 가질 것인가를 정부가 정했다. 소련 정부는 트랙터를 몇 대 생산해야 하는지, 어떤 치수의 신발을 몇 켤레 생산해야 하는지 계획을 세워 공장에 통보했다. 이렇게 자원을 활용하는 방법을 결정하는 방식을 '중앙계획경제central planning'라고 부른다. 공장에서는 시장의 수요를 파악하지 않고 정부의 지시를 따른다. 일반인도 마찬가지로 정부의 계획을 따라야 했다. 새로운 곳에서 살고 싶다면 정부에 신청해야 했다. 빵이나 비누가 필요하면 시장의 수요와 공급이 아닌, 공무원이 가격을 정해둔 정부 운영 상점으로 갔다.

　공산주의는 소득 결정 방식 또한 자본주의와 달랐다. 자본주의 체제에서는 열심히 노력해 일을 정말 잘하게 되면 많은 돈을 번다. 필요한 수준보다 더 많은 돈을 벌고 흥청망청 돈 쓰는 걸 즐길 수 있다. 하지만 공산주의 체제에서는 그렇지 않다. 생산성과 상관없이 정부에서 모두 똑같은 금액의 돈을 받는다. '필요'한 만큼 돈을 받는 것이지 스스로 수입을 얻는 게 아니다. 다른 사람들보다 힘이 세거나 똑똑해서 더 많이 생산할 수 있어도, 그건 중요하지 않다. 정부에서 받는 금액은 똑같다.

　소련의 정부 지도자는 공산주의가 물질적으로 아주 풍족한 생활을 안겨줄 거라고 약속했다. 공산주의는 사악한 자본주의보다 더 합리적이고 인간적이라고 했다. 공산주의자들은 자본주의 체제에서 노동자를 착취해 자본가인 고용주만 부유해지는 상황에 치를 떨었다. 러시아에는 마법의 식탁보라는 옛날이야기가 전해지는데, 식탁보를 펼치면 식탁에 멋진 만찬이 차려졌다. 소련 정부의 5개년 계획은 바로 이 이야기를 구현하기로 되어 있었다. 하지만 현실은 그렇지 않았다. 식량과 전기, 석유 생산 목표를 달성하지 못하는 때가 많았다. 사람들은 식량을 받으려고 혹한 속에 온종일 서 있어야 했다. 공장 벽에 적힌 낙서에는 이런 문구가 있었다. '굶주린 배를 부여잡고 5개년 계획을 환영함.' 제1차 5개년 계획이 끝을 향해 가는 1930년대 초, 굶주림에 시달리는 사람이 수백만 명이었다.

　소련 경제는 왜 그렇게 큰 문제를 일으켰을까? 그건 아마 공산주의 체제 자체에 잘못된 무언가가 있었기 때문일 것이다. 공산주의 체제에서는 하는 일에 따라 수입이 정해지지 않는다. 그렇다면 모두가 같은 임금을 받는데 누가 돼지우리를 치우려 할까? 누가 몸이 힘들거나 머리를 써야 하는 일을 하려 할까? 사실 무슨 일이건 누가 하려 들까? 공산주의가 제대로 작동하지 못하는 건 잘못된 유인을 제공하기 때문이고, 그래서 논쟁은 계속 이어진다. 하지만 공산주의를 옹호하는 이들은 이에 동의하지 않으며, 공산주의 체제에서 사람은 자본주의 체제에서와 다르게 행동한다고 주장한다. 공산주의 사회에서 사람들은 순종하고 이기적으로 굴지 않으며, 자기 자신이 아니라 나라를 위해 힘든 일에도 전념할 거라고 말한다.

그런데 루트비히 폰 미제스(1881~1973)가 이 논쟁에 폭탄을 던졌다. 미제스는 뛰어난 경제학자로 유대계 오스트리아인이었는데, 1940년 나치의 영향력이 점점 커지자 어려움을 겪다가 미국으로 이주했다. 1920년 미제스는 「사회주의 연방에서의 경제 계산」이라는 논문을 발표했다. '경제 계산'이란 경제학의 기본 문제들 중 하나인 누가 무엇을 얻는지를 알아보는 방법을 뜻했다. '사회주의 연방'이란 사회주의 체제를 따르는 사회라는 뜻이며 소련과 다소 비슷한 모습이다. 사회주의는 여러 의미를 지닐 수 있다. 때로 사회주의는 공산주의와 상당 부분 같은 의미로 사용된다. 여기서 핵심은 사회주의 경제는 자본주의 체제에서와 같은 사적 이윤의 지배를 더 이상 받지 않는다는 점이며, 대개 어느 정도 중앙계획경제의 시행을 수반한다. 공산주의는 개인이 아니라 공동체에서 모든 재산을 소유하는, 보다 엄격한 형태다. 미제스의 논문에서는 사회주의 체제에서든, 아니면 엄격한 공산주의 사회에서든 중앙계획을 시행해 시장을 대체해도 경제가 작동할 것인가에 관해 이야기했다. 미제스는 여기서 사람이 이기적인가 그렇지 않은가 하는 질문은 무관함을 시사했다. 미제스는 소련과 같은 공산주의 경제는 실패할 운명으로 내다보았다. 비록 마지막 한 사람까지 모든 사람이 나라의 지시에 따라 푼돈을 받고 기꺼이 화장실 청소를 하더라도 공산주의가 실패하는 건 어쩔 수 없는 운명이라는 것이다.

세상에서 가장 작은 나라일지라도 매일 정부가 아찔할 정도로 많은 경제적 의사 결정을 내려야 한다는 점을 생각해보라. 작은 나라에서도 매일 수천 개의 상품이 팔리고, 서로 다른 수많은 일자리의 임금을 정해야 하고, 새로운 회사가 문을 열고, 사업에 실패한 회사는 문을 닫는다. 버려진 섬에 혼자 사는 로빈슨 크루소에게는 쉬운 일이다. 로빈슨 크루소는 자신이 돼지고기보다 생선을 얼마나 더 좋아하는지 알고 있으므로 오후 시간에 그물을 고쳐야 할지, 아니면 창을 갈아야 할지 정할 수 있다. 그런데 사람이 한 명 더, 예컨대 프라이데이가 등장하면 무엇을 해야 할지 결정하기가 까다로워진다. 프라이데이가 원하는 바도 고려해야 하기 때문이다. 인구가 수백만 명인 나라에서라면 정말 골치 아픈 문제가 된다.

자본주의 체제에서는 가격을 이용해 사람의 욕구를 반영한다. 갑자기 뻐꾸기시계를 사고 싶어 하는 사람이 많아지면 뻐꾸기시계의 가격이 치솟는다. 가격이 오르면 시계 제조업체는 생산량을 늘린다. 시간이 흐르면서 뻐꾸기시계의 높은 가격을 보고 마음이 끌린 가구 제조업체가 시계 생산에 뛰어든다. 그러면 가격이 다시 내려가므로 시계를 사고 싶어 하는 소비자의 욕구를 더욱 잘 충족할 수 있다. 또한 시장은 원자재를 가장 잘 활용한다. 시계 제조업체에서 나무를 사면 다른 잠재 사용자, 예를 들어 의자 제조업체에서는 그 나무를 쓸 수 없다. 시계 제조업체는 나무를 사용해 더 많은 돈을 벌 수 있으므로 기꺼이 더 비싼 값을 치르고 나무를 구매한다. 그러므로 가격은 수익이 가장 높은 곳, 즉 사람들이 가장 많이 원하는 상품을 생산하는 데 자원이 사용되도록 분배하는 역할을 한다.

그런데 중앙계획경제체제에서는 정부가 이 모든 일을 해야 한다. 소련에서는 결정해야 할 수많은 사항이 지도자 이오시프 스탈린 앞에 늘어서 있었다. 스탈린은 회의에 끝없이 참석해 계속 명령을 내렸다. 스탈린은 부처를 신설한다거나 외국 정부와의 협정에 서명하는 일 등 국가 지도자라면 누구나 해야 하는 업무에 관한 명령을 내렸다. (그는 무자비한 독재자였기 때문에 종종 자신을 거스르는 사람을 처형하라는 지시도 내렸다.) 게다가 경제와 관련된 아주 사소한 문제를 결정해달라는 요청도 받았다. 새로 건설하는 다리를 1차선으로 할지 2차선으로 할지라든가, 모스크바의 어느 구역에서 채소를 길러야 하는지 등과 같은 문제였다. 스탈린이 관료들이 참석하는 자리에서 논의해야 하는 사항은 수백 가지였다. 그가 스트레스에 무너져 참모들에게 "나한테 던져대는 서류가 가슴 높이까지 쌓였어!"라고 소리 지른 일도 놀랍지 않다.

미제스가 파악한 공산주의의 문제는 정보의 과부하보다 더 심각한 것이었다. 시장경제에서는 어디에서 나무를 가장 잘 활용할 수 있을지 가격이 신호를 보낸다. 가격이 없다면 나무를 어떻게 사용해야 하는지, 신발을 몇 켤레 혹은 빵을 몇 덩어리 만들어야 하는지 결정할 적절한 방법이 없다. 마찬가지로 소비자가 빵이나 비누를 사려면 얼마를 내야 하는지 결정할 좋은 방법도 없다. 그야말로 기준이 없는 것이다. 그런데 정부가 가격을 책정하면 그 가격은 결코 제대로 작동하지 않는다. 빵과 비누 가격은 보통 너무 낮게 책정되어 사람들은 생산량보다 훨씬 많이 사고 싶어 한다. 그래서 사람들이 상점 밖으로 길게 늘어서는 것이다. 미제스에 따르면 스탈린이 가격과 생산량을 지시하는 건 '어둠 속을 더듬는' 일에 불과했다. 미제스는 '사회주의는 합리적 경제를 폐기했다'라고 말했다. 소련에서 경제 문제가 발생한 원인은 사회주의 체제 자체가 비합리적이었기 때문이다.

미제스의 논문은 자본주의와 공산주의 중 어느 쪽이 더 나은 체제인가를 주제로 열띤 토론을 불러일으켰다. 공산주의가 비합리적이라면 자본주의를 택해야 했다. 공산주의가 퍼져나가 1950년대가 되자 세계 인구의 3분의 1이 공산주의 체제 아래에 놓였고, 이 문제는 더욱 시급해졌다. 공산주의 체제가 지닌 문제에도 불구하고 소련은 크게 발전했다. 새로운 도시가 생겨났고, 산업화가 급속도로 진행되었다. 상당수의 경제학자를 포함해 많은 사상가가 노동자 착취 없는 평등사회 건설이라는 공산주의의 목표에 공감했다. 이들은 공산주의가 자본주의를 개선한 것으로 여겼고, 소련 경제가 미국을 능가하는 건 시간문제라고 생각했다.

공산주의 지지자들은 경제가 몹시 복잡하므로 모든 것을 시장에 맡기는 건 현명하지 못한 처사라고 생각했다. 폴란드의 경제학자 오스카르 랑게(1904~1965)도 같은 생각이었다. 랑게는 제2차 세계대전 이후 공산국가 폴란드에서 처음으로 주미대사를 지낸 인물이다. 아바 러너(1903~1982)도 공산주의를 지지했다. 러너는 동유럽에서 영국으로 이주한 유대인이었다. 10대 시절 가난한 사람들이 모여 사는 런던 이스트엔드 지역에서 재단사로 처음 일을 시작해, 이후 히브리어 교사와 식자공이 되었다. 그런데 1930년대에 대공황으로 유럽과 미국 경제가 크게 침체되었을 때 러너의 인쇄소도 문을 닫았다. 그런데 러너는 사업에 실패한 원인을 찾기 위해 야간 과정에 개설된 경제학 수업을 들었다. 그리고 마침내 런던 정치경제대학교의 교수가 되었다.

랑게와 러너는 사회주의가 비합리적이라는 미제스의 주장에 동의하지 않았다. 경제에 가격이라는 척도가 필요하다는 점에는 동의했지만, 중앙정부에서 경제를 계획하는 담당자도 자신만의 척도를 만들어 합리적인 방식으로 경제를 관리할 수 있다고 생각했다. 경제계획 입안자가 해야 할 일은 수학 문제를 푸는 게 전부였다. 수요와 공급은 방정식으로 볼 수 있다. 신발 가격이 적절한 수준이라면 공급량과 수요량이 같다. 경제 내에는 상호 작용하는 시장이 수천 개다. 19세기에 레옹 발라라는 프랑스 경제학자가 모든 시장을 함께 검토했는데, 각 시장은 균형 상태를 나타내는 방정식으로 표시되었다. 발라와 그의 연구를 이은 학자들은 어떻게 시장이 다 같이 균형을 이루는지 보여주었다. (그 방법에 관해서는 제25장에서 살펴볼 것이다.) 게다가 이들은 시장이 경제 자원을 가장 잘 활용하게 되는 조건도 발견했다.

랑게와 러너는 말했다. 그냥 발라의 방정식을 풀면 어떨까? 방정식의 답은 중앙정부의 계획 입안자에게 자원을 합리적으로 사용하게 되는 가격을 알려줄 것이다. 그렇게 하면 그들이 지지하는 사회주의 사회에 합리적 가격이 생기지만, 그 가격이 시장에서 나올 필요는 없었다. 그러면 중앙정부의 계획 입안자가 시장을 개선할 수 있다. 시장을 개선하려는 게 아니라면 중앙계획경제를 시행하는 게 무슨 의미가 있을까? 중앙정부의 계획 입안자는 최고의 가격을 계산할 수 있을 것이고, 자본주의 체제에서 보다 공정한 경제가 되도록 여기저기 적용할 수 있을 것이다.

미제스가 보기에 이는 불가능한 일이었다. 공무원이 안락의자에 앉아 계산한 가격은 마치 모노폴리 게임 속 가격처럼 언제나 전혀 현실적이지 않다. 사람들이 실제로 자기 돈이 걸려 있다는 것을 알아야 시장이 작동한다. 경제학자가 방정식을 만지작거릴 때가 아니라 기업가가 이윤을 얻으려 애쓰며 움직일 때 진짜 의미 있는 가격이 정해진다. 그래서 미제스는 자본주의야말로 유일하게 합리적인 경제체제라고 주장했다.

CHAPTER 17

부를 과시하다

미국 위스콘신 주의 작은 농장에서 자란 소년이 있었다. 소년은 커서 미국이 배출한 경제사상가들 중 가장 관습에 얽매이지 않는 연구를 하는 학자가 되었다. 이는 카를 마르크스에 비견되는 정도라고 할 수 있었다. 하지만 마르크스와 달리 소스타인 베블런(1857~1929)은 혁명가의 이목을 끌지 못했다. 그럼에도 마르크스처럼 베블런 또한 아웃사이더였고, 자신이 살고 있지만 완전히 속하지는 못한, 빠르게 변하는 사회를 비판적으로 관찰했다. 유대계 독일인이었던 마르크스는 빅토리아 시대에 런던에서 산업혁명의 발전을 관찰했다. 마르크스가 쓴 글은 부자의 대저택에 던지는 불타는 돌이었다. 베블런은 노르웨이계 농부들이 모여 사는 작은 마을 출신으로, 그가 볼 때 천박한 미국 문화에서 벗어나 있었다. 자신이 쓴 책에서 베블런은 미국에서 부유하고 힘 있는 사람들의 허영을 조롱했다.

베블런은 미국에서 산업화가 진행되는 시기에 성장했다. 미국에서는 1865년 남북전쟁이 끝난 후부터 산업화가 시작되었다. 철도가 광대한 평원을 이리저리 가로질렀고 공장에서는 철강, 목재, 부츠가 쏟아져 나왔다. 풍부한 석탄, 석유, 땅, 그리고 거대한 소비 시장, 돈을 벌기 위해 배를 타고 몰려드는 이민자 수백만 명의 노동력이 미국 경제에 활기를 불어넣었다. 19세기 말이 되자 미국 경제는 영국을 누르고 주도권을 장악했다.

처음 미국에서는 새로 정착한 사람들이 작은 농장과 회사를 운영했고 귀족, 부유한 기업가, 그리고 대다수의 가난한 서민으로 나뉜 유럽의 옛 사회와 상당히 다른 모습이었다. 하지만 미국에서 산업이 번창하면서 자그마한 회사가 거대 기업으로 성장했다. 그런 회사를 소유한 사람들의 재산도 급속히 불어났다. 재산이 크게 늘어난 소수의 사람은 일반 미국인이라면 상상할 수조차 없는 수준의 사치스러운 생활을 누렸다. 작가 마크 트웨인은 당시를 '도금시대Gilded Age'라고 불렀다. 새로 쌓인 부가 황금색으로 반짝였지만, 그건 표면이었을 뿐 그 아래의 사회는 낭비가 심하고 부도덕했기 때문이다.

베블런은 조롱하는 눈으로 미국 사회를 바라보았다. 그는 어릴 때부터 으레 관습을 깨고 사람을 불안하게 만들었다. 소년 시절 베블런이 한번은 이웃집 사람과 말다툼을 하다가 이웃집 개를 총으로 쏘았고, 이웃집 울타리에 그리스어로 욕을 쓴 적도 있었다. 대학 시절에는 '식인을 위한 호소'라는 제목의 연설을 해서 점잖은 교수들에게 충격을 안겼다. 베블런은 예일 대학교에서 박사학위를 받은 뒤 부모님의 농장으로 돌아와 수년간 농장 일은 하지 않고 생물학부터 고대 신화에 이르기까지 온갖 주제의 책을 여러 언어로 읽었다. 이처럼 폭넓은 독서 덕분에 중년 초반부터는 관습의 틀을 깨는 글을 쓰기 시작했다. 베블런은 여러 집을 임시로 이리저리 옮겨 다니며 글을 썼는데, 친구네 집 지하실도 베블런이 글을 쓴 곳들 중 하나였다. 베블런은 그곳에 갈 때면 창문을 통해 안으로 들어갔다. 그곳에서 베블런은 밤중에 보라색 잉크에다 집에서 만든 펜을 적셔 책을 썼다.

기존 경제학 이론으로는 미국에서 새로운 부유층이 부상하는 것을 설명할 수 없었다. 어쨌든 기존 경제학에서는 경제 내에 '합리적 경제인', 즉 경제적 의사 결정에 따르는 이익과 비용을 정확히 측정하고 그에 따라 행동하는 분별력 있는 사람이 가득하다고 보았다. 합리적인 사람은 항상 효용이나 복지를 극대화했고, 부를 이용해 금시계를 사거나 대리석상을 세우는 게 효용이나 복지를 극대화하는 길이라면 그렇게 해야 한다.

베블런은 가장 잘 알려진 저서인 『유한계급론』에서 경제행위를 바라보는 기존의 사고방식과 반대되는 주장을 펼쳤다. '합리적 경제인'은 물건을 향한 자신의 다양한 욕구를 따져보고 나서 마음에 드는 상품을 산다. 그런데 사람들의 욕구는 어디에서 생겨날까? 그건 사람들이 살아온 경험과 문화에서 비롯되는데, 이는 대부분 경제학 이론에서 다루지 않는 영역이다. 베블런의 관점에서 사람은 합리적인 계산을 통해 무언가를 사고, 시간을 어떻게 보낼지 결정하지 않는다. 사람이 내리는 선택을 제대로 이해하려면 본능과 습관을 들여다보아야 한다. 본능과 습관은 그 사람이 성장한 사회에 의해 형성된다.

겉보기에 자본주의는 고대 부족사회와 아무런 연관이 없는 것 같다. 고대 부족사회에서는 비가 오기를 기원하며 춤을 추고, 신께 제물로 동물을 바치고, 이웃 마을에 조개껍데기를 선물했다. 그런데 자본주의 사회의 합리적인 사람은 상품을 사고팔며, 이윤을 창출하는 일을 한다. 베블런은 자세히 살펴보면 원시 부족의 관습이 현대 경제에도 남아 있다고 한다. 우리는 완전히 합리적인 사람처럼 자신의 욕구를 충족하기 위해 물건을 사는 게 아니라 타인의 인정을 받기 위해 물건을 산다. 가장 최근에 산 티셔츠를 떠올려보자. 티셔츠가 마음에 들어서 샀다고 하지만, 친구들이 보면 좋아할 거라는 생각도 하지 않았을까? 친구가 보고 비웃을 것 같다면 아무리 마음에 들어도 그 티셔츠를 샀을까?

초기 사회에서는 일할 필요가 없을 정도의 권력을 지님으로써 타인의 인정을 받았다. 역사의 어느 시점부터 사람들이 식량 재배와 상품 생산을 더 잘하게 되면서 잉여분이 생겨났다. 그 덕분에 성직자와 왕, 전사는 일을 하지 않아도 살 수 있었다. 은으로 만든 잔과 정교한 머리 장식, 보석이 박힌 칼 등 이들이 지닌 귀중품이 명예를 가져다주었다. 평범한 일을 하는 건 품위 없는 짓으로 여겨지게 되었다. 베블런에 따르면 어느 폴리네시아 추장은 하인이 모든 일을 해주는 데 너무 익숙해져서 직접 접시에서 입으로 음식을 가져가는 모습을 보이느니 굶는 편을 택했다고 한다.

베블런은 현대 미국 경제에도 같은 본능이 존재한다는 걸 확인했다. 신흥 부자는 별다른 일을 하지 않고 주식과 물려받은 재산에서 얻는 이자로 생활했다. 폴리네시아 추장과 마찬가지로 미국의 신흥 부자도 일할 필요가 없다는 점(여가 활동을 즐기거나 명품을 사는 모습)을 보여주면서 사회적 인정을 받는다. 베블런은 미국의 신흥 부자가 저택과 모피 코트를 사고 프랑스 리비에라 지방으로 여행하는 모습을 '과시적 소비conspicuous consumption'라 불렀다. 과시적 소비는 남들에게 자랑하기 위해 구매하는 행위다. 베블런은 과시적 소비를 할 수 있는 소수의 특권 계층을 '유한계급leisure class'이라 불렀다.

유한계급 남성은 농사나 버스 운전처럼 생산적인 노동을 전혀 하지 않는다는 점을 강조하기 위해 연미복을 입고 남성용 실크 스카프를 맸다. 사람들은 그러한 복장이 농부가 입는 단순한 리넨 셔츠보다 더 멋있다고 여겼다. 하지만 베블런이 보기엔 부유한 남성이 신은 에나멜가죽 구두의 광택이 가난한 남성이 입은 재킷의 반질반질하게 닳은 소매에서 나는 광보다 실제로 더 멋있을 이유가 없었다.

여성복은 한 번도 감자 껍질을 벗기거나 창문을 닦아본 적이 없는 사람으로 보이기 위해 특히 더 비실용적이어야 했다. '우리가 치마를 끈질기게 고집하는 근본적인 이유는 그저 다음과 같다. 치마는 비싼 옷이고, 입은 사람은 몸을 움직일 때마다 불편하다고 느끼며 유용한 일은 아무것도 할 수 없기 때문이다.' 부유한 남성의 아내는 남편의 부를 과시하기 위해 존재했다. 다른 사람에게 과시하고 싶은 욕구가 있다는 건, 극단적인 경우 실크 드레스의 가격이 올라가면 수요가 줄어들지 않고 늘어난다는 의미가 된다. 실크 드레스의 가격이 높아지면 구매할 여력이 있는 사람이 적어지므로 자신의 지위를 과시하기에 훨씬 좋은 상품이 된다. 그래서 부유층에서 더 많은 사람이 그러한 드레스를 사고 싶어 하는 것이다.

베블런은 과시적 소비가 부유층처럼 살고 싶은 하위 계층으로 전해진다고 했다. 중산층 사람이 상아 손잡이가 달린 숟가락을 사더라도 그 숟가락의 유용성이 더 커지지는 않는다. 하지만 손잡이가 상아인 숟가락을 쓰면 친구들의 눈에 상당한 지위가 있는 것처럼 보이는 것이다. 심지어 극빈층 사람도 마지막 남은 화병이나 목걸이를 팔기 전에 굶으며 버틴다.

베블런은 과시적 소비는 낭비라고 말했다. 경제의 힘이 사람들에게 정말로 필요한 상품을 생산하는 데서 과시용 상품을 생산하는 쪽으로 전용되기 때문이다. 그 결과 불만의 쳇바퀴만 계속 돈다. 사람들은 부유층을 따라 하기 위해 소비를 늘리고, 부유층은 더 앞서나가려고 훨씬 더 비싼 상품을 구매한다. 그러다 보니 모두 뒤처지지 않으려고 더 열심히 뛰어야 한다. 베블런은 분명 검소하게 소비하며 스스로 비판한 내용을 실행하며 살았다. 지나치게 커다란 옷을 입었고, 마치 옷 속에서 잠을 잔 것처럼 보이는 때가 많았다. 그리고 시계는 안전핀으로 조끼에 대충 달아서 다녔다. 베블런은 실크와 트위드 소재를 전부 없애고 종이로 옷을 만들자고 제안했다.

　현대 미국에서는 코닐리어스 밴더빌트 같은 사람이 부족의 추장처럼 살았다. 밴더빌트는 19세기를 지나는 동안 교육도 받지 못한 채 여객선에서 허드렛일을 하는 소년에서 아주 부유한 철도 회사 소유주로 성장했고, 현재 가치로 수천억 달러에 이르는 재산을 남겼다. 밴더빌트 가문은 거대한 저택과 여름 별장을 여러 채 지었다. 그중 하나로 아내의 생일에 로드아일랜드 주에 있는 마블하우스The Marble House를 선물했는데, 이 건물은 약 1만 4,000세제곱미터에 달하는 흰 대리석으로 만든 호화로운 궁전이었다.

　밴더빌트 같은 사람의 과시적 소비 아래에는 베블런이 '약탈predation'이라고 부르는 본능이 있다. 야만의 왕들이 창으로 서로 공격했다면 현대의 유한계급은 금융 사기로 경쟁자를 물리쳤다. 밴더빌트와 또 다른 사업가 대니얼 드루가 시카고와 뉴욕 사이의 철도 노선 사업권을 두고 벌였던 싸움을 살펴보자. 드루는 철도 회사의 주가를 조작해 밴더빌트의 허를 찌를 계획을 꾸몄다. 계획을 실행하려면 주가가 천정부지로 치솟아야 했다. 그는 주식 중개인이 자주 들르는 뉴욕의 바에 가서 주식중개인들과 이야기를 나누다가 손수건을 꺼내 이마를 닦았다. 그때 바닥으로 쪽지한 장이 떨어졌지만, 드루는 눈치채지 못한 척했다. 드루가 자리를 떠난 후 주식중개인들이 그 쪽지를 주웠다. 거기에는 '정보'가 적혀 있었다. 주식중개인들이 철도 회사의 주가가 이제 곧 오른다고 믿게 만들려는 정보였다. 쪽지를 읽은 주식중개인들은 주가가 오르면 이익을 남길 수 있다는 희망에 차 앞다투어 철도 회사의 주식을 매수했다. 그러한 매수세가 곧바로 철도 회사의 주가를 끌어올려 주가는 폭등했다. 드루가 쓴 속임수는 마치 게임의 승부수와 같았다(사실 베블런은 부자들 사이에 스포츠가 인기 있는 것 역시 약탈 본능 때문이라는 점을 밝혔다). 덕분에 철도 노선의 사업권은 드루에게 넘어갔다.

밴더빌트나 드루를 비롯해 그와 비슷한 사람들은 새로운 미국 경제를 건설하는 데 도움을 주었지만, 그건 먹느냐 먹히느냐의 자본주의였다. 이들은 돈이 된다면 속임수를 쓰고 책략을 꾸몄다. 그렇듯 무자비한 모습 때문에 사람들은 이들을 '노상강도 귀족robber barons'(중세에 자신의 영지를 통과하는 여행자를 턴 영주에게 붙여진 말로, 19세기 말 미국의 악덕 자본가를 가리킬 때도 같은 표현을 썼다 - 옮긴이)이라 불렀다. 밴더빌트는 이렇게 말하기도 했다. "법에 대해 내가 뭘 신경 써야 하지? 힘이 있는 건 나 아닌가?"

베블런은 약탈 본능은 인간의 진정한 욕구와 크게 관련이 없다고 말했다. 인간에게는 또 다른 본능이 있다. 바로 '장인 본능workmanship'이다. 장인 본능은 전체 공동체의 욕구를 만족시키는 생산적인 일을 하려는 본능이다. 예를 들어 철도 노선을 보수하고, 기차가 정시 운행되도록 확인하는 일이다. 베블런은 마르크스처럼 혁명을 부르짖지 않았다. 베블런은 약탈 본능이 아닌 장인 본능이 사회를 지배할 때 과시적 소비로 인해 발생하는 낭비가 사라질 것으로 보았다. 그때 사회는 야만 사회의 잔재를 떨쳐버릴 것이다. 이는 주위 사람과 보조를 맞춰야 한다는 이유만으로 점점 많은 물건을 끝없이 사며 빙빙 도는 쇼핑의 회전목마에서 내린다는 뜻이다. 기계를 발명하고 개선한 엔지니어와 기술자는 장인 본능을 지닌 사람이다. 이들이 인간의 실제 욕구를 만족시키는 방향으로 경제를 이끄는 사회가 더 나은 사회다.

관습을 따르지 않은 베블런의 경제학 연구는 전혀 관심을 끌지 못했지만, 1925년 그가 거의 70세에 가까운 나이였을 때 동료 경제학자들이 노르웨이계의 이 괴짜 경제학자를 어느 정도 인정해주었고 전미경제학회American Economic Association 회장으로 추대했다. 하지만 베블런은 제안을 거절하고 캘리포니아 주 팔로알토 외곽, 잡초로 둘러싸인 언덕 위 오두막에 은거했다. 베블런은 그곳에서 직접 만든 가구를 들인 소박한 방에서 살았다. 1929년 10월 베블런의 집에서 멀리 떨어진 뉴욕 시 고층 건물들 사이에서 주식시장이 붕괴했고, 경제 불황의 돌풍이 미국 경제라는 회전목마의 반짝임을 날려버렸다. 베블런은 그 광경을 지켜보지 못했다. 경제 대공황의 폭풍우가 몰아치기 몇 달 전에 눈을 감았기 때문이다. 베블런은 마지막까지 오두막에서 쥐, 스컹크와 함께 진정한 은둔자로 살았다.

CHAPTER 18

배수구 아래

1932년 미국에서 인기를 끈 노래에 이런 가사가 나온다. '한때 나는 철도를 놓았지. 이제 그 일은 끝났어. 형제여, 내게 한 푼만 주지 않겠나?' 이 노래에서는 미국이 부를 쌓게 된 원천 중 하나를 말한다. 그건 바로 항구와 공장, 도시 사이로 사람과 물건을 실어 나르는 수천 킬로미터에 달하는 철도다. 1920년대 말 먹을거리는 풍부했고, 자기 집을 소유한 사람이 많았으며, 평범한 가정에서도 힘든 집안일을 덜어주는 세탁기 같은 상품을 손에 넣을 수 있었다. 하지만 노래 가사에 나오듯, 그로부터 불과 몇 년 뒤 미국의 부를 일구는 데 도움을 준 노동자 다수가 구걸하는 신세로 전락하고 만다.

1933년이 되자 미국인 1,300만 명이 실업 상태에 놓였는데,

이는 전체 노동자 중 4분의 1에 해당하는 규모였다. 노동인구 절반이 실업 상태인 도시도 있었다. 철도는 이제 새로운 화물을 옮겼다. 일자리를 찾아 전국 방방곡곡을 돌아다니는 노동자 수백만 명이 화물칸에 몰래 올라탄 것이다. 존 스타인벡의 소설『분노의 포도』에서는 조드 가족의 이야기를 들려준다. 오클라호마 출신의 가난한 농부 조드는 가족과 함께 더 나은 삶이 기다리고 있으리라는 희망을 품고 캘리포니아까지 고된 여정에 오른다. 하지만 캘리포니아의 도시에서는 최근 집을 잃은 사람들이 나무와 깡통으로 대충 지은 판잣집을 마주한다. 세계에서 제일 잘산다고 알려진 나라가 어쩌다 이 지경까지 이르게 되었을까?

미국이 고전하는 동안 영국의 경제학자 존 메이너드 케인스 (1883~1946)는 답을 찾으려 애쓰고 있었다. 당시 케인스는 이미 세계적으로 유명한 경제학자였다. 그리고 블룸즈버리 그룹 Bloomsbury Group의 일원으로도 알려져 있었다. 블룸즈버리 그룹은 관습에 얽매이지 않는 작가와 예술가의 모임이었으며, 회원들은 런던 중심가 블룸즈버리를 중심으로 활동했다. 블룸즈버리 그룹 회원들 중에 소설가 버지니아 울프도 있었는데, 그녀는 케인스를 두고 '배가 잔뜩 부른 물개'처럼 생겼다고 묘사했다. '이중 턱에 붉은 입술이 톡 튀어나왔고 눈이 작았다.' 하지만 케인스의 뛰어난 지성은 칭찬했다. 케인스는 자기 능력에 자신감을 갖고 여가 시간에 경제학을 공부했다. 하지만 공무원 시험에 응시했을 때 경제학 과목에서 가장 낮은 점수를 받자 짜증을 내며 이렇게 말했다. "분명히 시험관보다 내가 경제학에 관해 더 많이 안다고."

당시 전통 경제학은 19세기 경제학자들의 연구를 바탕으로 발전한 내용이었다. 케인스는 당시의 전통 경제학으로는 1930년대의 경제위기를 설명할 수 없다고 생각했다. 전통 경제학 이론으로는 부유한 나라의 경제가 무너지는 이유를 설명할 수 없었다. 대개 미국 같은 나라는 해마다 더욱 부유해지고 있었고, 이전 해보다 재화와 용역을 더 많이 생산했다. 그러한 식으로 시간이 지나면서 사람들의 생활수준이 높아졌다. 때로 경기가 둔화하고, 이전 해보다 생산이 줄어들기도 한다. 경제학에서는 이를 '불황recession'이라 부르는데, 1920년대 말 미국이 불황에 접어들기 시작했다. 불황기에 기업은 생산량을 줄이고 노동자를 해고한다. 파산하는 기업도 많다. 미국에서 일어난 불황은 '대공황Great Depression'이라는 이름으로 알려지게 되었다. 그렇게 불린 이유는 당시 미국의 불황이 매우 길고 깊게 이어졌기 때문이다. 대공황은 세계 경제에 파문을 일으켰다. 캐나다, 독일, 영국, 프랑스를 비롯한 여러 나라에도 불황의 물결이 번졌다. 일각에서는 당시의 불황이 자본주의 자체의 종말일 수도 있다고 생각했다.

케인스는 불황이 무능력한 정부 때문에 나타난 게 아니라고 했다. 기업가가 노동자를 혹사하고 거리로 내몰고 싶어 했기 때문에 나타난 것도 아니었다. 아무도 '잘못'하지 않았다. 그런데 무슨 이유에선가 전체 경제가 잘못될 수 있었다. 경제는 저절로 삐걱거리다가 완전히 멈출 수 있었다. 케인스가 그 이유를 설명했다.

전통 경제학은 희소한 자원을 사용하는 방법을 설명했다. 부츠가 희소한 건 부츠가 아무리 많더라도 그 수가 정해져 있는 반면 부츠를 원하는 사회의 욕구는 무한하기 때문이다. 만일 사회에서 부츠를 더 많이 원한다면 다른 무언가는 줄여야 한다. 아마 모자가 될 수도 있다. 그러면 경제학에서는 더 많은 부츠와 더 적은 모자를 생산하도록 시장을 조절하는 방법을 설명한다. 전통 경제학의 세계에서는 나라의 소득이란 단순히 그 나라의 공장과 노동자가 생산해내는 것의 총합이라고 보았다. 이때 공장은 최대 생산 능력으로 가동하는 상태이고 모든 노동자가 취업 상태라고 가정한다. 자원은 희소하므로 경제는 할 수 있는 한 가장 많은 양을 생산하기 때문이다. 결국 부츠를 더 많이 만들려면 모자를 만드는 노동자를 부츠 만드는 쪽으로 이동시켜야 한다.

케인스는 1930년대의 세계가 평행 우주 속으로 들어갔다고 보았다. 1920년대 말 이후 미국의 산업 생산량은 계속 줄어들어 1933년이 되자 반토막이 났다. 그래서 수백만 명이 일자리를 잃었다. 유휴 노동력이 너무 많았기 때문에 미국 경제는 모자 생산 노동자를 데려오지 않고서 부츠를 더 많이 생산할 수도 있었다. 하지만 그렇게 되지 않았다. 10년 동안 손실된 전체 생산량의 경제적 가치는 4인 가구 전체에 새 집을 한 채씩 지어줄 정도의 수준과 맞먹었다. 그러니 희소성이 아니라 이미 존재하는 자원을 활용하는 방법이 문제였다. 사람들에게는 부츠와 모자, 자동차가 필요하고 이를 생산할 공장과 노동자도 있다. 그런데 사람들이 원하는 것과 경제가 만들어내는 것 사이를 연결하는 이음매의 어딘가가 망가졌다.

케인스의 이론에서 나라의 소득은 경제의 생산량이라고 말할 수 없다. 수많은 공장과 노동자가 유휴 상태에 놓여 경제가 제 능력보다 훨씬 적은 양만 생산하고 있는데, 어떻게 경제의 생산량이 나라의 소득일 수 있을까? 케인스는 사람들이 소비하는 양, 즉 '수요demand'가 나라의 소득이라 보았다. 내가 누군가에게서 모자를 사면, 그 사람에게 소득을 주는 것이다. 사람들이 모두 소비를 줄이면 상품이 적게 팔리고 생산량도 줄어든다. 그러므로 나라의 소득이 줄어든다. 케인스는 여기에 시작점을 두고 불황과 실업을 설명하는 새로운 이론을 정립했다.

우선 케인스는 전통 경제학에서 나라의 공장과 노동자를 항상 완전 가동 상태로 가정한 이유를 파악해야 했다. 그건 19세기 프랑스 경제학자의 이름을 따 '세의 법칙Say's Law'으로 알려진 원칙에서 나온 생각이었다. 케인스는 세의 법칙을 부정했다. 케인스가 세의 법칙을 부정한 이유를 살펴보기 전에 우선 세의 법칙 자체부터 이해해야 한다. 세의 법칙에 따르면 생산된 상품은 전부 팔린다. 그 이유는 사람들이 자신에게 유용한 물건에 관심을 갖기 때문이다. 부츠 생산자는 코트와 모자를 살 돈을 벌기 위해 부츠를 판다. 모자 생산자는 부츠와 코트를 사려고 모자를 판다. 무언가를 생산해서 번 돈은 다른 것을 사는 데 들어간다. 기업이 상품을 팔 수 없어서 노동자를 해고하고 공장을 닫아야 하는 상황은 있을 수 없다. 그러므로 불황과 실업은 발생할 수 없는 일이다.

세의 법칙에 따르면 경제는 일정 소비 수준에서 공장을 완전 가동하고, 누구나 일자리를 갖게 된다. 그러한 소비 수준을 욕조 안 물의 수위로 생각해보자. 세의 법칙을 적용할 때는 사람들이 번 소득을 전부 다른 상품을 사는 데 쓴다고 가정한다. 하지만 사람들이 번 돈을 전부 쓰지 않고 일부를 저축한다면 어떻게 될까? 욕조의 배수구로 물이 흘러나간다고 해보자(배수구 마개를 잃어버렸다). 경제 내 소비가 저축으로 '누출leakage'된다. 아마 이제 욕조의 수위가 낮아지고, 그로 인해 경제 내 소비가 줄어들 것으로 예상될 것이다. 이는 곧 기업에서 생산량을 줄이고, 노동자를 더 많이 해고한다는 의미이다. 하지만 무언가가 그렇게 되는 걸 막는다. 배수구와, 욕조로 들어가는 물이 나오는 수도꼭지를 다시 연결하는 호스가 있다. 저축은 배수구로 그냥 빠져나가지 않는다. 배수구로 새어나간 물은 다시 욕조로 흘러 들어온다. 새로운 공장과 사업에 투자하고 싶어 하는 사람이 저축된 돈을 빌려간다. 건물이나 기계 등을 매입하는 투자는 소비를 경제로 다시 '주입'하는 것이다. 저축은 어딘가에 쓰이고, 그래서 누출량과 주입량은 같다. 즉 흘러나가는 양과 흘러 들어오는 양이 같다. 그래서 수위는 제자리에서 변하지 않는다. 경제는 모든 공장을 가동하고 모든 노동자가 일하는 상태로 계속 유지된다.

그런데 투자자가 새로운 공장 건설을 망설인다면 어떻게 될까? 그러면 저축액이 욕조로 흘러 들어오지 않는다. 대신 호스 안에 고인다. 다시 한 번 욕조의 수위가 낮아질 것처럼 보인다. 하지만 수위를 지켜줄 또 다른 무언가가 있다. 수도꼭지를 조금 더 크게 틀어서 호스에 고인 물이 욕조 안으로 더 빨리 흘러들게 하면 어떨까? 수도꼭지를 충분히 크게 틀면 누출량과 주입량이 다시 같아지고 수위(경제 내에서 소비되는 양)는 낮아지지 않는다. 여기서 수도꼭지는 이자율이다. 이자율은 돈을 빌리기 위해 내야 하는 가격이다. 이자율이 떨어지면(수도꼭지를 틀면) 싸게 대출받을 수 있고, 대출을 원하는 사람이 늘어난다. 어떻게 이런 일이 일어나는 걸까? 투자자가 투자를 멈추면 사람들이 저축한 돈을 대출이라는 형태로 빌리지 않는다. 이는 곧 대출 가능한 저축 공급량이 많아지지만, 대출 수요는 적다는 뜻이다. 무언가의 공급이 사람들이 원하는 수요보다 많아지면 가격이 내려간다. 이 경우에는 대출의 가격, 즉 이자율이 떨어진다. 이자율이 낮아지면 투자자는 새로운 기계와 공장을 구하기 위해 저축을 빌려서 쓸 마음이 생긴다. 그 결과 초과 저축(호스 안에 고여 있는 물)은 항상 새로운 투자의 흐름으로 바뀌어 나타난다. 그래서 다시 수위는 원래 자리를 지키게 된다.

케인스는 세의 법칙을 과감하게 부정하며 다음과 같은 질문을 던졌다. 초과 저축이 새로운 공장을 짓고 기계를 사는 데 자동으로 투자될 것이라고 가정하는 이유는 무엇일까? 세상일은 불확실하며, 저축을 꼭 건물과 공장에 묶어두고 싶지 않을 수도 있다. 만일을 대비해 침대 밑에 현금을 보관해두고 싶을 수도 있다. 케인스에 따르면 이자율은 초과 저축을 투자로 바꾸는 데 도움이 되지 않는다. 사실 초과 저축과 투자를 이어주는 건 아무것도 없다. 물을 욕조로 돌려보내는 호스 같은 건 수도꼭지에 달려 있지 않다. 물은 배수구로 빠져나가고 저축은 욕조로 다시 흘러 들어오는 게 아니라 배수구 아래(즉 사람들의 침대 밑)에서 사라진다.

케인스는 들어오는 물의 양보다 흘러나가는 물의 양이 더 많으면 불황이 나타난다고 했다. 다음과 같은 일이 생기는 것이다.

사업가가 장래를 암울하게 전망하기 시작하고 투자를 멈춘다. 그렇다는 건 투자의 형태로 경제로 흘러 들어오는 소비량이 저축으로 흘러나가는 양보다 줄어든다는 뜻이다. 욕조의 수위는 낮아지기 시작한다. 기업은 생산량을 줄이고 일부 노동자를 해고한다. 경제는 불황에 빠진다. 케인스는 1930년대 미국에서 이런 일이 일어났다고 보았다. 누군가가 어리석은 짓을 했거나 무모해서 일어난 일이 아니다. 사실 불황은 사람들이 소비 대신 우리가 흔히 현명한 행동이라고 말하는 저축을 해서 일어난다. 그렇다면 사람들이 지나칠 정도로 현명하게 구는 게 문제다! 케인스는 이렇게 말했다. '당신이 5실링을 저축하면 한 사람의 하루 일자리를 빼앗는 것이다.'

케인스가 주장하는 바의 핵심은 일단 경제가 불황에 접어들면 탈출할 방법이 없다는 것이다. 세의 법칙을 따르는 경제학자는 기업가가 투자를 멈추면 경제가 곧 스스로 상황을 해결할 것이라고 생각했다. 경제는 마치 오뚝이 인형과 같다. 밀어 넘어뜨리려 해도 스스로 항상 원래 자세로 되돌아온다. 하지만 케인스는 경제를 밀면 바닥으로 쓰러져 다시 일어나지 않고 쓰러진 상태 그대로 머무른다고 생각했다. 불황이 수년 동안 지속되었기 때문에 케인스의 주장이 옳은 것처럼 보였다. 경제가 오뚝이처럼 정상화된다면 일자리를 구하려고 안간힘을 쓰는 사람이 이렇게 많을 수는 없었다. 일을 그만두는 건 자신의 선택에 따르는 것이다. 간단히 말해 현재 임금수준에서 일하고 싶지 않아서다. 그런데 캘리포니아에서 일자리를 구하려고 오클라호마를 떠난 사람들이 전부 자신의 선택으로 실직한 건 아니지 않았을까? 케인스는 전통 경제학 이론을 공격하면서 그들이 자기 의지로 실직한 게 아니라고 할 수 있는 이유를 설명했다.

그래서 케인스 덕분에 경제학계는 곧 한 가지 사실에 뜻을 같이했다. 경제 대공황, 그리고 이후로 발생한 여러 침체기에 실직한 수백만 명의 노동자는 배수구 아래로 빠져나가는 지출의 희생양이었다는 점이다. 케인스의 이론은 또 다른 면에서 큰 영향을 미쳤다. 케인스 이후 경제학이 '거시경제학macroeconomics'(취업률 등과 같이 경제 전반에 관한 연구로, 케인스가 큰 도움을 주었다)과 '미시경제학microeconomics'(개별 소비자와 기업이 의사 결정을 내리는 법을 연구한다)으로 나뉘게 된 것이다.

케인스는 그저 이론을 위한 이론을 새로 만들려는 게 아니었다. 케인스는 세상을 더 나은 곳으로 만드는 데 사용할 이론을 정립하고 싶어 했다. 1930년대에 세상을 더 나은 곳으로 만든다는 건 실업의 비참함을 사라지게 하는 것이었다. 케인스가 진단한 문제는 물이 새는 욕조였다. 그 해결책에 관해서는 제27장에서 이야기할 것이다. 해결 방법의 요지만 이야기하자면, 경제는 스스로 바로 설 수 없으므로 정부가 바로 세워야 한다는 것이다. 정부는 대공황과 같은 재난이 다시는 일어나지 않기를 바라며 경제 내에서 그 어느 때보다 큰 역할을 맡아야 했다. 자본주의는 폭풍우 속에서 살아남았지만, 그 모습은 영원히 달라졌다.

CHAPTER 19

창조적 파괴

오스트리아의 경제학자 조지프 슘페터(1883~1950)는 명석한 지성과 예리한 재치를 뽐내길 좋아했다. 한번은 슘페터가 자신에게 세 가지 야망이 있다고 말한 적이 있다. 그건 바로 세계 최고의 경제학자, 오스트리아 최고의 기수, 그리고 빈 최고의 연인이 되는 것이었다. 그런데 그중 두 가지밖에 이루지 못했다고 애석해하며 안타깝게도 최근에 승마가 잘되지 않는다고 덧붙였다.

그 농담은 슘페터가 얼마나 모순적인 사람인지를 잘 말해준다. 슘페터는 최고의 명문 학교에 다녔고, 상류 사교계를 드나들었다. 때문에 그는 옛날식 예의범절이 몸에 배었는데, 그 모습은 대담한 남성이 말을 타고 돌아다니며 여성에게 구애하는 시절을 떠오르게 했다. 다른 한편으로 슘페터는 가장 현대적인 학문 분야인 경제학에서 위대한 학자가 되는 것을 목표로 삼았다. 당시 경제학은 철학이나 수학 같은 기존 학문과 비교하면 매우 새로운 학문이었다.

학생들은 슘페터의 고풍스러운 화려함에 놀라고, 최신 경제학 이론에 쏟는 애정에 또 한 번 놀랐다. 슘페터는 오스트리아-헝가리 제국 끝에 있는 작은 마을의 어느 대학교에서 학생들이 최신 경제학 서적을 더 많이 접할 수 있게 하려고 도서관 사서와 결투를 벌였다. (그 결과는 검으로 사서의 어깨에 상처를 남긴 슘페터의 승리였다.) 이후 하버드 대학교에서 슘페터는 강의실에 들어올 때 연극배우처럼 과장된 몸짓을 보이는 것으로 유명해졌다. 빠르고 힘찬 발걸음으로 강의실에 들어와 코트를 벗고, 모자를 벗고, 마침내 장갑까지 벗으면(손가락을 하나하나씩 잡아당기며 벗었다) 빙그르르 뒤로 돌아 귀족적인 빈 억양으로 경제사상의 내용을 세세하게 가르쳐 학생들을 감탄케 했다.

슘페터가 보여준 옛것과 새것의 대비는 그가 주장하는 자본주의 이론에서도 나타나며, 『자본주의·사회주의·민주주의』라는 책에서 자신의 생각을 제시했다. 슘페터에 따르면 활극을 펼친 옛 기사의 현대판이라 할 수 있는 영웅적인 인물들이 현대 자본주의의 과실(방대한 상품과, 이를 생산할 때 사용하는 새로운 기술)을 맺었다. 슘페터가 말한 현대의 영웅은 철도 소유주 코닐리어스 밴더빌트나 미국의 철강 산업을 확장해 엄청난 재산을 모은 앤드루 카네기 같은 기업가였다. 베블런은 밴더빌트 같은 사람을 두고 폭력적인 고대 야만 사회를 떠올리게 한다고 했고, '노상강도 귀족'인 이들이 공격성을 발휘해 자신은 부자가 되었지만 전체 사회에 이득이 되지는 않았다고 했다. 하지만 슘페터는 이들이 넘치는 힘을 전투 대신 산업에 쏟았기 때문에 사회의 부를 창출하는 사람이 되었다고 보았다.

슘페터는 대담하고 단호하게 경제 발전에 필요한 혁신을 일으키고 장기적으로 생활수준을 높이는 데 도움을 준 건 바로 기업가라고 생각했다. 기업가는 발명을 활용해 신상품을 개발하거나(새롭게 발견된 전기를 이용하는 전구 발명) 새로운 기술을 활용해 상품을 한층 쉽게 생산했다(기계식 굴착기로 저렴한 가격의 석탄 생산). 슘페터는 기업가의 사업 운영 동기는 그저 돈을 버는 것, 그 이상에 있다고 했다. 기업가는 정복하고, 싸우고, 자신이 남들보다 뛰어난 사람임을 스스로 증명하고 싶어 했다. 슘페터의 가족 중에도 기업가가 있었다. 슘페터의 증조할아버지였는데, 슘페터가 태어난 마을에 처음으로 방직 공장을 세우고 증기기관을 들여와 기계의 동력으로 사용했다.

기업가가 지금껏 없었던 새로운 냉장고나 라디오를 생산하는 공장을 짓겠다는 꿈을 실현하려면 벽돌, 강철, 노동자가 필요하다. 그런데 또 다른 기업가가 현재 소비자가 원하는 상품을 만드는 데 그런 자원을 쓰고 있다. 그러면 새로운 상품, 즉 소비자가 그런 상품이 있다는 것조차 알지 못해 원하는 상품인지 더욱이 알 수 없는 상품을 생산하는 데 자원을 끌어와 사용하려면 어떻게 해야 할까? 기업가가 꿈을 실현할 수 있는 건 은행이 자금을 빌려주기 때문이다. 기업가는 은행에서 빌린 돈으로 생산에 필요한 자원을 손에 넣는다. 그러므로 돈은 물건의 매매를 돕는 보조 수단에 불과한 게 아니라 그 이상의 역할을 한다. 돈은 경제의 심장이자 경제라는 유기체를 둘러싸고 흐르는 혈액이며, 기업가라는 뇌의 지시를 받는다. 1920년대에 슘페터는 오스트리아의 은행 총재로 재직하면서 실제로 기업가에게 돈을 빌려준 적이 있다. 그는 자신의 직위를 십분 활용해 온갖 사업 계획에 자금을 투자했다. (하지만 슘페터의 경험은 기업가 정신에 깃들어 있는 위험 또한 보여준다. 1924년 경제가 나빠지기 시작했고, 슘페터는 엄청난 빚을 떠안게 된다. 이후 수년에 걸쳐 이를 갚아야 했다.)

기업가는 사업에 성공하면 부자가 된다. 기업가가 소개하는 신상품은 경제에 파문을 일으키는데, 그건 사람들이 축음기나 텔레비전 같은 신상품이 마음에 들면 사러 나가기 때문이다. 헨리 포드는 대중이 탈 수 있는 저렴한 자동차 만드는 방법을 개발해 부를 얻었고, 앤드루 카네기는 새로운 제철 방식을 도입해 부자가 되었다.

그러다가 곧 원조 기업가가 내놓은 상품을 모방한 자동차, 용광로, 혹은 염료를 생산하는 사람이 생긴다. 신상품은 전체 산업에 혁신을 일으키고 경기는 확장한다. 하지만 일부 기업이 파산하고 새로운 혁신이 다시 찾아올 때까지 경기는 위축된다. 호황과 불황, 자본주의 경제의 상승과 하락 주기는 끊임없는 혁신의 물결, 기업가 정신과 모방의 확대와 수축에서 비롯된다. 새로운 기술은 과거의 기술을 몰아낸다. 자동차가 등장해 마차가 사라졌고, 전구가 나오면서 양초는 사라졌다. 카메라용 필름 생산업체인 코닥 같은 기업은 부상했다가 쇠퇴하고 삼성처럼 디지털카메라를 휴대전화에 넣은 새로운 선도 기업이 등장한다. 슘페터는 이를 '창조적 파괴creative destruction'라고 불렀다. 슘페터의 관점에서 자본주의는 지속적으로 활동하는 기업가가 불러일으키는 끊임없는 변화이다.

대다수 경제학자의 생각과 달리 슘페터는 독점이 경제 발전을 돕는다고 생각했다. 대개 경제학자가 독점이 경제에 비효율적이라고 보는 이유는 독점기업이 상품에 지나치게 높은 가격을 매기고 몹시 적은 양만 생산하기 때문이다. 하지만 몇 가지 예외는 있다. 일부 산업에서는 상품을 생산하려면 막대한 투자가 있어야 한다. 예를 들어 수돗물 공급업체가 물을 한 방울이라도 공급하려면 수도관을 전부 설치해야 한다. 전체 시장에 물을 공급하는 단독 업체가 있다면 수도관 설치 비용을 대규모 생산량에 분산시켜 저렴한 가격으로 물을 공급할 수 있다. 10개 업체가 시장의 10분의 1에 물을 공급하기 위해 제각각 수도관을 전부 설치하면 수도요금은 훨씬 더 비싸질 것이다. 슘페터는 혁신을 일으키려면 독점이 특히 중요하다고 생각했다. 새로운 것을 만들어내려는 위험한 행동의 대가로 기업가에게 주어지는 큰 보상이기 때문이다. 기업가가 새로운 엔진밸브를 발명하면 시장에 해당 밸브를 공급하는 유일한 업체가 된다. 자신이 발명한 엔진밸브에 대해서는 독점기업이 되고, 덕분에 큰 이익을 얻을 수 있다. 큰 이익을 얻을 수 있다는 가능성에 힘입어 기업가는 온갖 새로운 상품을 만들어낸다. 독점이 없다면 새로운 기술의 발명이 훨씬 힘들 것이다. 독점 덕분에 기술이 진보하고, 기술의 진보는 경제를 변화시켜 마침내 한층 저렴한 상품을 더 많이 생산하는 방향으로 이어진다.

자본주의를 바라보는 슘페터의 관점은 앞서 살펴본 마셜과 제번스가 지녔던 전통적인 관점과 달랐다. 전통 경제학에서는 경제를 마치 스냅사진 보듯 정적인 상태로 바라보았다. 하지만 슘페터는 동영상을 보는 것처럼 계속 변하는 대상으로 여겼다. 일반적인 스냅사진과 같은 경제에서는 어떤 상품을 매매할 수 있는지 모두가 알고 있으며, 대체로 수요와 공급이 균형을 이룬다. 시장에서는 소비자에게 상품을 공급하는 수많은 기업이 경쟁하기 때문에 기업이 큰 이익을 얻지는 못한다. 이때 경제는 '균형equilibrium' 상태에 있다고 한다. 전통 경제학에서는 경제 내 자원을 주어진 것으로 보며, 모든 자원이 어떻게 균형을 이루는지 살펴본다. 새로운 상품을 발명하는 기업가는 없고, 사람들은 그저 아는 상품만 사고팔며 효용을 극대화한다. 슘페터는 균형을 이룬 경제는 사실 정지화면에 갇혀 있는 셈이라는 걸 보여준다. 슘페터는 '정말 불쌍한 인물은 늘 불안하게 균형을 찾아 헤매는 경제행위자다'라고 말한다. '그런 경제행위자에게는 야망도, 기업가 정신도 없다. 간단히 말해 그는 힘도, 생명도 없다.' 슘페터가 보기에 자본주의에서 가장 중요한 존재는 연못에 끊임없이 돌을 던지는 기업가였다. 창조적 파괴가 일으키는 파문은 결코 사그라들지 않는다. 마셜이 이야기한 경제에서 기업은 석유램프를 두고 가격 경쟁을 벌인다. 슘페터가 보는 경제에서는 성공한 기업가가 전구를 발명해 경쟁자를 날려버린다.

사실 자본주의는 슘페터 본인과도 조금 닮은 면이 있다. 대담하고 활력이 넘치며, 새로운 아이디어로 활기차고, 절대 멈추지 않는다. 그런데 슘페터는 겉으로 보기에 재치가 넘치고 반짝였지만 정신적으로는 어려움이 있었고, 그가 이해하려 애쓴 자본주의에도 어두운 일면이 있음을 알아차렸다. '자본주의가 살아남을 수 있을까?' 슘페터는 스스로 묻고 답한다. '아니, 그럴 것 같지 않아.'

자본주의의 활기 속에는 어둠의 씨앗이 들어 있는데, 슘페터는 그것이 자본주의를 파괴할 것으로 보았다. 그 이유를 설명하기 위해 슘페터는 경제학자라면 흔히 하지 않는 일을 했다. 자본주의 사회의 경제가 아니라 정치와 문화에 관한 주장을 펼친 것이다. 카를 마르크스는 자본주의가 파멸에 이르게 되는 이유를 경제적 측면에서 설명했다. 경제 내 생산에서 자본가가 이윤으로 점점 더 많은 몫을 차지하고, 노동자는 점점 더 적은 몫을 가지다가 결국 전체 체제가 산산조각이 난다. 하지만 슘페터는 자본주의의 경제에는 아무런 문제가 없다고 보았다. 문제는 자본주의가 사람들의 전반적인 태도에 미치는 영향에 있다. 특히 기업이 점점 커질 때 그런 문제가 나타난다. 기업가가 사업에 성공하면 회사가 성장한다. 그러다 마침내 거대 기업이 등장한다. 거대 기업은 선진 기술을 활용해 양질의 상품을 쏟아낸다. 그리고 합리적인 방법을 활용해 혁신이 이루어지는데, 보통 전문화된 회사의 연구 부서에서 발생한다. 애플 같은 오늘날의 대기업을 생각해보자. 애플에는 다양한 연구팀이 있다. 새로운 소프트웨어를 연구하는 팀도 있고, 더 빠르고 가벼운 아이폰을 연구하는 팀도 있고, 성능 좋은 노트북 컴퓨터를 만들려는 팀도 있다. 예전에는 천재 사업가의 번득이는 아이디어 속에서 그려진 혁신이 이제는 검증 절차를 통해 일어난다. 경제 진보는 회사 정책과 위원회 회의에서 자동으로 이루어진다.

경제적 관점에서 보면 이 모든 건 좋은 현상이다. 신상품 개발을 미리 계획하고 예측할 수 있다. 문제는 너무 재미가 없다는 점이다! 회사는 회색 정장(혹은 애플이라면 똑같은 티셔츠 차림)을 입은 사람으로 가득한 거대한 조직의 모습이다. 슘페터가 말한 기업가는 용감한 영웅으로 사업을 시작했다가 나중에는 결국 학교를 싫어하고 숙제하기를 거부하는 따분한 10대 같은 모습이 되고 만다. 기업가는 넥타이를 매고 회사에 가서 지겨운 회의 자리에 앉아 있어야 하는 현실을 혐오한다. 자본주의 체제에서 인생이 몹시 따분하고 우울해져가는 모습이 정말 싫다. 그래서 기업가는 사업과 돈벌이를 전반적으로 불신하기 시작한다. 일부는 반자본주의 '지식인'이 되어 대학에서 강의하거나 자본주의를 비판하는 책을 쓴다. 이들은 정부가 기업인으로부터 경제를 넘겨받아 사회주의 사회를 건설해야 한다고 주장한다. 슘페터는 1930년대와 1940년대에 그런 분위기가 일기 시작했다고 보았는데, 당시는 자본주의에 적대적인 시각을 지닌 지식인이 많고 경제를 운영하는 데 정부의 역할이 커지기 시작한 때였다.(제21장 참조)

슘페터는 자본주의의 종말을 예견했지만, 실제로 그렇게 되지는 않았다. 자본주의는 종말을 맞지 않은 채 오늘날까지 기능하고 있으며, 국가가 상당 부분 개입하고 있다. 이를 '혼합경제 mixed economy'라고 한다. 그렇지만 슘페터는 중요한 가르침을 남겼다. 경제는 끊임없이 움직인다는 사실이다. 여기서 슘페터는 마르크스를 떠올리게 한다. 마르크스처럼 슘페터도 사회주의는 피할 수 없는 흐름이라고 했다. (슘페터는 성에 살면서 백만장자를 비난하기보다 칭찬했다. 그래서 사람들은 슘페터를 '부자들의 마르크스'라고 불렀다.) 슘페터에 따르면 자본주의의 종말은 좌절을 느끼는 사회 최상층과 불만을 품은 지식인으로부터 비롯한다. 반면 마르크스는 자본주의 체제를 붕괴하는 주체가 불행한 노동자라고 했다. 그리고 자본주의의 경제적 실패로 인해 사회주의가 찾아온다고 보았다. 이와 달리 슘페터는 오히려 기업이 성장하고 자본주의가 성공을 이룩하면서 사회주의가 나타난다고 했다. 또한 슘페터는 마르크스와 반대로 자본주의를 강력하게 옹호했고, 사회주의 체제로 흘러가는 걸 반기지 않았다.

슘페터는 케인스가 내세운 새로운 이론에도 반대했다. 케인스는 1930년대에 경제 대공황을 겪었지만, 경제가 깊은 침체에 빠지지 않도록 정부가 막을 수 있다고 보았다. 자본주의가 변화라면 그 끝은 없다. 말을 타고 소식을 전하는 전령에서 스마트폰에 이르기까지 역사의 흐름을 따라 자본주의의 장기적인 성과를 가늠할 수 있을 뿐이다. 정부가 경제를 정리해야 한다고 요구하는 주장이 지닌 문제는 자본주의를 단기적인 관점에서 바라본다는 것이며, 그러다 보니 문제의 빠른 해결책을 선호한다는 점이다. 슘페터는 그러한 해결책은 기업가 정신을 질식시킬 뿐이며, 한동안 자본주의에 생명 유지 장치를 달 수 있겠지만 결국 자본주의를 죽이고 말 것이라고 보았다.

CHAPTER 20

죄수의 딜레마

두 나라가 서로 상대국을 날려버리겠다고 위협하는 중이라고 해보자. 한쪽이 적국을 노리는 미사일로 무장하자 상대국 역시 미사일로 무장했다. 각 나라는 무기를 구매해 우위를 차지하려 애쓴다. 결과적으로 '군비 경쟁arms race'이 나타나, 양국은 서로 적국을 겨냥하는 미사일을 대량 보유하게 된다. 군비 경쟁은 '게임 이론game theory'을 보여주는 하나의 예다. 게임 이론은 1940년대와 1950년대에 등장한 수학과 경제학의 한 분야다. 게임 이론은 어느 한쪽의 움직임이 상대가 얻는 결과에 영향을 미치는 상황에서 국가, 기업, 사람이 어떻게 행동하는지를 살핀다. 적국이 미사일을 구매하면 우리는 불리한 위치에 놓이고, 우리나라의 안전이 이전보다 불안해진다. 우리나라가 미사일을 구매하면 적국에도 똑같은 일이 일어난다. 양쪽은 적국이 어떻게 나올지 고려하면서 무엇을 할지 결정해야 한다. 게임 이론가는 이를 '전략적 상호작용strategic interaction'이라고 부른다. 우리는 서로에게 영향을 주고('상호 작용'한다), 그래서 적이 무엇을 할 것이냐는 관점에서 내가 무엇을 할지 결정한다('전략적'으로 행동한다). 게임 이론은 가위바위보처럼 간단한 게임에서부터 기업의 이윤 추구나 국가 간 전쟁에 이르기까지 어디서나 볼 수 있는 전략적 상호작용을 연구한다.

제2차 세계대전 이후 미국과 소련은 서로에게 최대의 적이 되었다. 냉전이라고 알려진 시대였다. 양국은 엄청난 군비 경쟁을 벌였고, 치명적인 핵무기로 서로 위협했다. 1964년에 개봉한 영화 「닥터 스트레인지러브Dr. Strangelove」는 이러한 양국의 경쟁 관계를 웃음거리의 소재로 삼아 흥미진진한 이야기를 펼치는데, 게임 이론 시대의 모습과 게임 이론의 몇 가지 기본 개념을 탁월하게 보여주었다. 냉전을 벌이는 동안 미군은 국가 안보에 도움이 되는 분야라면 연구비를 적극 지원했고, 게임 이론도 지원 대상 분야 중 하나였다. 수많은 게임 이론가가 군사 연구 조직인 랜드Research and Development, RAND 연구소에서 일했다. 영화 속에서 스트레인지러브 박사는 미국 대통령 직속 무기 연구 책임자인 괴짜 천재로, 검은 선글라스를 끼고 우스꽝스러운 억양으로 군사 전술을 조언한다. 스트레인지러브 박사는 실제 천재였던 인물에게서 영감을 받아 탄생했다고 하는데, 그가 바로 헝가리 태생의 수학자 존 폰 노이만(1903~1957)이다. 폰 노이만은 게임 이론을 창시한 학자로, 랜드 연구소에서 일하며 아이젠하워 대통령의 국방 전략

고문이 되었다. 폰 노이만은 정말 똑똑했는데, 여덟 살 때 여덟 자리 숫자 나눗셈을 암산할 정도였다. 성인이 된 뒤에는 충격파, 기체역학, 별의 분포에 관한 과학 논문을 썼고 여가 시간에는 게임 이론 분야를 연구했다.

우리가 군 지휘관이 되어 폭탄을 더 구매해야 할지 결정해야 하는 상황이라고 가정해보자. 적국의 지휘관도 마찬가지 입장임을 안다. 이때 무엇을 해야 할지 실제로 어떻게 결정할까? 의사 결정 과정에서 가장 중요한 부분은 적국에서 무엇을 할 가능성이 높은지 아는 것이다. 일단 내가 무엇을 할지 알고 적이 무엇을 할지 알면 게임의 결과는 다음과 같으리라 말할 수 있다. 양쪽 모두 폭탄을 구매한다, 양쪽 모두 폭탄을 구매하지 않는다, 혹은 이와 다른 결과가 나타난다. 폰 노이만은 게임의 결과를 찾을 방법을 연구해 큰 진전을 이루었다. 하지만 폰 노이만이 찾은 방법은 일부 상황에서만 효과가 있었다. 이를테면 게임 참가자가 협상할 수 있고, 서로 결과를 굳게 합의하는 경우다. 하지만 적대 관계인 양국의 지휘관이 서로 협상하거나 합의할 수는 없다. 그래서 게임 참가자가 서로 약속한 바를 꼭 지킬 필요가 없는 게임을 포함해 종류가 다른 그 밖의 게임에서도 결과를 찾을 방법이 필요했다.

그러다가 1950년 존 내시(1928~2015)라는 수학자가 해결책을 내놓았다. 내시가 문제를 해결하는 방법을 떠올렸을 때 그는 프린스턴 대학교의 학생이었다. 그래서 내시는 당시 프린스턴 대학의 교수였던 폰 노이만을 찾아가 자기 생각을 이야기하기로 마음 먹었다. 그때 폰 노이만은 매우 유명한 학자였지만, 내시를 막을 수는 없었다. (그전에 내시는 우주의 팽창에 관해 떠오른 새로운 아이디어를 논의하려고 아인슈타인을 불쑥 찾아갔다.) 위대한 폰 노이만 교수는 내시의 아이디어가 별다른 게 아니라며 그를 쫓아 냈다.

사실 내시가 떠올린 아이디어는 게임 이론에서 가장 중요한 개념이 되었고, 오늘날까지도 여전히 사용되고 있다. 내시는 게임의 결과(게임의 '균형')는 각 참가자가 상대의 행동이 주어졌다고 가정한 상태에서 자신을 위한 최선의 결정을 내릴 때 이루어진다고 했다. 모든 참가자가 그렇게 하면 누구도 행동을 바꿔야 할 이유가 없어지므로 게임의 균형이 나타난다. 내시는 대부분의 게임에 균형이 존재함을 증명했다. 이는 '내시 균형Nash equilibrium'으로 알려지게 되었다. 우리나라와 적국이 있다고 해보자. 적국이 미사일을 구매한다고 가정하면, 우리나라에 가장 좋은 선택은 마찬가지로 미사일을 구매하는 것이다. 적국의 위협 앞에 무장을 해제하는 건 최악의 대응이다. 적국에도 똑같은 추론을 적용한다. 우리가 무장하면, 상대도 분명 무장한다. 양국이 미사일을 대량 보유하는 선택이 이 게임의 균형이다.

국가 간 군비 경쟁은 그 유명한 '죄수의 딜레마prisoners' dilemma' 라는 게임의 한 형태다. 죄수의 딜레마는 랜드 연구소의 수학자들이 고안했다. 게임 속에는 은행 강도 혐의로 체포된 두 명의 용의자가 나온다. 경찰은 은행 강도의 증거를 충분히 찾지 못했지만, 적어도 탈세 혐의로 두 용의자를 기소할 수 있다. 용의자는 각각 따로 심문받는다. 두 용의자는 각자 은행 강도 범죄를 자백하거나 부정할 수 있다. 경찰은 용의자에게 둘 중 한 명이 자백하고 한 명이 부정한다면 범행을 부정한 사람을 주범으로 보고 자백한 사람은 주범에 대항하는 목격자로 활용하겠다고 말한다. 범행을 부정한 사람은 20년형을 받고 오랫동안 감옥에서 복역하게 될 것이고, 자백한 사람은 자백에 따른 보상으로 석방될 것이다. 두 용의자 모두 강도 혐의를 부정한다면 탈세 혐의로 각각 4년형을 선고받을 것이며, 둘 다 자백하면 강도 혐의로 각각 10년이라는 적당한 형을 선고받는다.

두 용의자는 어떤 선택을 해야 할까? 용의자 한 명이 공범이 자백하리라 생각한다고 해보자. 이 경우 범행을 부정하면 처참한 결과를 얻는다. 공범이 자백했는데 자신은 부정했으니, 20년형이 선고될 것이기 때문이다. 그러므로 반드시 자백해야 한다. 이번에는 반대로 공범이 범행을 부정할 것으로 생각한다고 해보자. 이 경우에도 용의자는 자백해야 한다. 공범이 범행을 부정했는데 용의자가 자백하면 석방될 수 있기 때문이다. 두 용의자 모두 이렇게 추론하면 둘 다 강도 범죄를 자백한다. 죄수의 딜레마는 두 용의자 모두 자백이라는 분명한 균형에 도달한다.

하지만 이 균형에는 이상한 점이 있다. 게임에 참가한 두 사람이 각자 최선의 선택을 했지만, 결과적으로 둘 다에게 최선이 아닌 상황에 놓인다. 두 용의자가 같이 강도 혐의를 부정하는 편이 둘 다에게 더 나은 선택이지만, 그 선택은 게임의 균형을 이루지 못한다. 둘 중 한 명은 항상 석방되기를 바라는 마음으로 공범을 배신하고 자백하기 때문이다. 두 용의자는 합리적으로 행동함으로써 가능한 선택지 안에서 더 나쁜 쪽을 택한다. 군비 경쟁도 마찬가지다. 이때 게임의 결과는 양국이 미사일을 대량 보유하는 것이다. 결국 어느 쪽도 다른 쪽보다 우위에 서지 못하는데, 양국 모두 무장하느라 엄청난 군비를 지출한다. 애초에 미사일을 전혀 구매하지 않는 편이 양국 모두에 더 나은 선택일 것이다.

죄수의 딜레마는 경제학에서 항상 발생한다. 발전소에서 사용하는 터빈 발전기처럼 거대한 상품을 예로 들어보자. 1960년대 미국을 대표하는 제조업체였던 제너럴 일렉트릭General Electric과 웨스팅하우스Westinghouse는 발전기를 좋은 가격에 팔고 있었다. 한 가지 방법은 두 회사가 모여 발전기 판매 대수를 줄이고 제품에 높은 가격을 매기는 것이었다. 문제는 제품의 가격이 높으면 기업은 항상 경쟁사를 속이고 조금 낮은 가격에 상품을 공급해 추가로 몇 개 더 팔고 싶은 유혹을 느낀다는 점이다. 이에 따르는 위험은 상품 가격이 낮아지고, 두 회사 모두 수익이 적어지는 것이다. 강도 용의자가 범행을 자백하는 행위의 기업판이다. 산유국에서도 같은 문제가 발생한다. 1960년대에 산유국은 유가를 높이기 위해 석유 판매량을 줄이기로 합의했다. 하지만 여기서도 마찬가지로 유가가 높아지면 각국은 생산량을 더 늘리고 싶은 유혹을 느낀다.

사업, 정치, 삶 속에서 우리는 때로 경쟁하거나 협력한다. 게임 이론은 그러한 복잡성을 생각하는 방법을 알려준다. 사람들은 어떤 경우에 협력하고, 또 어떤 경우에 필사적으로 싸울까? 예를 들어 죄수의 딜레마에서 협력은 언제나 무너질 위험이 있다.

유달리 복잡한 전술을 사용하는 게임도 있다. 특히 의사 결정이 차례로 이루어져 상대가 무엇을 했는지 이미 아는 상황에서 내가 무엇을 해야 할지 결정하는 경우가 그렇다. 만일 경쟁자가 내가 좋아하지 않는 일을 벌인다면 응징할 수 있다고 생각할 것이다. 1970년대 미국의 두 커피 회사, 맥스웰하우스Maxwell House와 폴저스Folger's가 시장 지배권을 두고 치열하게 경쟁했다. 폴저스는 맥스웰하우스가 주로 공급을 맡고 있는 동부 지역으로 사업을 확장했는데, 그쪽 시장을 차지할 생각이었다. 이에 맥스웰하우스는 폴저스를 시장에서 몰아낼 요량으로 가격 전쟁을 벌이기 시작했다. 순서는 이랬다. 만일 폴저스가 우리 시장으로 들어오면 제품의 가격을 내린다. 이를 알고 애초에 폴저스가 시장 진입을 미루기를 바란다. 그런데 이런 협박의 문제는 항상 협박대로 한다고 상대가 믿지 않는다는 점이다. 가격을 내리면 지나치게 많은 수익을 잃게 되므로 상대는 내가 절대 협박대로 가격을 내리지 않을 거라고 생각한다. 그런데 맥스웰하우스와 폴저스의 사례에서는 맥스웰하우스의 위협이 효과적이었다. 뉴욕 시로 진출하겠다는 폴저스의 행보를 저지하는 데 성공한 것이다.

영화 「닥터 스트레인지러브」에서는 효과적인 위협을 가하기가 얼마나 어려운지 잘 보여준다. 핵 공격을 막으려면 적국에 반드시 보복할 거라고 말해야 한다. 그렇지만 일단 적국에서 미사일을 발사하고 나면 적국은 우리가 미사일을 발사하지 않을 것임을 안다. 양쪽에서 핵미사일을 발사하면 지구상에서 생명체가 사라질 것이기 때문이다. 영화에서는 멋대로 행동하는 미국의 지휘관이 소련에 핵폭탄을 떨어뜨리라고 명령한다. 미국 대통령은 공격을 취소하려 애쓰지만, 지휘관은 대통령의 연락을 차단한다. 대통령은 주미 소련 대사를 소환하고, 소련 대사는 소련이 '최후의 장치doomsday machine'를 설치했다고 밝힌다. 폭발하면 모든 생명체를 휩쓸어버리는 대량 파괴용 폭탄이다. 소련이 공격받으면 장치가 자동으로 작동되고, 그것을 멈추는 방법은 없다. 스트레인지러브 박사는 대통령에게 소련이 설치한 장치의 논리를 설명한다. 발사를 되돌릴 수 없으며 자동으로 작동하게 설정해둠으로써 위협은 진짜라는 믿음이 생기고 적은 공격을 단념하게 되는 것이다. 이 영화가 던지는 음울한 농담은 모든 사람이 최후의 장치에 대해 알고 있을 때만 공격을 멈출 수 있다는 점이다. 스트레인지러브 박사는 소련 대사에게 소리를 지른다. "왜 온 세상에다 대고 얘기하지 않았소?!"

최후의 장치는 게임 이론이 제시하는 기본적인 가르침을 보여준다. 상대가 나를 어떻게 생각하는지에 영향을 미치는 게 중요하다는 것이다. 회사가 경쟁사에 보복하겠다고 위협하려면 우리 회사가 약하지 않고 강하다는 걸 보여주어야 한다. 경제 측면에서 최후의 장치 설치에 비견되는 건 시장에 필요한 수준보다 훨씬 더 큰 규모의 공장을 짓는 것이다. 일단 공장이 완공되면, 심지어 최저 가격을 매기더라도 공장 건설에 들어간 비용의 일부를 회수한다는 측면에서 시장에 상품을 쏟아내어 경쟁사에 보복하는 게 의미가 있다. 1940년대 미국에서는 알코아Aluminum Company of America, ALCOA가 전국 알루미늄 생산 시장의 90퍼센트를 지배했다.

이 회사가 경쟁사를 물리치기 위해 사용한 전략이 바로 대형 공장 건설이었다.

청년 시절의 내시는 자신이 생각한 이론을 몇 안 되는 수학 논문으로 남겼다. 그리고 내시는 사라졌다. 내시는 심각한 정신 질환을 앓았고, 수십 년간 병원을 들락날락했다. 하지만 내시가 남긴 이론은 경제학에 일대 혁명을 일으켰다. (2001년에 개봉한 영화 「뷰티풀 마인드」는 내시의 평범하지 않은 삶을 다루었다.) 경제 내에서 전략적 상호작용은 매우 자주 발생하지만, 경제학계에서는 게임 이론을 발명할 때까지 전략적 상호작용을 간과했다. 학계를 이끈 시장 이론은 전략적 상호작용이 전혀 발생하지 않는 완전경쟁을 가정했다. 시장에는 수많은 판매자와 구매자가 존재하므로 그 누구도 단독으로 가격에 영향을 미칠 수 없다. 사과 판매자 수천 명이 고객 수천 명에게 시장 가격으로 사과를 판매하는 상황이라면, 판매자는 몇 개가 되었든 자신이 원하는 수량만큼 판매할 수 있다. 그러므로 경쟁자가 무엇을 하는지, 무슨 생각을 하는지 고려할 필요가 없다. 살아남기 위해 상대를 앞서나가지 않아도 된다. 하지만 게임 이론 덕분에 경제학자는 사람과 기업이 분명 상대보다 한발 앞서나가야 하는 한층 복잡하고 현실적인 온갖 상황을 분석할 수 있게 되었다. 이러한 상황을 분석하는 내시의 방법론은 이제 경제학의 거의 모든 분야에서 사용된다. 내시는 서서히 건강을 회복했고, 정말 획기적인 이론을 정립한 사실을 인정받아 1994년 노벨 경제학상을 받았다.

CHAPTER 21

정부의 폭정

제2차 세계대전이 치열하게 벌어지는 시절, 어느 날 밤 영국 케임브리지 킹스 칼리지의 오래된 예배당 지붕에 두 사람이 앉아 있었다. 두 사람은 독일군 전투기에서 떨어지는 폭탄으로부터 예배당을 보호하려고 지붕까지 올라갔다. 킹스 칼리지의 예배당은 다섯 명의 영국 왕이 100년에 걸쳐 지은 건물이었다. 이제 지붕 위의 두 사람이 삽을 이용해 적군의 폭탄 공격으로부터 건물을 보호하려 하고 있었다. (지붕에 폭탄이 떨어지면 삽으로 밀어 떨어뜨리겠다는 생각이었다.)

이렇게 용감무쌍한 두 사람은 모두 20세기의 유명한 경제학자였다. 그런데 이들은 이상한 콤비임이 틀림없었다. 우선 둘의 경제사상이 서로 완전히 달랐다. 둘 중 연장자인 존 메이너드 케인스는 앞서 만나본 경제학자로, 당시 이미 유명세를 떨치고 있었다. 명석하고, 설득력이 있으며, 지극히 자신감이 넘치는 영국인이었다. 한편 케인스보다 나이가 어린 사람은 오스트리아 태생의 프리드리히 하이에크(1899~1992)였다. 하이에크는 조용한 편이었지만, 격식 있는 말투로 자신의 생각을 명확하게 전했다. 제2차 세계대전이 시작된 후 하이에크가 교수로 재직한 런던 정치경제대학교가 케임브리지로 피난했기 때문에 하이에크도 결국 케인스가 근무하는 대학교 내에서 살게 되었다. 이웃이 된 두 학자는 1930년대와 1940년대의 경제 재앙, 즉 전 세계에 걸친 대량 실업, 그리고 엄청난 갈등을 불러일으켰을 뿐만 아니라 그날 밤 그들을 예배당 지붕에 올라가게 한 원인인 독일 나치의 등장에 대해 매우 다른 시각을 갖고 있었다.

물론 나치주의는 잔악하고 살인을 일삼은 끔찍한 사상 체제였다. 그래서 나치는 순수 악이고 나치에 맞서는 나라는 그와 전혀 다른 훌륭하고 공정한 사회라고 생각하기 쉽다. 정말 그렇게 생각해도 될까? 하이에크는 그렇지 않다고 했다. 사실 하이에크는 듣기에 불편한, 아니 충격적인 이야기를 했다. 그렇다, 영국과 미국은 나치를 철천지원수로 여기며 맞서 싸워 이겼지만, 그들이 인정하는 것보다 나치와의 공통점이 더 많았다. 나치 정부는 독일 경제를 엄격히 통제했다. 마찬가지로 영국에서도 정부가 경제를 운영해야 한다고 생각하는 사람이 많았다. 하이에크는 이러한 생각이 결국 경제뿐 아니라 전반적인 삶 전체를 정부가 완전히 통제하는 상황으로 이어지게 한다고 보았다. 그러면 결과적으로

'전체주의totalitarianism'가 등장한다. 전체주의 사회에서는 모든 권력을 가진 정부에 누구나 절대복종해야 한다. 그러지 않으면 투옥되거나, 심지어 사형을 당한다. 독일에서 그런 일이 일어났고, 국민이 관심을 기울이지 않으면 영국에서도 같은 일이 일어날 터였다.

하이에크는 어떻게 영국과 미국 같은 자유민주주의 국가를 나치 독일과 비교했을까? 이러한 비교는 정말 말도 안 되는 것이었을까? 하이에크의 주장을 이해하려면 제2차 세계대전과 그 후 유럽 경제에서 무슨 일이 있었는지 살펴보아야 한다. 제2차 세계대전이 발발하자 정부가 경제를 장악했다. 영국 정부는 공장에 명령을 내려 군부대에서 쓸 총과 항공기의 생산을 늘리고, 옷이나 신발 같은 일상용품의 생산은 줄였다. 이는 곧 사람들이 구매할 수 있는 일상용품의 수량이 적어졌다는 것이다. 버터, 달걀, 설탕 등 생필품은 돈으로 원하는 만큼 사지 못하고 정해진 양을 배급받아야 했다.

이는 일반적인 자유시장체제와 크게 달랐다. 자유시장에서 정부는 기업이 원하는 상품을 생산하게 하고, 사람들은 원하는 물건을 구매하며, 어디든 원하는 곳에서 일한다. 하지만 전쟁을 겪은 때는 평범하지 않은 시절이었고, 경제적 삶도 일반적인 모습으로 계속 유지될 수 없었다. 전쟁 포스터에는 이렇게 적혀 있었다. '영국 제품 늘려 독일 파괴 서두르자.' 정부가 경제를 지배하면 전쟁 포스터의 구호를 실현하는 데 도움이 되었다. 전쟁이 끝난 뒤에도 정부가 계속 경제에서 중요한 역할을 맡아야 한다고 생각하는 사람이 많았고, 1940년대가 되자 경제학계에서도 전시든 아니든 경제 내에서 정부의 역할이 중요하다는 결론에 이르렀다. 케인스는 경제가 스스로 헤쳐나가는 길을 찾지 못한 채 고실업 상태에 빠질 수 있으며, 정부만이 문제를 해결할 수 있는 주체라고 주장했다.

일반인들 중에도 비슷한 생각을 하는 사람이 많았다. 방공호 안에서 시간을 보낸다고 하면 사람들은 현실에서 도피하게 해주는 재미있는 소설을 읽을 거라는 생각이 든다. 분명 가장 읽고 싶지 않은 책이 경제학과 정부 재정 관련 서적이 아닐까? 하지만 제2차 세계대전이 한창인 때에 영국에서 가장 많이 팔린 책은 바로 경제학과 정부 재정에 관해 영국 정부에서 발행한 두꺼운 보고서였다. 사람들은 「사회보험과 관련 서비스」라는 그 보고서를 사기 위해 판매 시작 전날 밤부터 거리에 나와 줄을 섰다. 영국 사람들은 그렇게 무거운 주제의 책을 왜 읽고 싶어 했을까? 그건 하이에크가 경고한 바로 그 생각, 즉 정부가 경제에 깊이 관여해야 한다는 주장에 마음을 빼앗겼기 때문이었다. 영국 정부가 펴낸 보고서는 전쟁이 끝난 뒤 정부가 무엇을 할 것인지를 설명하고 있었다. 보고서를 작성한 사람은 유명 학자이자 작가인 윌리엄 베버리지로, 그는 청년 시절 런던 이스트엔드 지역에서 가난한 사람을 도왔다. 베버리지는 이 보고서를 통해 일약 국민 영웅이 되었고, 사람들은 베버리지의 강연을 들으러 몰려들었다. 제2차 세계대전이 발발하기 전에도 정부는 가난한 사람들을 도왔지만 원조는 들쑥날쑥했다. 베버리지는 일자리를 잃는 것, 아이들에게 먹일 음식이 없는 것 등 시장의 불확실성으로부터 정부가 국민을 적절히 보호해주기를 바랐다. 정부는 결핍, 질병, 불결, 무지, 나태 등 '5대 악'과의 싸움을 벌여야 한다. 정부는 실업자와 환자를 지원하는 '사회보장 social security'제도를 만든다. 정부는 병원, 학교, 주거 서비스를 제공하고 일자리를 창출하는 데 도움을 주는 경제 정책을 따른다.

하이에크는 베버리지의 경제 전망에 동의하지 않았다. 하이에크는 앞서 제16장에서 만난 오스트리아의 경제학자 루트비히 폰 미제스의 제자였다. 미제스는 사회주의가 결코 작동하지 못할 거라고 했다. 하지만 베버리지와 케인스는 사회주의 경제를 제안한 게 아니었다. 전후 경제는 자본주의와 사회주의의 중간에 있는 '혼합'경제였다. 정부는 석탄과 철도 같은 대형 산업을 소유하고, 일부 상품의 가격을 통제하며, 학교와 병원에 드는 비용을 부담하는 등 경제에 사회주의적 요소를 가미했다. 하지만 강력한 자본주의적 특성도 남아 있었다. 이익을 얻기 위해 운영하는 사기업이 수없이 많다는 점이 그러했다. 하이에크는 타협을 거부했다. 그는 정부가 경제를 통제하면 국민은 자유를 빼앗길 것이고, 심지어 혼합경제라는 중도를 택해도 마찬가지라고 생각했다.

하이에크가 보았던 것처럼 문제는 지난 몇백 년간 경제적으로 엄청난 진보를 이뤄낸 사람들이 느끼는 권력 의식이었다. 경제를 구성하는 수천 개의 시장 덕분에 경제가 발전했고, 그것은 어느 한 사람이 이루어낸 게 아니었다. 그럼에도 사람들은 인내력이 바닥났고, 더욱더 빠른 발전을 원했다. 이에 경제를 더 빠르게 발전시킬 것이라는 바람으로 정부가 시장에 개입하기 시작한다. 그런데 정부가 시장에 개입하면 왜 자유가 파괴될까? 특히 베버리지의 바람처럼 정부가 경제에 개입하는 건 국민의 경제적 어려움을 해소하기 위해서인데 말이다. 하이에크는 정부가 경제에 개입하면 국민의 자유가 파괴되리라 생각했다. 왜냐하면 사람은 각기 다른 욕구를 가졌으며, 어느 욕구가 가장 중요한지 합의에 이를 수 없기 때문이다. 일각에서는 미술관이 더 늘어나기를, 또 다른 일각에서는 수영장이 더 많아지기를 바란다. 하나의 계획에 모든 국민의 욕구를 담기는 불가능하다. 만일 정부가 경제를 통제한다면 결국 우리 대신 정부가 의사를 결정하게 된다. 더는 우리가 선택할 수 없고, 개인의 자유가 짓밟힌다.

하이에크는 자유의 상실로 인해 심지어 목숨까지 대가로 치러야 할 수 있다고 했다. '경쟁 경제의 최후 수단은 법 집행관이지만, 계획 경제의 마지막 제재 수단은 교수형 집행인이다.' 하이에크의 말은 자유시장경제에서 게으르게 살면 자기 재산을 잃는다(해고되거나 손실을 봄)는 의미이다. 상황이 정말 나빠졌을 때 일어날 수 있는 최악의 경우는 법정관리인(법 집행관)이 채무자의 재산을 채권자에게 넘기는 것이다. 그런데 국가가 통제하는 경제에서 일을 제대로 처리하지 못하면 자기 재산을 잃는 게 아니라 나라 전체의 재산을 잃게 된다. 한 사람의 실수로 인해 공동체 전체가 대가를 치러야 한다. 실수한 사람이 개인 재산으로 동료 시민이 치른 대가를 갚을 수도 없다. 국가가 모든 재산을 소유하고 있기 때문이다. 해결 방법은 감옥에 가거나, 극단적인 경우 목숨을 내놓아야 한다. 자본주의의 불공정성을 없애려고 시작된 체제는 폭정으로 끝이 난다.

하이에크는 영국이 탱크와 비행기로(아니면 삽 두 개로) 나치에 맞서 싸우는 것만으로 부족하다고 보았다. 사상으로도 나치에 맞서야 했다. 경제적 자유를 보장하는 사상이 승리해야 했다. 정부는 국민 스스로 무엇을 할지 결정할 수 있도록 해야 했다. 경제적 자유가 없다면 정치적 자유는 불가능했다. 정치적 자유가 없으면 사람들이 더는 스스로 생각할 수 없다. 무엇을 해야 할지, 무엇을 생각해야 할지, 어떻게 살아야 할지 정부가 말해준다. 전쟁이 끝나갈 무렵 하이에크는 『노예의 길』에서 경고했다. 하이에크는 자신의 경고를 듣고 화를 내는 사람이 많을 것임을 알았지만, 그래도 위험에 처한 사람들에게 경고해야 한다고 생각했다. 하이에크는 정부가 국민을 통제하도록 놓아두면 마치 중세 시대의 노예처럼 되고 말 거라고 경고했다. 영주에게 지배당한 소작농, 그 무엇도 스스로 정하는 게 허용되지 않은 사람들처럼 말이다. 하이에크는 현대 서구 문명 자체는 개인의 자유에 기반을 둔다고 했다. 우리가 그것을 잊는다면 문명은 붕괴한다.

하이에크의 책은 큰 화제를 낳았고(그리고 베버리지의 보고서보다 더 재밌다), 그 덕분에 하이에크는 유명해졌다. 제2차 세계대전 당시 영국의 총리이자 보수당 대표였던 윈스턴 처칠도 1945년 선거운동 기간에 라디오 방송에서 하이에크의 책을 언급했다. 처칠은 정부가 경제를 운영한다는 노동당의 정책을 비판하며 히틀러의 무자비한 비밀경찰과 비교했다. 이는 큰 정부에 관해 경고

한 하이에크의 주장을 떠올리게 하는 발언이었다. 하지만 하이에크의 책을 읽고 언짢아한 사람도 분명 아주 많았다. 하이에크의 책이 출간되었을 때는 경제학자들이 경제 운영에서 정부의 개입이 중요하다고 이제 막 굳건히 믿게 된 참이었다. 하이에크의 동료였던 런던 정치경제대학교 교수 허먼 파이너는 하이에크의 책이 '사악'하고 '편견이 심하다'고 평가했다. 학계 여론이 등을 돌리면서 하이에크는 경제학을 포기했다. 하지만 그로부터 몇십 년 뒤 자유시장 경제학이 다시 주목받자 하이에크는 또 한 번 명성을 얻었다.(제29장 참조)

결국 서구 민주주의 사회에서 큰 정부는 새로운 히틀러 체제로 이어지지는 않았다(하이에크가 어쩔 수 없이 그렇게 될 거라고 말한 건 아니었다. 그런 상태에 가까워질 거라고 했을 뿐이다). 오늘날 대다수 국가의 경제는 개인의 사업과 정부의 활동이 섞여 이루어진다. 경제학계에서 이루어지는 논의의 상당 부분은 어디에서 선을 그어야 할 것인가이다. 하이에크는 대다수 학자보다 훨씬 더 자유시장에 가깝게 선을 그었다. 그럼에도 하이에크는 경제 내에서 정부 지출은 일부 필요하다고 보았다. 실업자의 기본 생활을 보장하고, 시장이 공급할 수 없는 상품을 공급하는 일이다. 정부의 개입이 잦지 않다면 개인의 자유를 위협하지 않을 것이다. 이러한 입장 때문에 하이에크가 보다 강력한 입장을 취하지 않았다고 생각하는 사람들은 그를 비웃었다. 자유시장을 옹호한 철학자 아인 랜드는 『노예의 길』을 읽다가 책 여백에 하이에크가 '멍청이'에 '터무니없는 바보'라고 휘갈겨 썼다.

오늘날 대다수 경제학자는 정부의 개입이 늘어나면 개인의 자유가 줄어든다는 하이에크의 기본 입장에 동의하지 않는다. 정부가 모든 아이에게 교육을 제공한다면 그건 분명 국민의 자유를 이루는 것이 아닐까? 국민이 읽고 쓸 줄 알면 사회에 완전히 참여할 수 있다. 이를테면 좋은 직장에 들어가고 자신이 뽑은 정치 지도자의 정책을 이해할 수 있게 되는 것이다. 제2차 세계대전 이후 건강과 교육 분야를 위한 정부 지출은 여성이나 흑인 같은 소외 계층에 전에 없는 도움이 되었고, 그들이 스스로 삶을 꾸려갈 수 있게 해주었다. 결국 논쟁의 상당 부분은 우리가 말하는 자유의 의미로 귀결된다. 이는 경제학자들이 보통 다른 학자의 몫으로 남겨두는 어려운 질문이다. 하지만 하이에크에게 이 질문은 정면으로 마주해야 하는 것이었다. 그것은 철학자뿐 아니라 경제학자에게도 핵심적인 문제였다.

CHAPTER 22

빅 푸시

1957년 3월 6일 자정이 되기 직전 아프리카 가나의 콰메 은 크루마 대통령이 연단에 서서 환호하는 시민들을 내려다보고 있 었다. 지난 80년간 가나는 식민지(외국의 지배를 받는 나라) 상태였다. 시곗바늘이 12시를 가리키자 은크루마 대통령은 가나가 영원한 독립국이 되었다고 선언했다. 그 순간 가나는 아프리카 식민지 국가 중 최초로 독립을 이룬 나라가 되었다. 가나의 수도 아크라 의 폴로 경기장에서는 공식 축하 행사가 열렸고, 옛 식민 통치 국 가 영국의 국기인 유니언 잭을 내리고 빨강, 노랑, 녹색으로 된 가 나의 새로운 국기를 게양했다. 군중은 '가나의 아이들이 일어나 대의를 지키리라'며 노래했다. 가나는 선구자였다. 그로부터 몇 년 뒤 영국 총리 해럴드 맥밀런은 '아프리카 대륙에 부는 변화의

바람'을 이야기했고, 1960년대에는 아프리카와 그보다 더 멀리
떨어진 지역에서 수십 개국이 독립을 이루었다.

은크루마 대통령은 여러 지방과 부족을 한데 모아 단일 독립
국가로 만들었다. 수도 아크라에 세운 독립문에는 '서기 1957년
자유와 정의'라는 문구를 새겨 넣어 새 시대가 열렸음을 알렸다.
은크루마 대통령은 자유와 정의라는 문구가 선명한 색깔의 국기
나 새로운 국가國歌 이상의 의미를 지닌다는 걸 알고 있었다. 국민
이 먹을 음식이 충분하고, 건강하고 살 집이 있으며, 읽고 쓸 줄 알
때만 자유와 정의가 존재한다. 영국으로부터 독립하기 전 가나는
코코아를 판매해 많은 수입을 얻었다. 수입 중 일부는 도로와 철
도를 건설하는 데 사용되었다. 그렇지만 다른 신생 국가와 마찬
가지로 가나는 가난한 나라였다. 어린이 인구의 약 4분의 1이 만
5세가 되기 전에 사망했고, 평균 수입도 유럽과 비교해 극히 적었
다. 은크루마 대통령은 10년 안에 가나를 낙원으로 만들겠다고
약속했다.

독립 기념 축하 행사에 참여한 사람들 중에는 은크루마 대통
령의 경제 고문인 아서 루이스(1915~1991)가 있었다. 루이스는 대
영제국의 가난하고 후미진 지역에서 자랐다. 카리브 해에 있는
세인트루시아 섬이었다. 10대 시절 루이스는 엔지니어가 되고 싶
었지만, 얼마 지나지 않아 백인이 운영하는 설탕 생산 농장에서
는 결코 흑인 엔지니어를 고용하지 않는다는 현실을 깨달았다.
1930년대에 런던 대학교를 졸업한 후 루이스는 잡지 〈이코노미
스트〉로부터 채용을 거절당했다. 흑인 언론인과 이야기하고 싶

어 하지 않는 사람을 인터뷰해야 한다는 이유 때문이었다. 그 이후로는 순조로웠다. 1938년 루이스는 아프리카계 혈통으로는 최초로 런던 정치경제대학교 교수로 임용되었고, 1979년에는 노벨경제학상을 받았는데 현재까지 유일한 흑인 수상자다.

루이스는 부유한 국가와 달리 가난한 나라의 경제에서 많이 나타나는 '현대'와 '전통'이 대비되는 모습을 관찰했다. 예를 들어 명품 매장과 명품 매장 밖 주위를 돌아다니는 노점상처럼 말이다. 판매 이익을 얻을 목적으로 상품을 생산하는 자본주의 농장과 산업은 경제의 현대적인 모습을 나타냈고, 이윤을 최대화하기보다 친척이나 친구와 수익을 나눠 갖는 가족 농장과 회사가 전통적인 모습을 구성했다. 가난한 나라의 경제는 대부분 전통적인 모습이다. 루이스는 이를 '이중 경제dual economy'라고 불렀다. '경제가 암흑으로 둘러싸인 가운데 군데군데 고도로 발전한 상태가 나타나는 경제'였다.

전통 경제에는 노동자가 많지만, 생산에 별 도움이 되지 않는 사람이 많다. 가족이 소유한 땅에서 이런저런 잡일을 하는 아주머니, 여행객의 가방을 나르겠다는 청년, 사무실 문밖에서 어슬렁거리는 소년 사환처럼 말이다. 루이스에 따르면 전통 경제에서는 사실상 노동자의 공급이 '무한'하다. 노동자의 수를 절반으로 줄여도 생산에 아무런 지장이 없다는 측면에서 말하자면 그렇다. 하지만 여기에 경제 발전의 뿌리가 숨어 있다. 현대화된 경제 부문에서는 풍부한 노동력을 낮은 임금으로 고용해 높은 이익을 얻는다. 여기서 얻은 이익은 기계와 공장에 투자된다. 경제 내에서 현대적인 부문이 확장되고, 전통적인 부문은 줄어든다. 그렇게 경제적 암흑이 사라진다.

　루이스는 '개발경제학development economics'이라는 분야를 개척하는 데 앞장섰다. 개발은 발전과 개선을 뜻한다. 아기가 자라 유아가 되면서 소통하는 법을 배우고, 마침내 사회성이 뛰어난 어른으로 성장한다. 19세기에 영국은 농업 사회에서 활기찬 산업 경제 국가로 성장했다. 이제 아프리카와 아시아 국가에서 같은 길을 따르려 했다. 개발경제학을 정립한 또 다른 학자로 폴란드 태생의 영국 경제학자 폴 로젠스타인 로단(1902~1985)이 있었다. 로젠스타인 로단은 제2차 세계대전 중 최전선에서 멀리 떨어진 조용한 런던 광장의 우아한 저택에 동료들을 불러 신생 국가의 경제 전망을 곰곰이 생각해보는 시간을 가졌다. 이들은 전후에 더 나은 세계를 만들려면 아프리카와 아시아 국가의 빠른 발전이 필수라고 생각했다.

　애덤 스미스, 데이비드 리카도 같은 위대한 경제학자는 모두 경제가 발전하는 방식을 연구하는 데 열중했다. 그렇다면 왜 '개발경제학'을 따로 이야기할 필요가 있는 걸까? 경제학은 전부 발전에 관해 이야기하는 게 아닐까? 어떤 의미에서는 맞는 말이다. 하지만 가나나 인도, 이집트 같은 신생 독립국가는 19세기에 영국 최초로 철도가 놓인 맨체스터와 다른 환경이었다. 1950년대가 되자 유럽과 미국은 세계의 다른 지역보다 경제적으로 훨씬 앞서나갔다. 전기를 값싸게 이용하는 방법을 찾았고, 기다란 생산 라인 위에서 라디오부터 각설탕까지 온갖 상품을 만들었다. 신생 국가는 모든 걸 다시 발명할 필요가 없었다. "다른 나라에서 300년 이상 걸려 이룬 일을 한때 종속 (식민지) 국가였던 우리는 한 세대 안에 달성할 수 있도록 노력해야 한다." 은크루마 대통령은 그렇게 말했다.

하지만 로젠스타인 로단과 루이스는 신생 국가가 경제적 잠재성을 발휘하는 나라와는 거리가 멀다고 여겼다. 두 학자는 신생 국가를 '저개발국' 혹은 '개발도상국'이라고 불렀다. 하지만 무엇보다 두 경제학자가 이러한 신생 국가를 부유하게 만들 수 있는 정책이 있다고 생각했다는 점이 중요하다. 개발경제학자와 개발도상국 지도자는 이를 위해 산업을 일으키는 게 필수적이라고 생각했다. 은크루마 대통령은 공장에서 나오는 연기 때문에 볼타 강의 이쪽 강변에서 저쪽 강변이 보이지 않을 때만 가나 국민이 행복해질 거라고 했다. 그렇다면 해야 할 일은 주로 작은 농장과 여기저기 흩어진 마을로 구성된 사회인 가나 같은 개발도상국을 자동차와 화학제품을 대량 생산하는 산업사회로 탈바꿈시키는 것이었다.

1940년대까지 경제학자는 대부분 시장만으로 충분하다고 생각했다. 이익이 생긴다는 시장의 약속이 있으면 기업가는 공장을 짓고 전화선을 부설할 터였다. 하지만 새로 등장한 개발경제학자는 가난한 나라에서는 시장이 전혀 작동하지 않는다고 생각했다. 루이스는 개발도상 경제에서 농촌의 풍부한 노동력을 공장으로 보낼 필요성이 있다는 것을 보여주었지만, 로젠스타인 로단은 그러한 일이 저절로 일어나지 않는다고 했다.

문제는 이익을 남기려면 한 공장이 다른 공장에 의지해야 한다는 점이었다. 새로 지은 정어리 통조림 공장이 돈을 벌려면 통조림을 팔아야 한다. 누가 그 통조림을 살까? 전통적인 경제 부문에서 일하는 사람은 버는 돈이 매우 적으므로 정어리 통조림을 사 먹을 만한 여유가 없다. 정어리 통조림 공장의 직원은 임금 중 일부로 통조림을 구매한다. 임금 전부를 쓰지 않는 건 신발도 사고 싶기 때문이다. 만일 통조림 공장과 동시에 신발 공장이 문을 연다면 신발 공장의 노동자는 정어리 통조림을 사고, 정어리 통조림 노동자는 신발을 살 것이다. 그렇게 각각의 공장이 다른 공장의 상품을 거래하는 시장을 형성한다. 그렇다면 산업화가 이루어지기 위해서는 농사짓는 땅에서 벗어난 노동자가 여러 산업으로 동시에 투입되어야 한다. 여러 공장을 함께 가동하면 수익이 생기겠지만, 각자 하나씩 운영하면 수익을 내지 못할 것이다. 그러므로 나라 안에 다른 산업이 부족한 경우 정어리 통조림 공장을 세우려는 사업가는 공장 건설을 미룬다. 항구와 금속 공장, 조선소는 서로가 서로에게 의존하므로 함께 건설해야 한다. 개발도상국은 아무것도 없는 상태에서 전부 갖춘 상태로 나아가야 하고, 그래서 로젠스타인 로단은 오직 정부만이 경제가 도약할 시간을 정확히 맞출 수 있다고 주장했다. 이를 위해 정부는 경제 내 수많은 부문에 막대한 투자를 해야 했고, 로젠스타인 로단은 이를 '빅 푸시big push'라고 불렀다.

가나는 빅 푸시를 시도했다. 가나 정부는 발전소, 병원, 학교와 현대적인 설비를 갖춘 항구를 건설했다. 공장과 산업 시설이 여기저기 생겼다. 그중에서 최대 규모의 사업은 볼타 강에 댐을 건설하는 것이었다. 댐을 만들기 위해 8만 명이 이주해야 했고, 가나는 세계 최대의 인공 호수를 건설했다. 부유한 나라가 가나를 '원조aid'했다. 원조는 사업에 드는 비용을 금전적으로 지원하는 것이다. 가나 정부는 국가가 부유해지는 날이 얼마 남지 않았다며 크게 기대했다.

하지만 빅 푸시 정책으로 경제를 발전시키기는 어려웠다. 특히 경험이 적은 신생 정부가 실행하기는 더더욱 쉽지 않았다. 빅 푸시 정책으로 가나에는 병원, 전화, 깨끗한 식수가 공급되었지만 비효율적으로 운영되는 회사도 많이 생겨났다. 전혀 기능하지 못하는 곳도 많았다. 먹을 망고조차 구하기 힘든데, 망고 가공 공장을 지었다. 커다란 유리 공장은 전국에서 사용하는 양보다 더 많은 유리를 생산할 수 있었다. 가나의 기업은 이륙하지 못했다. 엔진 소리만 털털거리다 경제가 추락했다. 빅 푸시 정책은 가나뿐 아니라 아프리카, 라틴아메리카, 아시아의 많은 나라에서도 문제에 봉착했다. 그 이유는 정치와 경제가 유착해 발전을 방해했기 때문이었다. 정부가 새로운 산업에 자금을 투입하면서 기업가는 정부 자금을 계속 받으려고 온갖 수단을 동원했다. 정부가 자신들에게 유리한 편에 계속 서도록 정권을 지지했다. 일부 기업가는 공장을 효율적으로 운영하기보다 정부 관리에게 뇌물과 편의를 제공하는 데 더 큰 노력을 기울였다.

물론 드물기는 하지만 빅 푸시 정책으로 경제 발전에 성공한 나라도 있었다. 한국이 그중 하나였다. 제2차 세계대전 종전 후

한국은 두 개로 쪼개졌다. 공산주의 체제가 들어선 북한과, 자본주의 체제를 따르는 남한이었다. 1950년대 초에 남북한은 전쟁을 치렀다. 전쟁에서 벗어난 남한은 혼란스러웠다. 전쟁으로 수백만 명이 사망했고, 살아남은 사람들도 극심한 빈곤에 시달렸다. 많은 사람이 집을 잃었고, 먹을 것을 찾아 산속을 헤매야 했다. 그러는 중에 1961년 박정희라는 육군 장교가 권력을 잡은 뒤 한국식 빅 푸시 정책을 시행했다. 산업 강국으로 도약하는 것이 정책의 목표였다. 박정희 대통령은 정부와 긴밀한 유대 관계를 맺은 대기업 집단, 즉 '재벌'을 통해 한국식 빅 푸시 정책을 편성했다. 정부는 재벌에 특정 산업을 발전시키라고 지시하며 낮은 금리로 자금을 대출해주었다. 처음에는 정부가 재벌을 외국 기업과의 경쟁으로부터 보호해주었지만, 정부는 한국 기업이 경쟁력을 갖춰 나중에는 한국산 상품을 해외에 수출해야 한다고 주장했다.

한국 경제는 날아올랐다. 섬유와 의류 산업을 발전시킨 뒤 철강, 자동차, 조선 산업으로 나아갔다. 1950년대에는 북한의 경제력이 더 탄탄했지만, 얼마 지나지 않아 한국이 북한을 앞섰다. 그뿐만 아니라 다른 여러 개발도상국을 앞질렀다. 박정희 대통령이 정권을 잡은 뒤 20년 동안 한국 경제는 열 배나 성장했다. 한국의 재벌 기업 두 곳, 삼성전자와 현대자동차는 유럽과 미국에서 누구나 아는 이름이 되었다. 오늘날 한국은 부유한 국가와 대등한 생활수준을 누리고 있다. 사람들은 이러한 성과를 '한강의 기적'이라고 불렀다. 한국이 남달랐던 부분은 신규 산업이 타성에 젖지 않도록 정부가 막을 수 있었다는 점이다. 한국 정부는 기업에 낮은 금리로 자금을 대출하는 혜택을 줄 때 기업이 성과를 잘 내는지 반드시 확인했고, 심지어 기업이 해외에 상품을 수출할 정도로 경쟁력을 갖추지 못하면 대출금을 회수하기까지 했다. 한국 외에 싱가포르, 대만, 홍콩 등 몇몇 아시아 국가도 전후 경제 발전에 성공했다. 이들 국가는 뛰어난 경제적 성과를 낸 덕분에 '아시아의 호랑이들'로 알려지게 되었다.

안타깝게도 일부 국가에서는 정부의 경제 개입이 효과 없는 빅 푸시 정책 정도로 끝나지 않고 훨씬 더 나쁜 상황으로 이어졌다. 자이르(현 콩고민주공화국)의 모부투 세세 세코 대통령은 국가 자금 수백만 달러를 횡령해 궁전 10여 채를 짓고, 굴 모양의 분홍색 실크 소파를 갖춘 거대 요트를 타고 자이르 강을 유람했다. 대통령이 호화 생활을 즐기는 동안 국민들은 살아남기 위해 고군분투했고 도로는 무너져 내렸다. 그래서 경제학계에서는 빅 푸시 정책을 반대하게 되었다. 1980년대 경제학계에서는 부유한 국가와 가난한 국가, 양쪽 정부 모두 경제에 개입하지 말라고 권했다. 가난한 나라의 경제 발전을 위해 새로운 자유시장경제 정책이 마련되었다. 예를 들어 정부가 소유한 기업을 민간에 매각하는 '민영화privatization' 정책 등이었다. 하지만 이 정책 또한 그 결과가 실망스러웠고, 경제학계에서는 정부가 누르기만 하면 경제 발전을 일으키는 점화 스위치 같은 건 없다는 사실을 깨닫게 되었다.

CHAPTER 23

세상만사의 경제학

가게를 운영하는 사람이라면 일하는 동안 머릿속으로 끊임없이 계산이 이어진다. 달걀이 충분한가? 음료용 냉장고를 하나 더 사야 하나? 아르바이트생을 한 명 더 뽑아도 될까? 가능한 한 이익을 최대화하기 위해 온종일 매출과 비용을 더해본다. 하루 영업을 마감한 뒤 집으로 돌아가 저녁을 준비하고 집을 청소한다. 이쯤 되면 머릿속 계산을 멈출 거라는 생각이 들 것이다. 물론 요리, 청소, 아이들과 놀아주기 등 집에서 보내는 시간은 사업이나 경제학과 아무런 상관이 없지 않은가? 우리 삶의 비경제적 측면, 즉 '사회'적 측면은 경제학자가 아닌 사회과학자의 연구 대상이다. 인류학자는 관습과 문화를 연구하고, 사회학자는 가장 넓은 관점에서 사회의 작용을 연구한다. 인류학자와 사회학자는 결혼과 가족 같은 주제에 관심을 가지며, 범죄나 인종차별주의 같은 보다 어두운 주제에 관해서도 생각한다. 하지만 경제학자는 다르다는 생각이 든다. 경제학자는 산업과 기업, 가격과 이윤 등 철저히 경제와 관련된 주제를 연구한다고 여겨진다.

그런데 1950년대에 게리 베커(1930~2014)라는 학자가 '경제'와 '사회' 사이의 경계를 허물었다. 베커는 시카고 대학교의 대표적인 경제학자였다. 시카고 대학교는 경제학과가 매우 유명해서 세간에서는 '시카고 경제학파'로 불리게 되었다. 시카고 경제학파는 시장과 가격이 사회 작동 방식의 기초라는 철학을 가지고 있었다. 베커는 이러한 철학을 깊이 파고들었다. 가게 주인은 일하는 동안 이익을 가장 많이 얻기 위해 비용과 이익을 계산한다. 그런데 베커는 가게 주인이 집에서도 비용과 이익을 계산하느라 바쁘다고 생각했다. 가게 주인은 집에 와서 자녀에게 텔레비전을 끄고 숙제를 하라고 시킨다. 숙제하는 아이가 어른이 되었을 때 수입이 더 많을 것이고, 돈을 많이 버는 자식일수록 나이 든 부모를 잘 모시기 때문이다. 사실 베커는 경제적 계산이 미치지 않는 곳은 없다고 보았다. 베커는 '인생을 바라보는 경제적 시각'이라는 과목을 가르치기도 했다. 베커는 삶의 거의 모든 영역을 이해하는 데 경제학을 사용할 수 있다고 생각했다.

어느 날 오후 베커는 중요한 회의에 늦을 것 같았다. 지정된 자리에 주차하려면 회의 시작 부분을 놓칠 게 틀림없었다. 그보다는 도로에 불법 주차하면 회의에 더 빨리 참석할 수 있었다. 베커는 자신이 두 개의 서로 다른 행동의 선택지를 두고 비용과 이익을 저울질하고 있음을 알아차렸다. 도로에 불법 주차하면 회의에 늦지 않을 수 있다. 하지만 주차 위반 벌금을 내야 할 위험이 있다. 불법 주차에 따르는 비용은 적발될 확률에 따라 달라지는 벌금 비용이다. 베커는 회의에 늦지 않게 참석할 수 있다는 이익과 비교해 비용이 낮다고 생각해서 도로에 불법 주차하기로 마음먹는다. 베커가 위법 행위를 한 건 경제적 계산의 결과였다.

이때의 경험에서 영감을 얻은 베커는 범죄의 경제적 이론을 연구했다. 베커는 범죄자가 법을 따르는 시민과 다르다는 주장을 반박했다. 즉 범죄자는 정신 질환이 있거나, 아니면 과거에 다른 사람에게 학대를 받아 어떤 의미에서 환경의 희생자였기 때문에 범죄를 저지른다는 주장에 동의하지 않았다. 베커에 따르면 범죄자도 일반인과 다르지 않다고 한다. 베커는 범죄자가 남들과 달리 사악하거나, 어딘가 아프거나 사나운 사람이 아니라 논리적으로 계산하는 사람이라고 보았다. 베커는 범죄를 저지르는 동기가 복합적이라는 점은 부정하지 않았다. 다만 베커가 주장하는 바의 핵심은 비용과 이익이라는 개념이 범죄를 저지를 때도 중요하다는 것이다. 가게 주인이 비용과 이익을 계산하는 것과 마찬가지다. 그러므로 범죄를 예방하려면 이러한 측면도 고려해야 한다. 예를 들어 주차 관리자 측에서는 불법 주차한 차량을 적발하려고 주차 단속원을 보내 운전자를 찾는 것보다 벌금액을 높임으로써 간단히 비용을 절약할 수 있다. 운전자가 논리적으로 생각한다면 적발될 확률은 낮지만 적발되었을 때 벌금을 많이 내야 하는 상황과, 적발될 확률은 높지만 적발되었을 때 벌금이 적은 상황은 서로 다를 바가 없다. 범법 행위를 뿌리 뽑는 가장 좋은 방법은 범죄행위로 이익을 얻지 못하게 해두는 것이다. 불법 주차하면 벌금을 많이 내게 하고, 강도 행각을 저질렀다면 감옥에 오래 있게 한다.

베커는 인간의 온갖 행동을 분석하는 데 일반 경제 원칙을 적용했다. 첫 번째 원칙으로, 사람들에게는 그다지 많이 변하지 않는 명확한 선호 사항이 있다. 오늘 재즈보다 록 음악을 더 좋아하는 사람이라면 다음 주에도 그럴 가능성이 높다. 다음 원칙으로, 사람은 합리적이다. 우리는 선호 사항을 가장 크게 만족시키는 행동을 계산한다. 가진 돈과 들어가는 비용을 고려해 자신에게 최선을 다한다. 이를 통해 어디서나 트레이드오프trade-off가 발생한다는 사실을 알 수 있다. 가게 주인은 신규 점포를 열었을 때의 수익과 비용을 비교하고, 차량 절도범은 훔친 메르세데스 벤츠의 가치와 절도죄로 투옥될 위험을 비교한다.

베커는 학창 시절 똑같은 경제 원칙을 이용해 인종차별주의를 바라보았다. 베커와 함께 공부하던 이들은 충격을 받았다. 물론 인종차별주의는 사람의 태도, 그리고 사회적 불의와 관련되어 있다. 그래서 인종차별주의는 사회학자가 연구할 주제였다. 도대체 경제학이 인종차별주의와 어떤 관련이 있을까? 하지만 베커는 경제학으로 인종차별주의의 많은 부분을 설명할 수 있다고 확신했다.

1950년대 미국의 흑인은 고용과 임금에서 심각한 차별을 받았다. 베커는 인종차별주의자인 고용주가 흑인을 싫어하는 마음을 일종의 선호 사항으로 파악했다. 재즈보다 록 음악을 선호한다면, 록과 비교해 재즈를 싫어하는 것이다. 그렇다면 재즈 음악 앨범을 살 때는 록 음악 앨범을 살 때만큼 돈을 쓸 생각이 들지 않을 것이다. 마찬가지로 가게 주인이 인종차별주의자라면, 같은 일을 하더라도 흑인 직원에게는 백인 직원만큼 임금을 지급하고 싶지 않은 것이다. 주인이 인종차별주의자인 가게에서 흑인 직원이 일자리를 잃지 않으려면 백인 직원보다 50달러 낮은 임금을 받아들여야 한다고 해보자. 베커는 이 50달러를 '차별계수 discrimination coefficient'라고 불렀다. 인종차별주의자인 가게 주인은 백인 직원에게 기꺼이 50달러를 임금에 보탠다. 그래서 결국 인종차별주의자가 아닌 고용주와 비교하면 직원에게 임금을 더 많이 주게 되는 것이다. 인종차별주의자가 아닌 고용주는 인종차별주의자인 고용주가 들이는 비용 일부만으로 똑같이 좋은 직원을 고용한다. 사람들은 대개 백인이 흑인을 차별해 흑인은 계속 가난하게 살고 백인은 부유해진다고 생각한다. 하지만 여기서 베커는 인종차별주의자 또한 손해를 본다는 사실을 보여주었다.

유대인 또한 고용시장에서 차별받는다. 하지만 유대인은 전체 인구에서 차지하는 비중이 적어서 어려움이 덜하다. 인종차별주의자가 아닌 고용주만 택할 수 있기 때문이다. 하지만 미국에서 흑인은 전체 인구 중 매우 큰 비중을 차지해서 모든 흑인이 인종차별주의자가 아닌 고용주를 찾기는 불가능하다. 선택의 여지 없이 인종차별주의자인 고용주 밑에서 일해야 하는 흑인이 많다. 그래서 베커의 이론은 인종차별주의자인 고용주가 흑인만큼 유대인을 싫어하더라도 평균적으로 흑인이 받는 임금이 유대인이 받는 임금보다 낮은 이유를 설명했다. 차별받는 집단에 속하는 사람의 숫자가 많을수록 집단의 구성원은 선호하는 인종의 직원을 고용하는 데 더 많은 돈을 들이는 인종차별주의자 사장 아래에서 낮은 임금을 받으며 일하게 될 가능성이 높다. 이런 이유에서 베커는 억압받는 흑인이 인구의 대다수를 차지하는 남아프리카공화국에서 인종차별정책인 아파르트헤이트 체제를 실시하는 건 비도덕적일 뿐만 아니라 경제적으로도 낭비라고 했다.

베커는 또한 결혼, 가족, 자녀 양육처럼 인생의 긍정적인 측면에도 경제학을 적용했다. 가정에서 일어나는 일은 돈으로 사고팔지 않지만, 베커는 가정에서도 경제 원칙이 작동한다고 여겼다.

가정은 하나의 작은 공장이다. 밀가루, 채소, 요리 기술 등 투입물을 넣어 식탁에 둘러앉은 가족의 식사라는 산출물을 생산한다. 경제학자의 관점에서 밀가루와 채소는 희소하다. 슈퍼마켓에 가면 쉽게 찾을 수 있지만, 전체 수량은 제한되어 있으므로 우리가 1인당 소비할 수 있는 양에는 한계가 있다. 가정 내 생산에서 중요한 투입물은 시간으로, 이 또한 희소하다. 그런데 시간을 많이 들여야 얻을 수 있는 산출물이 일부 있다. 베커는 그러한 산출물이 '시간 집약적time-intensive'이라고 했다. 집에서 영화 「스타워즈」를 감상하는 건 시간 집약적이다. 영화를 다 보는 데 수 시간이 걸리기 때문이다. 영화를 보는 데 드는 주된 비용은 전기세나 팝콘 값이 아니라 영화를 보는 시간에 할 수 있었던 다른 일이다(예를 들어 친구네 방문하기 등). 바로 기회비용이다. 임금이 높은 사람이 「스타워즈」를 보면 기회비용이 크다. 일하는 대신 영화를 보려면 큰 돈을 포기해야 하기 때문이다.

베커는 출산 여부를 결정하는 데도 시간 집약성이라는 개념을 적용했다. 베커는 우리가 구매하는 상품과 자녀가 다소 비슷한 구석이 있다고 했다. 돈을 들여 자동차를 사면 시간이 흐르면서 잇단 혜택을 누린다. 아이를 가지는 일도 마찬가지다. (베커가 학술회의에서 처음으로 이런 비교를 했을 때 청중은 비웃었다.) 아이를 돌보려면 수많은 시간을 들여야 하므로 자녀는 시간 집약형 상품이다. 그렇다면 아이를 가지는 데 따르는 비용은 오후 내내 영화를 볼 때와 마찬가지로 집에 머물며 아이를 돌보는 동안 포기한 임금 수입이다. 그러므로 임금이 높은 사람이 자녀를 가지려면 비용도 많이 든다. 대개 자녀 양육을 이유로 포기하는 임금은 아이를 돌보기 위해 일을 그만둔 여성의 임금이기 때문에 20세기 동안 밖에서 일하는 여성이 많아지면서 자녀를 가지는 데 드는 비용도 늘어났다. 그 결과 여성은 아이를 적게 낳기 시작했다.

19세기에 경제학자 앨프레드 마셜은 경제학을 '구체적인 진리의 본체가 아니라 구체적인 진리를 발견하기 위한 수단'이라고 묘사했다. 마셜의 관점은 경제학을 분석 기법이라 여기는 것으로, 분석을 원하는 어떤 상황에 합리성과 선택의 원칙을 적용한다. 베커에게도 마찬가지로 경제학은 '관념'이라기보다 '도구'였다. 그래서 경제학이 '경제', 즉 상품을 생산하고 소비하는 사람과 기업에 관해서만 연구할 필요는 없었다. 경제학은 삶의 거의 모든 분야에 적용할 수 있고, 여기에는 경제학계에서 언제나 연구 대상이 아니라고 여긴 범죄나 자녀 양육 같은 주제도 포함된다. 베커의 발자취를 따라 경제학계에서는 사법 체계, 테러리즘, 심지어 양치질과 일본의 스모 경기까지 분석했다! 이것이 매우 바람직한 발전이라고 생각하는 경제학자가 많다. 경제 분석 기법의 강점은 다용도로 사용할 수 있어 어디에나 적용할 수 있다는 점이다. 경제학은 인간의 온갖 행동을 설명해주는 아주 효과적인 분석 기법이다.

하지만 경제학이 감당할 수 있는 수준 이상의 연구를 한다고 생각하는 사람도 있다. 경제학자가 이런저런 상황에 경제학을 적용하는 방법을 알아내는 데 전력을 쏟느라 정작 경제가 매일 어떻게 작동하는지, 시간이 흐르면서 경제가 어떻게 발전했는지 등 경제 자체의 연구에 소홀해진다는 것이다. (대학에서 경제학을 전공하면, 예를 들어 미국과 일본의 경제가 실제로 어떻게 작동하는지에 대해 배우기보다 합리성과 선택의 원칙을 적용하는 법을 배우는 데 많은 시간을 할애한다.) 그렇다면 경제학이라는 분석 방법이 실제로 얼마나 효과적인가 하는 질문이 떠오른다. 제17장에서 살펴본 것처럼 경제학자 소스타인 베블런은 합리성과 선택이라는 경제학의 일반 이론을 거부했다. 베블런처럼 기존 이론에 얽매이지 않는 경제학자들은 경제학이 비용과 편익 계산을 넘어 인간 행동에 관한 폭넓은 연구 모형을 받아들일 필요가 있다고 주장한다. 그리고 오늘날에는 집에서 저녁 식사를 준비하는 사람은 말할 것도 없고, 재고를 관리하는 가게 주인도 합리적으로 생각하는 사람과 거리가 멀다고 생각하는 경제학자가 많다.(제36장 참조)

그렇지만 베커의 여러 이론이 미치는 영향력이 매우 커져 그의 이론이 한때 얼마나 논쟁을 불러일으켰는지 잊기 쉽다. 오늘날 경제학에서는 '인적자본human capital'에 관해 계속 이야기한다. 인적자본이란 사람이 기계처럼 생산에 이바지한다는 개념이며, 우리는 교육을 받음으로써 인적자본을 강화하고 취업 전망도 높일 수 있다. 베커가 인적자본이라는 개념을 소개하자 사람들은 격분했다. 하지만 지금은 학생이 대학 졸업 후 고소득 직장을 얻으려고 대학에 진학해 기술을 익힌다는 생각에 의문을 제기하는 사람은 거의 없다.

CHAPTER 24

성장

어린아이였을 때 매년 생일마다 부모님이 내 키가 얼마나 컸는지 확인하려고 벽에 눈금을 그어 표시한 기억이 있을 것이다. 그리고 그 표시가 점점 높아지면 무척이나 뿌듯해했다. 아이가 자라 키가 커지면 작았을 때보다 할 수 있는 게 많아진다. 동생이 있다면 동생의 키를 표시한 눈금이 훨씬 아래에 있다가 격차가 좁혀져 내 키를 표시한 눈금을 따라잡았을지도 모른다. 경제학자는 이와 같은 방식으로 경제를 생각했다.

경제는 성장하는 사람과 같다. 대개 '어린아이'는 빨리 자라 '어른'을 따라잡는다. 어린아이와 마찬가지로 경제도 성장하면 더 많은 일을 할 수 있다. 우리가 소비할 수 있는 상품이 많아지고, 학교를 짓거나 질병에 맞서 싸우는 데 사용할 수 있는 자원도 많아진다. 어떤 면에서는 경제가 어떻게 성장하고, 왜 성장하는지 알아보는 것이 경제학의 중심 문제다. 경제가 성장하면 희소성을 더 수월히 극복하게 된다. 그래서 지금까지 우리가 만나본 많은 사상가가 '경제성장economic growth'이라는 현대 경제학 용어를 사용하지는 않았지만, 경제성장에 관심을 기울였다. 경제사상가들은 시간이 흐르면서 사회가 어떻게 더 부유해지고 정교해지는지 알고 싶어 했다. 그들이 궁금해한 내용에서 큰 부분을 차지하는 건 경제 규모가 어떻게 커지는지, 즉 경제가 어떻게 성장하는가 하는 것이었다.

제2차 세계대전 이후 경제학계는 경제성장을 새로운 방식으로 생각하기 시작했다. 1930년대에 대공황을 겪으면서 경제는 성장과 정반대되는 길을 걸었다. 경제가 커지는 게 아니라 점점 작아졌다. 국가의 생산량은 줄어들었고, 기업은 파산했으며, 일자리를 잃은 사람이 수백만 명이었다. 대공황이 위기였다면 정상적인 경제는 다른 모습이었다. 정상적인 경제 아래에서 국가는 자원을 전부 상품을 만드는 데 사용하므로 실업률이 아주 낮고 유휴 상태인 공장도 거의 없다. 시간이 흐르면서 경제가 성장한다. 상품을 만드는 생산 능력이 향상되고 사회는 부유해진다. 이는 위기와 위기 사이에 보통 일어나는 일이다. 제1차 세계대전 때까지 전세계의 여러 선진국은 경제적으로 큰 혼란 없이 꾸준히 성장했다. 제2차 세계대전 이후에는 새로운 성장기가 시작되었다.

미국의 경제학자 로버트 솔로(1924~2023)는 제2차 세계대전 이전의 대공황과 이후의 경제성장기를 모두 겪은 경제학자이다.

제2차 세계대전이 끝나고 군에서 제대한 솔로는 전쟁으로 중단했던 학업을 이어나가려고 하버드 대학교에 복학해 사회학과 인류학을 공부하고 있었다. 그런데 경제학이 재밌을 거라는 아내의 말에 조금은 충동적으로 경제학 쪽에 눈을 돌렸다. 아내의 조언은 옳았다. 솔로는 오래된 경제 문제에 현대적인 해결 방식을 가미하기 위해 수학과 통계학을 활용했다. 경제를 성장시켜 시간이 흐름에 따라 사람들의 생활수준을 향상시키는 힘은 무엇일까? 왜 일부 국가는 다른 국가보다 더 빨리 성장할까?

솔로[여기서는 이야기하고 있지 않지만, 오스트레일리아의 경제학자 트레버 스완(1918~1989)도 솔로와 같은 시기에 같은 이론을 정립했다]는 평상시 재화를 생산하는 데 이용 가능한 자원을 전부 투입할 때 경제가 어떻게 성장하는지 설명하는 이론을 내놓았다. 솔로와 스완은 단순화된 세상을 가정한다. 여기서는 자본(기계와 공장)과 노동을 이용해 상품을 생산한다. 이 사회에서는 자본과 노동을 여러 방식으로 조합해 상품을 생산할 수 있다. 예를 들어 기차 터널을 뚫는다면 굴착기 몇 대에 노동자 수백 명이 삽으로 파낼 수도 있고, 아니면 굴착기를 많이 동원하고 굴착기 운전기사만 쓸 수도 있다. 부유한 나라는 인구에 비해 자본이 많다. 그렇다는 건 한 사람이 많은 양을 생산할 수 있다는 뜻이다. 그러므로 한 사회가 얼마나 부유한지를 측정하는 적절한 지표는 1인당 생산량이다. 열 명이 100파운드 가치의 상품을 생산하는 사회는 스무 명이 같은 가치의 상품을 생산하는 사회보다 두 배 더 잘산다. 열 명으로 이루어진 사회가 국민 한 명에게 평균 두 배의 상품을 제공할 수 있으며, 그래서 스무 명으로 구성된 사회보다 생활수준이 더 높다. 솔로의 이론은 1인당 소득이라는 중요한 측정 지표로 경제성장을 설명했다.

예를 들어 빵을 굽는 오븐 하나를 더 사는 것처럼, 자본에 조금 더 투자하면 생산되는 빵의 양이 늘어날 것이므로 경제 생산물을 늘리는 것이다. 그런데 솔로의 이론에서 나온 예로 이야기하자면, 노동자의 숫자가 같은 상황에서 자본을 더 투입하는 경우 추가되는 생산물이 점점 적어진다. 이러한 효과를 '자본의 수확 체감diminishing returns to capital'이라고 부른다. 제빵용 오븐이 겨우 몇 대에 불과한 나라가 있다고 해보자. 오븐 한 대를 추가로 투자하면 제빵사의 생산물이 많이 늘어난다. 그런데 오븐을 더 많이 설치할수록 오븐으로 빵을 굽는 제빵사를 찾기가 어려워진다. 그래서 100번째로 추가 설치된 오븐은 10번째로 추가 설치된 오븐보다 경제에 추가하는 생산량이 훨씬 적어진다.

자본의 수확 체감이란 경제가 기존 자본에 추가 자본을 투입해 생산을 늘려갈수록 성장률은 점점 낮아진다는 뜻이다. 그러다 결국 추가 자본에서 얻는 이익이 전혀 없어지는 때가 온다. 자본이 경제성장을 일으키는 유일한 원동력이라면 1인당 소득이 전혀 늘어나지 않는 경제 상황을 맞게 된다. 사실 장기적으로 1인당 소득을 늘리는 방법은 있다. 그건 바로 기술의 발전이다. 경제 용어로 기술은 투입물(예를 들어 천, 실, 금속)을 산출물(예를 들어 청바지)로 바꾸는 비법이다. 이 비법은 곧 지식이다. 천을 자르는 방법, 천 조각을 이어 바느질하는 방법 등을 알아야 한다. 누군가가 한층 효율적으로 바느질하는 기술을 개발하면 지식이 진보한다. 청바지를 이전보다 쉽게 만들 수 있다. 그래서 더욱 '생산적'인 경제가 된다. 기술이 진보하면 한 나라가 가진 자본과 노동으로 더 많이 생산할 수 있다. 또한 지금까지 없었던 완전히 새로운 상품이 등장한다. 사회도 진보한다. 석판에서 양피지로, 양피지에서 종이로, 종이에서 디지털 태블릿으로 나아가는 것이다. 솔로는 기술의 발전에 따른 생산성 향상이 성장의 진정한 원동력이라고 말한다.

솔로의 이론은 낙관적이다. 작고 어린 동생이 결국에는 형과 키가 비슷해지는 것처럼, 가난한 나라의 생활수준도 부유한 나라를 따라잡는 경향이 있다고 한다. 부유한 나라에는 자본이 많고, 그래서 이미 자본 이익의 대부분을 소진했으므로 보유 자본이 적은 가난한 나라가 더 빨리 성장한다. 가난한 나라가 더 빨리 성장하기 때문에 부유한 나라의 생활수준을 따라잡게 된다. 두 나라 모두 기술의 발전만이 성장의 유일한 원천이 되는 지점에 가까워진다. 이 지점에서 앞으로 멀리 떨어질수록 종점을 향해 더 빨리 나아간다.

제2차 세계대전 이후 세계에서 경제가 가장 발전한 나라는 미국이었다. 솔로가 말한 것처럼, 유럽이 미국을 따라잡았다. 유럽 국가에서는 트랜지스터와 컴퓨터 같은 새로운 기술을 사용했고, 미국처럼 자동화된 커다란 공장을 지었다. 제2차 세계대전이 끝났을 때 유럽의 1인당 소득은 미국의 절반에도 미치지 못했다. 하지만 1970년대 중반이 되자 대략 미국의 4분의 3 수준이 되었다. 유럽 이외의 국가로는 일본이 엄청나게 성장했다.

수십 년간 꾸준한 성장이 이어졌고, 대공황이 되풀이되지 않왔다. 경제학계에서는 그 시절을 경제성장과 생활수준의 '황금기'로 보았다. 1950년대 초반에는 프랑스 가구의 불과 20퍼센트만 차량을 소유했지만, 1970년대 초반이 되자 그 비율이 60퍼센트에 이르렀다. 제2차 세계대전 직후에는 프랑스에 냉장고와 텔레비전을 갖춘 집이 드물었지만, 얼마 지나지 않아 흔한 가전제품이 되었다. 그리고 프랑스 국민은 소비가 늘어났지만 노동 시간은 줄어들었다. 유럽에서 영국은 이웃한 여러 국가에 경제력을 추월당해 더 이상 강대국이 아님에도 불구하고 경제성장을 이루어냈다. 일을 쉬고 영화를 보러 가는 게 일상이 되었다. 1963년 영국에서 흥행한 영화 「서머 홀리데이Summer Holiday」에는 정비공 무리가 점심시간에 버스를 빌려 남쪽으로 내려가다 결국 그리스의 해변에 닿는 장면이 나온다. 이제 부유층뿐만 아니라 정비공과 버스 운전사도 태양 아래서 여름휴가를 즐기고 싶어 하는 시절이었다. 1957년 영국 총리 해럴드 맥밀런이 이런 분위기를 잘 표현했다. "영국 국민은 대부분 이렇게 잘살았던 적이 없습니다. 우리나라를 한번 둘러보세요. (……) 그러면 제 평생, 아니 사실 지금까지 우리나라 역사에 없을 정도로 번창하고 있는 모습을 보게 될 것입니다."

하지만 황금기를 누린 나라는 일부뿐이었다. 유럽은 번창했지만, 다른 지역의 대다수 국가는 가난에서 벗어나지 못했다. 한국 같은 몇몇 나라만 솔로의 이론이 예상한 대로 부유한 나라를 따라잡기 시작했지만, 그 밖에 아시아와 아프리카의 나라는 뒤처진 채 남아 있었다. 솔로 이전의 경제학자들은 가난한 나라가 공장과 도로, 항구를 많이 지으면 부유해질 것이라고 생각했다. 우리는 앞서 개발도상국에서 공장이나 도로, 항구를 지어 어떻게 발전하려 했는지를 살펴보았다. 그런데 솔로는 자본(공장과 기계)을 더 투자해도 기껏해야 일시적인 성장을 촉진할 뿐이라는 점을 보여주었다. 장기적인 경제성장을 이루려면 뛰어난 기술이 있어야 한다. 하지만 솔로의 이론에서는 새로운 기술이 어디서 나타나는지를 설명하지 않았다. 기술을 '외생exogenous' 요인으로 남겨두었다. 즉 경제 외부에서 발생하는 요인이며, 통제할 수 없다. 마치 정원의 식물을 자라게 하는 햇빛과 같은 것이다. 그래서 말라위든 스위스든, 모든 경제가 기술을 똑같이 이용할 수 있다고 가정했다. 말라위가 새로운 기술을 이용하기만 하면 말라위 경제는 스위스 경제와 비슷해진다. 하지만 현실에서는 가난한 나라가 최신 기술을 이용하려면 온갖 장벽이 기다리고 있다. 최신 기술을 적절히 이용하는 데 필요한 기량이 부족하거나 가난한 나라의 기업이 이용하기에는 비용 면에서 효율적이지 않을 수도 있다.

게다가 기술은 외생 요소가 아니다. 기술은 발명가와 엔지니어가 사회 내에서 만들어낸다. 1990년대에 미국의 경제학자 폴 로머(1955~)가 새로운 성장 이론을 제시하기 시작했다. 로머의 성장 이론에서는 기술을 '내생endogenous' 요소로 취급해, 경제 내에서 생산되는 것으로 본다. 로머가 제시한 성장 이론의 핵심은 기술의 진보가 햇빛과 다르다는 것이다. 성능이 더 뛰어난 자동차 엔진을 발명하는 건 그걸 팔아 돈을 벌 수 있기 때문이다. 기술은 일단 발견하고 나면 계속 반복해서 사용할 수 있다는 점에서 특별하다. 항공회사에서 연구비를 들여 금속의 녹는점을 조사하고, 거기서 얻은 지식을 바탕으로 이전보다 가벼운 비행기 날개를 만들어 팔면 돈을 벌 수 있다. 주방 가전 제조업체에서 똑같은 지식을 활용해 품질이 더 뛰어난 오븐을 만들 수도 있다. 주방 가전제품 회사는 같은 연구를 하려고 연구비를 지출하지 않아도 된다. 바로 이것이 우리가 사고파는 대부분의 상품과 지식의 큰 차이점이다. 경제학자는 이를 '비경합재non-rival good'라고 부른다. 지식은 드릴과 다르다. 다른 사람이 드릴을 사용하고 있으면 나는 사용할 수 없다. 그리고 드릴은 사용할 때마다 닳고 언젠가는 교체해야 한다. 하지만 금속의 녹는점과 같은 지식은 일단 발견하면 영원히 남고, 거기에 새로 발견하는 지식을 더함으로써 그 양이 무한히 늘어난다.

기술은 비경합재이고 계속 늘어나기 때문에 더욱더 큰 부로 이어진다. 그렇지만 여기에도 문제는 있다. 새로운 아이디어를 통해 얻는 이익 중 일부는 애초에 아이디어를 생각해낸 사람이 아닌 다른 사람에게 돌아가는 경우가 있어서 경제 전체에 가장 적합한 수준과 비교하면 연구·개발이 너무 적게 이루어지는 경향이 있다. (이는 시장 실패를 나타내는 사례이다. 시장 실패라는 개념은 앞서 제14장에서 경제학자 피구를 통해 살펴보았다.) 로머의 기술 및 성장 이론은 정부 역할의 필요성을 암시한다. 민간 시장에만 맡겨두는 것보다 정부가 연구·개발 비용을 부담하면 새로운 기술이 더 많이 등장할 수 있기 때문이다.

솔로의 이론에서는 성장이 둔화하는 경향이 있다고 했던 지점에 도달해도 로머의 이론에서는 경제 내 새로운 아이디어가 퍼지면서 계속 성장한다. 이는 이미 크게 성장한 경제(새로운 아이디어를 잘 떠올리는 경제)라도 성장 둔화 없이 계속 더 커질 수 있다는 뜻이며, 이제 성장하려 하는 경제가 이를 자동으로 따라잡을 수는 없다는 것이다. 안타깝게도 이는 세계 최빈국으로 여겨지는 여러 나라의 운명이다. 결국 가난한 나라는 국민을 먹이고, 교육하고, 주택을 제공하는 데 사용할 자원이 부유한 나라만큼 풍부하지 않다는 의미이다. 이것이 바로 성장이 매우 중요한 이유이자, 미국의 경제학자 로버트 루카스가 일단 성장을 생각하기 시작하면 '다른 그 무엇에 관해서도 생각하기 어렵다'라고 말한 이유이다.

CHAPTER 25

조화로운 경제

하루 수업이 시작되면 수학 시간인 학생은 15호실에 가서 분
수 문제를 풀며 한 시간을 보내고, 지리 시간인 학생은 12호실로
간다. 그 시간이 끝나면 학생들은 역사 수업을 들으러 12호실로
속속 모여들고, 영어 수업을 듣는 학생은 3호실로 향한다. 학교
에서는 매일 이런 식의 하루가 계속된다. 어느 교실로 가야 하는
지 학생들이 어떻게 알까? 분명 누군가가 앉아서 시간표를 정한
덕분이다. 시간표가 제대로 정해지지 않으면 대혼란이 일어난다.
물리 수업을 들어야 할 학생에게 선생님이 프랑스어를 가르치고,
서로 다른 수업을 듣는 학생이 같은 교실에 들어와 자리싸움이
일어난다. 하지만 시간표가 잘 짜여 있으면 하루 수업이 조화롭
게 이루어진다.

시간표는 서로 다른 목표를 지닌 사람들을 조정한다. 학생들이 듣는 과목이 다른 것처럼 말이다. 시간표를 정하는 사람은 정해진 교실과 교사의 숫자를 바탕으로 각 학생의 목표를 통합해야 한다. 경제를 조정하는 건 거대한 문제이다. 지금 여러분이 새 헤드폰을 원하고, 친구는 컴퓨터 게임을 원하고, 나는 커피 한 잔을 원한다고 하자. 미트볼 맛 풍선껌처럼(그렇다, 실제로 존재하는 상품이다) 세상에는 우리가 아마 결코 원하지 않는, 온갖 이상한 것을 원하는 사람이 있다. 여러분과 친구가 함께 번화가로 나가면 헤드폰과 컴퓨터 게임을 판매하는 가게가 있을 것이고, 내가 지금 글쓰기를 중단하고 밖으로 나가면 분명 내게 커피를 팔려는 사람을 찾을 수 있을 것이다. 희한한 맛의 풍선껌에 빠진 사람까지도 가게를 잘 찾으면 마음에 드는 껌을 살 수 있다.

교실을 제대로 잘 찾아가는 학생을 경제에 비유하면 사람들이 원하는 여러 다른 상품을 딱 알맞은 양으로 공급하는 기업에 상응한다. 헤드폰 생산업체는 사람들이 헤드폰 100만 개를 사고 싶어 하면 총 100만 개를 만들고, 커피나 컴퓨터 게임을 공급하는 회사도 마찬가지다. 그렇다면 경제를 위한 시간표를 짜는 사람은 누구일까? 헤드폰 회사에 헤드폰 100만 개를 생산하라고 말해주는 사람은 누구일까? 자본주의 경제에서 그런 사람은 없다. 사실 우리는 이런 상황에 몹시 익숙해서 누가 시간표를 정해 경제를 조정하는지 한 번도 생각해본 적이 없다. 우리가 경제를 조정해야 한다고 실제로 인식하는 건 보통 문제가 생겼을 때다. 컴퓨터 부품을 만드는 회사가 파산해, 사고 싶은 노트북이 품절 상태임을 알았을 때처럼 말이다. 하지만 우리의 코앞에서는 정말 특별한 일이 매주 빠짐없이 일어나고 있다. 누군가가 시간표를 짜지 않아도 경제는 대부분 잘 작동한다. 그렇다면 경제가 계속 혼란에 빠지지 않는 이유는 무엇일까?

1950년대에 미국인 경제학자 케네스 애로(1921~2017)와 프랑스 태생의 경제학자 제라르 드브뢰(1921~2004)가 이끄는 경제학자 모임에서 이 질문의 답을 찾으려 했다. 19세기에 마셜이 완성한 시장의 기본 이론은 단일 시장에서 수요와 공급을 바라보았다. 그래서 헤드폰의 수요와 공급은 헤드폰 가격에 달려 있고, 석유의 수요와 공급은 유가에 달려 있다. 석유 수요가 공급보다 크면 유가는 올라가고, 유가가 비싸지면 사람들은 석유 구매를 줄이고 석유 기업은 공급량을 늘린다. 그러다 마침내 수요와 공급이 다시 균형을 이룬다. 이때 가격은 석유 생산업체의 공급량이 시장에서 구매자가 원하는 수요량과 정확히 일치하는 지점에서 정해진다. 시소의 양쪽 끝이 수요와 공급이라면 균형은 시소가 완벽한 평형을 이뤄 움직이지 않는 상태이다.

그런데 문제는 유가가 석유 시장에만 영향을 미치는 게 아니라는 점이다. 애로는 1930년대에 텍사스와 페르시아 만에서 새로운 유전이 발견됨에 따라 낮아진 유가가 끼친 다양한 영향에 주목했다. 사람들은 석탄이 아니라 석유로 집을 난방하기 시작했고, 탄광의 일자리가 감소했다. 정유업체의 규모가 점점 커졌고, 이에 철강 수요가 늘어났다. 저렴해진 유가에 힘입어 사람들이 자동차를 더 많이 사면서 철도 산업이 쇠퇴했다. 이처럼 하나의 시장에서 일어난 움직임은 다른 많은 시장에도 파문을 일으킨다. 하지만 마셜의 수요와 공급 이론은 다른 시장에 나타나는 파급효과를 무시한 '부분균형partial equilibrium'이론이었다.

파급효과를 포착하기란 어렵다. 부분균형이론에서는 석유 시장의 움직임을 오직 유가에 따르는 시소처럼 본다. 서로 다른 시장 간의 상호작용을 어떻게 고려할 수 있을까? 석유 시장의 시소가 자동차 시장의 시소와 이어져 있다고 하자. 하나의 시소가 움직이면 다른 시소도 따라 움직인다. 각 시소는 수십 개, 아니 아마 수백 개의 다른 시소와 이어져 있다.

'일반균형general equilibrium'은 여러 시소가 이어진 상태로 움직이는 모습을 분석한다. 일반균형분석은 19세기 프랑스 경제학자 레옹 발라(1834~1910)가 시작했다. 단일 시장의 균형은 '공급=수요'라는 간단한 방정식으로 표현할 수 있다. 발라의 이론에서 석유의 수요와 공급은 경제 내 모든 가격의 영향을 받는다. 헤드폰, 커피, 그 외 모든 상품의 수요와 공급도 마찬가지다. 시장에 100만 개의 상품이 있다면 100만 개의 등식이 존재하고 각 등식은 100만 개의 가격을 따른다. 각 상품 시장에서 전부 수요와 공급이 일치하면 전체 시소는 평형을 이룬 상태이다. 발라가 사용한 수학 용어로 이야기하자면, 모든 방정식을 동시에 푼 경우이다. 발라는 자신이 떠올린 수학 문제의 답을 찾지 못했다. 애로와 드브뢰가 해냈다.

애로와 드브뢰가 경제학을 배운 1940년대에는 경제학에서 수학을 많이 사용하지 않았다. 당시의 경제학 서적을 펼쳐보면 대부분의 내용이 글로 적혀 있음을 알 수 있다. 그런데 애로와 드브뢰는 수학을 공부하다가 경제학으로 전향했다. 1950년대에 두 사람은 시카고 대학교의 콜스 커미션Cowles Commission이라는 연구소에서 일했다. 콜스 커미션은 수리경제학 연구의 주요 거점이 된다. 애로와 드브뢰가 쓴 논문에는 글자 사이에 수학 기호가 많았다(사실상 오늘날 경제학자의 논문과 상당히 비슷하다). 1950년대에 애로가 연구 업적으로 상을 받을 때 동료 교수는 '제 마음을 수학 기호로는 표현할 수 없군요'라고 감사 연설의 운을 떼는 게 어떻겠냐고 제안했다.

애로와 드브뢰는 우선 사람의 행동을 가정하는 것으로부터 연구를 시작했다. 이후 엄밀한 수학적 추론을 거쳐 가정한 내용이 경제에 시사하는 바가 무엇인지 살펴보았다. 이들이 가정한 사람의 행동 중에는 선택 앞에 합리적이라거나 일관성을 지닌다는 점과 관련된 내용이 있었다. 예를 들어 배보다 바나나를 더 좋아하고, 복숭아보다 배를 더 좋아하는 사람이라면 분명 복숭아보다 바나나를 더 좋아할 게 틀림없다. 애로와 드브뢰는 사람들의 선호가 합리적이라면 경제 내 모든 시장이 균형을 이룰 수 있다는 사실을 발견했다. 경제학 전문 용어로 표현하자면, 시장의 일반균형은 존재한다. 일반균형의 발견이 중요한 의미를 지니는 이유는, 만일 시장이 균형을 이룰 수 없다면 모든 사람의 수요가 경제 내 기업의 공급으로 충족되는 가격이 존재하지 않을 것이기 때문이다. 수학 용어로 이야기하자면, 경제의 방정식은 '불능'이다. 서로 이어진 수많은 시소는 절대 평형을 이루지 못한다. 그러니 시소는 땅으로 쾅 떨어지고, 서로 부딪히고, 온통 뒤엉킬 것이다. 결과적으로 혼란이 초래된다.

하지만 시장이 작동하는가의 문제는 시장이라는 방정식의 '해가 있다'라는 것 이상의 문제다. 경제가 균형 상태임을 안다고 해보자. 경제학자는 균형 상태인 경제를 설명할 뿐 아니라 균형 상태가 전체 사회의 요구에 얼마나 잘 부응하는지 궁금해한다. 아침에 동네 슈퍼마켓에 식료품을 사러 가서 여러분과 내가 과일을 한 봉지씩 사서 집에 왔다고 하자. 내가 배를 이렇게 많이 가지고, 여러분이 바나나를 이렇게 많이 가진 게 좋은 걸까? 20세기 초 이탈리아의 경제학자 빌프레도 파레토(1848~1923)가 이를 판단하는 방법을 생각해냈다. 파레토에 따르면 다른 누구에게도 손해를 입히지 않고 단 한 사람이라도 형편이 더 나아질 수 있다면 경제 산출물이 바람직하지 않은 상태이거나, 혹은 '비효율적'이다. 내가 배 네 개를 가지고 있고, 여러분이 바나나 네 개를 가지고 있다고 하자. 여러분은 배와 바나나를 똑같이 좋아한다. 하지만 나는 배보다 바나나를 두 배 더 좋아한다. 여러분이 가진 바나나와 내가 가진 배를 바꾸면 내가 느끼는 만족도는 두 배 늘어나지만, 여러분이 느끼는 만족도는 과일을 바꾸기 전과 차이가 없다. 이를 '파레토 개선pareto improvement'이라고 부른다. 우리가 과일을 교환하지 않았다면 경제 자원을 최대한 활용하지 못한 것이다. 바나나를 이용해 내가 느끼는 행복을 늘릴 수 있는데 그러지 않았고, 그래서 어떤 의미로 바나나를 낭비한 셈이다. 경제 내에서 이러한 교환이 전부 이루어진 상태를 일컬을 때 '파레토 효율pareto efficient'을 이루었다고 한다. 경제가 파레토 효율에 다다르면 그때부터는 다른 누군가가 느끼는 만족도를 낮추지 않고 내가 느끼는 만족도를 높이기는 불가능해진다. 이는 여러분이 산 바나나처럼 경제 내에 '낭비'되는 자원이 없어야 한다는 생각이다.

애로와 드브뢰는 경제에 일반균형이 있다면, 이는 반드시 파레토 효율이어야 함을 증명했다. 이것은 경제학에서 매우 귀중한 연구 결과이다. 그래서 경제학계에서는 두 사람의 연구 결과에 '후생경제학 제1원리First Welfare Theorem'라는 특별한 이름을 붙여주었다. 후생경제학 제1원리에 따르면 경제가 균형 상태에 놓이면 여러분의 바나나처럼 낭비되는 자원이 없다. 경제를 균형에 이르게 하는 가격에서 나는 배를 판 돈으로 바나나를 살 수 있고, 여러분은 바나나를 판 돈으로 다른 상품을 살 수 있다. 사실 수백만 명이 이처럼 온갖 상품을 사고판다. 일단 거래가 완료되면 추가로 이익을 얻을 수 있는 사람은 아무도 없다. 즉 낭비되는 자원이 하나도 없다. 그래서 애로와 드브뢰는 누구도 경제를 조직하지 않지만, 시장이라는 경제가 시간표가 잘 짜인 학교처럼 움직인다는 사실을 보여주었다. 시장은 조화를 이룬다. 여러 사람의 욕구가 균형을 이루고, 그 무엇도 낭비되지 않는다.

그렇지만 이 이론에 너무 빠지지 않도록 하자. 첫째, 파레토 효율은 사회에 유익한 것이 무엇인가를 나타내는 최소한의 개념이다. 파레토 효율은 자원이 낭비되는 경우를 배제하는 것뿐이지만, 파레토 효율을 이루는 결과는 많이 볼 수 있다. 부자 한 명이 모든 것을 소유하고, 남은 모든 사람이 아무것도 가지지 않은 상태도 파레토 효율이다. 부자가 자신의 재산을 다른 사람에게 넘기면 받은 사람의 만족은 커지지만, 부자의 만족은 줄어들 것이다. 우리가 보기에 매우 바람직하지만, 파레토 개선은 이루어지지 않는다. 이처럼 시장에서 나타나는 결과가 효율적이기는 해도 매우 불공정할 수 있다.

둘째, 애로와 드브뢰의 이론에서 가정하는 내용은 실제 시장이 작동하는 방식과 거리가 멀다. 애로와 드브뢰가 가정하는 시장은 경쟁 시장으로, 구매자도 판매자도 직접 가격에 영향을 줄 수 없다. 하지만 현실에서는 시장 가격에 영향을 주는 막강한 기업이 분명 존재한다. 이런 기업이 가격에 영향을 미칠 수 있는 건 보통 '규모의 경제economies of scale' 때문이다. 예를 들어 비행기 제조업체는 단 한 대라도 비행기를 생산하려면 값비싼 장비에 투자해야 한다. 그래서 생산 대수가 늘어나 비행기를 많이 팔면 막대한 초기 투자 비용을 분산할 수 있다. 이런 기업은 보통 시장을 크게 차지할 때까지 계속 확장한다. 기업이 확장을 멈추는 시점이 되면 시장은 이미 완전경쟁 상태가 아니며, 후생경제학 제1원리는 성립하지 않는다. 한 사람의 소비나 생산이 다른 사람의 소비나 생산에 영향을 주지만, 그 영향이 가격에 반영되지 않을 때도 후생경제학 제1원리는 성립하지 않는다. 예를 들어 발전소에서 발생하는 오염물질로 인해 인근 농가의 수확량이 줄어드는 경우가 그러하다.

애로와 드브뢰는 '수백만 명이 각자 맡은 일을 하는데 경제는 어떻게 조화를 이루는가?'라는 경제학의 해묵은 질문에 현대적 해결 방식을 가미했다. 애덤 스미스는 이를 '보이지 않는 손'이라 불렀고, 후대 경제학자들은 스미스의 이론을 입증하는 근거로 후생경제학 제1원리를 받아들였다. 하지만 이 원리를 증명하는 데 필요한 가정이 현실에서 일어나는 사실과 거리가 멀기 때문에 실제 시장은 효율적으로 작동하기 어렵다는 것이 후생경제학 제1원리가 전하는 메시지라고 할 수 있다. 그러므로 시장의 효율성을 높이려면 정부가 개입해 도움을 주어야 할 것이다. 예를 들어 때로 정부는 시장 내 경쟁을 높이기 위해 독점기업을 해체하고, 깨끗한 공기를 원하는 사회의 욕구가 경제에 잘 반영되도록 오염물질 배출에 세금을 부과한다. 그런데 일반균형이론이 고급 수학 너머로 우리에게 전하는 기본적이고 중요한 메시지가 하나 있다. 하나의 시장만 따로 떼어 살피는 연구는 위험할 수 있다는 사실이다. 하나의 시장에서 일어난 변화는 다른 시장에서도 변화를 일으킨다. 경제학적으로 말하자면, 모든 시장은 이어져 있다.

CHAPTER 26

둘로 나뉜 세계

1956년 11월 정원이 고작 20명인 낡은 배에 82명이 승선해 음식과 소총, 대전차포까지 싣고 멕시코에서 출항했다. 탑승객은 끔찍한 뱃멀미에 시달렸고, 배는 물이 샜다. 한 명이 배에서 떨어지는 사고까지 있었지만, 1주일 뒤 배는 목적지인 쿠바에 도착했다. 배에는 두 청년이 타고 있었는데, 이들은 이후 20세기에 가장 유명한 혁명가로 손꼽힌다. 배에 탄 사람들을 이끈 피델 카스트로는 앞서 쿠바 정부를 전복하려 했다. 그리고 배에는 아르헨티나인 의사 에르네스토 체 게바라도 타고 있었다. 체 게바라는 학창 시절 오토바이를 타고 라틴아메리카를 여행했는데, 도중에 본 라틴아메리카 사람들의 빈곤과 고통에 분노했다.

체 게바라와 카스트로는 쿠바 정부를 몹시 싫어했다. 마을의 가난한 가정에서는 아이들이 맨발로 지내며 교육도 받지 못하는데, 정부는 그런 이들을 전혀 신경 쓰지 않는다고 했다. 그보다 정부는 쿠바에서 돈을 버는 미국 기업이나 아바나에서 카지노를 즐기는 부유한 사람들에 더 관심을 가졌다. 체 게바라와 카스트로는 쿠바 정부를 완전히 없애고 싶었다. 두 사람이 멕시코에서 쿠바까지 위험한 여정을 떠난 이유가 바로 그것 때문이었다. 배는 깊은 늪에 닿았고, 그곳에서 상당수가 쿠바군에 의해 목숨을 잃었다. 체 게바라와 카스트로를 포함한 일부만 겨우 산으로 피신할 수 있었다. 그리고 거기서부터 정부에 맞서 전쟁을 시작했다.

체 게바라와 카스트로는 쿠바를 비롯한 라틴아메리카 나라의 가난은 부유한 나라, 특히 미국의 탐욕 때문이라고 생각했다. 두 사람에 따르면 부유한 나라는 가난한 나라를 '착취'했다. 카를 마르크스는 자본가가 노동자에게 장시간 고된 노동을 시킨 뒤 노동자가 생산한 대부분을 이윤으로 가져감으로써 노동자를 착취한다고 했다. 바로 이 '착취'라는 단어는 무언가 불공평하고 잘못되었음을 암시한다. 그런데 이 개념을 어떻게 모든 나라에 적용했을까? 수백만 노동자와 기업으로 구성된 미국 같은 나라가 어떻게 쿠바 같은 가난한 나라를 착취할 수 있을까?

경제학자 안드레 군더 프랑크(1929~2005)는 그 방법을 보여주는 이론을 고안했다. 프랑크는 독일에서 태어나 1960년대에 라틴아메리카로 이주했다. 프랑크는 라틴아메리카로 향하기 전에 자유시장 경제학의 중심으로 유명한 시카고 대학교에서 박사학위를 받았다. 프랑크를 가르친 교수에게 마르크스 이론은 위험하고

경제학의 역사

잘못된 생각이었다. 마르크스의 책은 아마 아예 펼치지도 않는 편이 더 나았다. 고용주와 노동자 사이에서든 서로 다른 나라 사이에서든 착취라는 개념 자체가 전혀 말이 되지 않았다. (노동자는 일자리를 얻을 때 제시된 임금을 받아들일지 자유롭게 결정할 수 있다. 그러므로 누군가를 착취하는 사람은 아무도 없다.) 하지만 프랑크는 스승의 가르침에 반기를 들었다. 체 게바라와 마찬가지로 프랑크는 히치하이크로 미국 전역을 수천 킬로미터 여행하는 동안 길 위에서 진정한 교육을 받았다고 했다. 훗날 프랑크는 라틴아메리카에서 이 나라 저 나라로 옮겨 다니며, 당시 새로 권력을 잡은 급진적인 지도자에게 자신의 이론을 바탕으로 한 조언을 건넸다.

일반 경제학에서는 부유한 나라와 교역하면 가난한 나라가 부를 쌓는 데 도움이 된다고 했다. 프랑크의 생각은 그와 반대였다. 부유한 나라와의 교역은 가난한 나라를 해치는 일이다. 프랑크에 따르면 문제는 가난한 나라에서 바나나와 커피 같은 상품을 수출해 얻는 이익이 새로 학교를 짓거나 산업을 일으키는 것처럼 실제 경제 발전을 위한 활동에 쓰이지 않는다는 점이다. 가난한 나라의 경제는 거대한 외국 기업이 지배한다. 예를 들어 쿠바에서는 외국 대기업이 전체 농장의 4분의 3을 소유하고 있었다. 무역으로 이익을 얻는 건 플랜테이션 농장과 광산을 운영하는 해외 기업이었다. 힘 있는 토지 소유주나 운 좋게도 외국 기업을 위해 일하게 된 극소수의 직원처럼 현지인 중 일부는 분명 돈을 벌었다. 하지만 이들도 수입차나 멋진 수입 의류를 사는 데 흥청망청 돈을 썼다.

프랑크는 외국 기업이 15~16세기에 남아메리카를 발견해 엄청난 금을 약탈한 유럽 탐험가의 현대판이라고 여겼다. 현대판 정복자들 중에 유나이티드 프루트 컴퍼니United Fruit Company라는 미국 기업이 있었다. 이 기업은 20세기 초 라틴아메리카 전역에 걸쳐 상업 제국을 구축했다. 유나이티드 프루트 컴퍼니는 바나나 플랜테이션 농장 옆에 마을을 통째로 지었고, 바나나를 운송하기 위해 마을을 잇는 철도를 놓아 제국 건설을 완성했다. 심지어 회사 자체에 경찰 병력까지 보유하고 있었다. 라틴아메리카 지역 신문에서는 유나이티드 프루트 컴퍼니를 '문어'라고 불렀다. 이 회사가 노동자를 착취하고 정부 관리를 통제하며, 때로는 온 나라를 좌지우지한다는 평판 때문이었다. 1928년 콜롬비아 노동자들이 파업을 시작하자 군 병력이 시위 노동자에게 총을 발사했다. 문어의 촉수는 닿지 않는 데가 없었고, 라틴아메리카의 부를 빨아들이고 사람들을 질식시켰다.

프랑크는 시간이 흐를수록 부국과 빈국의 격차가 작아지지 않고 더욱 커질 것이라고 내다보았다. 세계 자본주의는 둘로 나뉘었다. 자본주의 체제의 가운데에는 '중심부core'인 유럽과 북아메리카의 부유한 나라가 있었다. 하지만 체제의 가장자리, 즉 '주변부periphery'에는 라틴아메리카, 아시아, 아프리카의 가난한 나라가 자리 잡았다. 중심부 국가는 주변부 국가의 희생을 바탕으로 승리한다. 이로 인해 빈곤이 깊어져만 가는 가난한 나라의 운명은 더욱 부유해지려는 부국의 노력에 '종속'되어 있다. 이러한 프랑크의 생각은 '종속 이론dependency theory'으로 알려지게 되었다. 프랑크는 세계 자본주의가 전통 경제학에서 역설한 발전과 진보가 아니라 오히려 정반대 상황으로 진행된다고 생각했다. 그리고 자신의 이론을 『저개발의 개발』이라는 책으로 요약했다.

아르헨티나의 경제학자 라울 프레비시(1901~1986)는 가난한 나라에 도사리고 있는 무역의 함정, 그리고 부유한 나라가 가난한 나라를 결국 지배하게 되는 방식에 관해 또 다른 이론을 제시했다. 프레비시는 아르헨티나 중앙은행 총재를 지냈고, 이후에는 국제연합UN에서 중요한 직책을 맡았다. 프레비시는 프랑크만큼 급진적인 주장을 펼치지 않았지만, 그래도 여전히 전통 경제학의 개념을 부인했다. 프레비시의 이론은 가난한 나라에서 상품을 팔 때 매기는 가격과 관련되어 있었다. 무역을 바라보는 전통적인 견해는 19세기 영국의 경제학자 데이비드 리카도의 이론에 바탕을 둔다. 리카도는 한 나라가 상대적으로 잘 만드는 상품(다시 말해 비교우위가 있는 상품)의 생산을 특화한 뒤 다른 나라와 교역하면 모든 나라가 더 잘살게 된다고 했다. 쿠바가 자동차보다 설탕을 더 수월하게 생산할 수 있다면 쿠바는 미국에 설탕을 팔고 미국산 자동차를 사야 한다. 리카도의 이론은 자유무역이 쿠바처럼 가난한 나라의 생활수준이 부유한 나라의 생활수준에 가까워지는 데 도움을 준다고 주장한다.

하지만 프레비시는 리카도의 이론이 틀렸다고 했다. 쿠바처럼 가난한 나라는 설탕, 커피, 바나나 같은 '1차 생산물'을 수출하는 편이다. 반면 부유한 나라에서는 텔레비전이나 자동차 같은 공산품을 수출한다. 사람들이 부유해지면 텔레비전이나 자동차 소비가 늘어나지만 설탕이나 커피를 그만큼 더 사지는 않는다. (수입이 열 배로 늘어났다고 해보자. 자동차나 보석을 사는 데 열 배 더 지출할 것이다. 반면 커피는 하루에 한 잔 정도 더 마시게 될지 몰라도 이전보다 열 배씩 더 마시지는 않을 것이다.)

프레비시는 이 점이 가난한 나라에 불편한 영향을 준다고 보았다. 가난한 나라의 경제가 성장하면 부유한 나라로부터 수입하는 자동차 수요가 늘어난다. 하지만 부유한 나라의 경제가 성장하면 가난한 나라로부터 수입하는 설탕 수요는 그보다 훨씬 적게 늘어난다. 결과적으로 자동차 가격은 설탕 가격보다 빠르게 높아진다. 가난한 나라의 '교역 조건terms of trade'이 더 나빠지는 것이다. 그래서 가난한 나라에서는 국민이 자동차를 더 많이 원하면 자동차를 사기 위해 설탕을 더 많이 수출해야 한다. 여기서 악순환에 빠진다. 가난한 나라는 자동차를 사기 위해 설탕 생산에 더욱 집중하지만, 시간이 흐를수록 설탕 1톤으로 살 수 있는 자동차 대수는 점점 적어지기 때문이다. 결국 가난한 나라의 경제는 부유한 나라만큼 빨리 성장할 수 없다. 경제성장률이 높아지면 자동차 수요가 늘어나지만, 설탕 수출에서 얻는 수입으로는 그 수요를 충족시킬 수 없다. 19세기의 경제학자들이 이야기했던 밝은 전망과는 크게 다르다! 자, 이제 부유한 나라와 가난한 나라가 교역하면 가난한 나라는 값싼 설탕과 커피만 수출하는 함정에 빠져 부유한 나라에 언제나 뒤처지고 마는 것 같다.

그렇다면 가난한 나라가 이러한 함정에서 벗어나는 길은 무엇일까? 프레비시는 가난한 나라가 생산을 특화해서는 안 되며, 오히려 생산을 다양화해야 한다고 했다. 즉 여러 가지 다른 상품을 많이 생산하는 것이다. 설탕과 커피도 생산하고, 자동차와 텔레비전도 생산해야 한다. 설탕을 수출해서 번 돈으로 외제차를 사는 대신 외제차의 수입을 금지하고 국산 자동차 공장을 지어야 한다. 1950년대와 1960년대에 라틴아메리카와 아프리카, 그리고 아시아에서 여러 나라가 프레비시의 조언을 따랐다.(제22장 참조)

프레비시는 혁명가가 아니었다. 프레비시는 올바른 경제 전략을 세우면 자본주의도 가난한 나라에 도움이 된다고 생각했다. 하지만 프레비시와 달리 프랑크는 체 게바라나 카스트로와 마찬가지로 자본주의는 고쳐 쓸 수 없다고 생각했다. 혁명만이 유일한 답이었다. 국민이 권력을 잡고 착취를 끝내는 사회주의 체제를 건설해야 했다. 이것이 바로 체 게바라와 카스트로가 쿠바 정부와의 전쟁에서 승리한 뒤 감행하려 한 일이었다. 체 게바라와 카스트로는 산중에서 800명으로 이루어진 부대를 조직해 쿠바 정부군 3만 명을 물리쳤고, 1959년 첫날 승리의 깃발을 휘날리며 아바나에 입성했다. 카스트로는 정부를 구성하고 눈엣가시였던 외국 기업을 통제하게 되었다.

1970년대가 되자 시카고 대학교의 자유시장 경제학파가 부상했고 종속 이론은 구식으로 취급받게 되었다(그래도 프랑크가 이야기한 착취라는 개념은 자본주의를 비판하는 많은 학자에게 여전히 중요한 의미를 지닌다). 라틴아메리카 전역에 걸쳐 폭력적인 군사 쿠데타가 일어나 사회주의 정부가 자리를 잃었다. 프랑크가 칠레에 살고 있을 때 쿠데

타군이 칠레를 장악했다. 프랑크는 쿠데타를 피해 독일로 돌아갔다. 나치를 피해 독일을 떠난 지 40년 만이었다. 칠레는 시카고 대학교에서 유학한 경제학자들이 주도해 자본주의로 되돌아갔다. 이들은 프랑크와 달리 시카고 대학교의 스승으로부터 배운 자유시장의 메시지를 따랐다. 그래서 이들은 '시카고 보이즈Chicago Boys'라는 이름으로 알려졌다. 쿠바의 카스트로만 사회주의 혁명을 계속해나갔다. 그즈음 체 게바라가 사망했다. 또 다른 혁명을 시작하려다 1967년 볼리비아군(미국이 도와주었다)에 의해 처형된 것이다. 오늘날에도 체 게바라의 사진이 들어간 티셔츠나 포스터가 종종 눈에 띄며, 사람들은 대개 '체Che'라는 별명으로 그를 기억한다. 체 게바라의 흘러내린 머리와 베레모는 혁명을 위해서라면 어떤 일도 서슴지 않는 투사의 상징이 되었다.

프랑크의 이론을 거부한 건 자유시장주의 경제학자만이 아니었다. 심지어 일부 마르크스주의자도 프랑크의 이론에 동의하지 않았다. 마르크스는 자본주의가 고도로 발전해야만 비로소 사회가 사회주의로 도약할 수 있다고 했다. 진정한 사회주의는 자본주의 위에 세워져야 했다. 하지만 라틴아메리카의 가난한 나라는 그런 수준의 근처에도 가지 못했다. 프랑크의 이론을 비판하는 사람들은 그가 마르크스의 자본가 착취라는 개념을 받아들였지만 사회주의로 가는 길에 반드시 자본주의라는 단계를 거쳐야 한다는 걸 잊었다고 했다.

종속 이론은 세계 경제와 정치체제가 지닌 수많은 불평등을 분명 잘 지적했다. 부유한 국가에서는 종종 자국의 상품을 가난한 국가에 자유로이 수출하면서 가난한 나라가 부유한 나라로 상품을 수출하려 하면 수입을 허용하는 데 뜸을 들인다. 또 다른 불평등한 행태로는 라틴아메리카 혹은 다른 지역에 있는 독립국가의 교역과 정치에 미국이 간섭한다는 점이다. 미국 정부는 칠레에서처럼 사회주의 정부에 대항하는 쿠데타를 지원했다. 미국의 적국이었던 사회주의 국가 소련이 사회주의 각국의 동맹이었고, 미국은 소련과 힘을 겨루고 있었기 때문이다. 미국은 그레나다와 도미니카공화국 등을 침략했고, 사회주의의 영향력을 감소시키려고 베트남에서 오랜 전쟁을 벌였다.

하지만 자본주의에 불공평한 부분이 있다고 말하는 것과, 프랑크가 그랬듯 이러한 불공평함이 자본주의의 불가피한 측면이라고 주장하는 건 전혀 다르다. 아시아에서 부를 쌓는 국가가 나타나 자본주의 세계에서 가난한 나라도 부유해질 수 있다는 사실을 입증했다. 한국, 싱가포르, 홍콩, 대만으로 구성된 '아시아의 호랑이들'은 20세기 중반에 가난한 나라로 출발해 20세기 말에는 선진 공업 국가로 변모했다. 이들 국가에서는 재빠르게 경제 다각화를 이루었고, 마침내 프레비시가 충고한 대로 선박, 자동차, 컴퓨터 등을 생산했다. 부유한 나라와 교역해도 '아시아의 호랑이들'은 빈곤해지지 않았다. 무역은 오히려 경제 발전을 위한 지렛대 역할을 했다. 오늘날에는 중국이 그러한 과정을 재현하고 있다.

CHAPTER 27

욕조 채우기

경제학계에 가장 큰 영향력을 끼친 책이 있다면, 1936년에 출간된 케인스의 『고용, 이자 및 화폐에 관한 일반이론』이다. 이 책은 내용이 매우 어려워서 케인스가 정확히 무엇을 말했는지를 놓고 지금도 경제학계에서 논쟁을 벌이고 있다. 제2차 세계대전 이후 케인스의 이론이 일반적으로 인정되는 경제사상이 되도록 그를 추종하는 학자들이 힘을 보탰다. 케인스를 추종하는 학자들 중 미국의 경제학자 폴 새뮤얼슨(1915~2009)이 이 책을 연구했다. 책이 출판되고 10년이 지난 후였다. 새뮤얼슨은 책을 읽고 나서 형편없고, 내용이 오만하며, 혼란스럽기 그지없다고 평했다. 책 에서 분석한 내용은 뻔한 사실이었지만 동시에 완전히 새로웠다. 새뮤얼슨은 다음과 같이 결론 내렸다. '한마디로 천재가 쓴 작품이다.' 새뮤얼슨과 또 다른 미국인 경제학자 앨빈 핸슨(1887~1975), 그리고 영국인 경제학자 존 힉스(1904~1989), 이렇게 세 사람이 함께 내용이 어수선하고 두꺼운 케인스의 책을 깔끔한 그래프와 방정식 몇 개로 정리했다. 그렇게 정리한 내용이 케인스 경제학이 되었다. 경제학을 공부하는 학생은 대대로 케인스주의를 배웠으며, 제2차 세계대전 이후 각국 정부에서 경제정책을 입안하는 데도 이 이론이 활용되었다. 케인스는 1930년대에 발생한 대공황이 반복되지 않으려면 정부가 경제에 개입해야 한다고 주장했다. 젊은 케인스주의자들은 정부 부처에 들어가 무슨 일을 해야 하는지 공무원들에게 보여주었다.

1946년 새뮤얼슨이 케인스의 천재성에 찬사를 보낸 그해, 케인스주의자가 실제 정책 결정 과정에 미치는 영향력과 관련해 중요한 사건이 일어났다. 경제를 성장시키고 국민을 고용할 일자리를 만들어내는 책임을 정부에 맡기는 법안이 미국에서 통과된 것이다. 또 다른 중요한 사건은 1960년대 초에 찾아왔다. 케네디 대통령이 급진적인 케인스주의 정책을 채택한 것이다.

케네디 대통령은 당시 미국 경제가 생산을 더 늘릴 여력이 있다고 했다. 국민이 소비를 늘리면 생산이 증가할 테고, 그러면 실업자가 다시 일자리를 찾을 수 있을 것이라고 보았다. 그래서 소비를 진작하기 위해 대규모의 감세 정책을 계획했고, 1964년 린든 존슨 대통령이 텔레비전에 출연해 정책을 발표한 뒤 시행했다. 존슨 대통령은 세금 감면으로 미국 소비자가 매일 2,500만 달러를 추가로 쓸 수 있다고 했다. "이 돈이 경제에 유통될 것이며, 세금 감면액의 몇 배에 달할 정도로 상품 수요를 늘릴 겁니다." 간단히 말해 이것이 바로 케인스주의 경제정책이 작동하는 방식이다.

케인스에 따르면 저축이 공장과 기계에 투자되지 않을 때 경기 침체가 발생한다. 사람들이 소비 대신 저축을 택해 기업의 투자가 멈추면 사회 전반적으로 소비가 줄어들고 경제는 성장을 멈춘다. 앞서 제18장에서 우리는 소비를 욕조 안의 물 높이로 그렸다. 투자로 들어오는 물보다 저축으로 흘러나가는 물이 더 많으면 욕조 안의 수위가 낮아지고 경제는 침체기에 접어든다. 케인스주의자는 국민이 소비하지 않으면 반드시 정부가 소비해야 한다고 했다. 정부는 도로를 건설하거나 병원을 짓거나 공공 기관의 사무실에 새 화분을 놓는 등 사실상 무엇에든 돈을 써서 소용돌이처럼 아래로 빠져나가는 물줄기를 막을 수 있다. (케인스는 아무것도 하지 않는 정부보다 땅을 파 지폐를 묻는 정부가 더 낫다고 했다. 그러면 기업가가 묻힌 돈을 파내려고 노동자를 고용해 지출과 일자리가 생기기 때문이다.)

정부가 욕조에 지출을 충분히 쏟아부으면 저축으로 빠져나가는 양을 상쇄할 수 있다. 사실 정부가 하는 일은 경제 주변에 고여 있는 소비되지 않은 저축을 빌려와 직접 소비하는 것뿐이다. 돈이 욕조 속으로 다시 들어가도록 용도를 바꾸는 것이다. 이렇게 정부는 세수보다 큰 금액을 소비한다(은행에서 돈을 빌려 차를 사는 셈이다. 대출을 받으므로 버는 돈보다 많이 쓸 수 있다). 정부에는 '재정 적자budget deficit'가 발생한다. 나중에 경기가 살아나, 일자리를 구해 소득이 생기는 사람이 많아지면 정부는 세수를 늘리고, 적자는 사라진다.

정부가 소비를 늘리는 또 다른 방법으로 세금 감면이 있다. 세금 감면은 케네디 대통령이 썼던 방법으로, 소비자의 수중에 돈을 더 쥐어주는 셈이다. 소비자가 세금 감면으로 생긴 추가 수입을 저축하더라도 그중 일부는 물건을 사는 데 쓴다. 그러면 경제 내에서 소비가 늘어난다. 존슨 대통령은 텔레비전 연설에서 소비자의 수중에 들어가는 돈이 어떻게 흘러가는지를 설명했다. 누군가가 그 돈으로 식료품을 사면 국고로 들어오는 대신 가게 주인의 수중에 들어간다. 가게에서는 우유 공급업자에게 우윳값을 지불하고, 우유 공급업자는 직원에게 급여를 지급한다. 직원은 받은 돈으로 영화표를 산다. 이런 식으로 돈이 흘러간다. 세금 감면으로 소비자의 수중에 들어간 돈이든 정부가 직접 소비한 돈이든, 처음 소비된 1달러는 경제 내에서 유통되는 동안 1달러 이상의 가치를 만들어낸다. 이것을 소비의 '승수multiplier' 효과라고 부른다. 경제에 최종적으로 미치는 영향이 처음 정부가 지출 증대한 금액이나 세금 감면액의 몇 배로 불어나는 것이다. 얼마 지나지 않아 기업은 생산을 늘리기 시작하고 노동자를 새로 고용한다. 그렇게 경제가 다시 움직이기 시작한다.

경제학에서는 정부 지출이나 세금과 관련된 정책을 전부 '재정fiscal'정책이라고 부른다. 고대 로마에서 'fiscus'는 황제의 보물 상자를 뜻했다. 그래서 재정정책이란 세금을 거둬 정부의 금고를 채우고 지출을 통해 금고를 비우는 것과 관련된 정책을 말한다. 정부는 국민의 소득에 세금을 부과해 국고를 채우고 의약품, 교과서, 탱크 등 상품을 구매해 국고를 비운다. 케네디와 존슨 대통령은 케인스주의 재정정책을 시행했고, 정책은 제 역할을 하는 듯했다. 케인스주의 재정정책을 실행한 후 경제성장률은 높아졌고, 실업률은 떨어졌다.

이와 더불어 정부는 '통화monetary'정책도 펼친다. 통화정책은 경제 내에서 유통되는 화폐의 양이나, 돈을 빌릴 때 부과하는 이자율을 조절하는 정책이다. 가장 간단한 통화정책은 정부가 화폐를 더 많이 발행하는 것이다. 케인스주의자의 관점에서 통화정책은 케인스주의 이자율 이론에 바탕을 둔다. 이는 사람들이 가진 재산으로 무엇을 할 것인지 선택권을 살피는 데서부터 시작된다. 우선 이전부터 가진 지폐와 동전을 그대로 보관할 수 있다. 이때는 아무런 이자도 발생하지 않는다. 현금을 보관하는 대신 채권 같은 금융상품을 구매할 수도 있다. 채권은 누구든 소유한 사람에게 이자를 지급한다는 증서다. 기업이나 정부는 돈을 빌리고 싶을 때 시장에 채권을 판매한다. 채권 금리가 높으면 사람들은 재산을 현금으로 보관하고 싶어 하지 않는다. 현금으로 보관하면 이자가 생기지 않기 때문이다. 그래서 대신 채권을 산다. 이렇게 될 때 우리는 현금 수요가 낮다고 한다. 이와 반대로 채권 금리가 낮으면 현금 수요가 높아진다. 이제 정부가 화폐 발행을 늘린다고 해보자 (화폐의 공급이 늘어난다). 사람들이 늘어난 돈으로 채권을 사지 않고 현금으로 보관하려면 금리가 낮아져야 한다. 낮은 금리로 화폐의 공급과 수요가 같아진다. 여기서 중요한 점은 낮은 금리가 기업가의 의사 결정에 영향을 준다는 사실이다. 기업가가 일정 수익을 예상하고 새 공장을 지으려 한다. 이때 건설에 드는 비용을 빌려야 하는데, 이자가 엄청나다면 공장을 새로 지을 가치가 없다. 하지만 금리가 낮으면 공장을 지을 만하다. 그러므로 낮은 금리는 기업의 투자를 촉진한다. 기업이 투자를 늘리면 경제 내 소비가 늘어나고, 국민소득이 높아지고, 일자리가 늘어난다.

화폐가 경제에 미치는 영향에 관한 케인스의 이론은 '통화공급 증가→금리 인하→투자 증가→국민소득과 고용 증대'로 이어진다. 이는 이전의 이론과 다른 관점이었다. 케인스가 비판한 당시의 전통 경제학은 '고전주의' 경제학에 바탕을 두고 있었다. 고전주의 경제학은 18세기와 19세기 경제학자들의 사상이었다. 고전주의 경제학에서는 화폐가 '실물' 경제에 전혀 영향을 미치지 않는다고 보았다. 자동차나 벽돌의 생산량 또는 노동인구의 수와 통화는 아무런 상관이 없다. 돈은 사람들이 물건을 사고팔 때 사용하는 수단일 뿐이다. 정부가 통화량을 두 배로 늘리면 사람들이 쓰는 돈도 두 배로 늘어난다. 통화량 증가로 인한 유일한 결과는 모든 상품의 가격이 두 배가 되는 것뿐이다. 이를 '고전학파의 이분법classical dichotomy'이라고 부른다. 이것은 서로 다른 두 부문 간의 차이를 나타내는데, 경제의 '실물' 부문과 '통화' 부문이 완전히 분리되어 있다는 뜻이다. 케인스 경제학에서는 둘 사이의 구분을 허물었다. 이제 경제의 실물 부문과 통화 부문은 서로 이어져 있다. 통화량이 실물 경제, 즉 생산량과 고용률에 영향을 끼친다.

하지만 실제로 케인스주의 경제학자는 통화정책보다 재정정책에 훨씬 더 관심이 높다. 이는 1930년대의 대공황을 경험한 데서 영향을 받았는데, 당시에는 금리가 매우 낮았다. 금리가 낮았는데 불황은 왜 그렇게 오래 지속되었을까? 케인스주의 경제학자들은 궁금했다. 그리고 통화와 이자율은 경제 내의 전반적인 수요에 큰 영향을 미치지 않는다고 결론지었다. 케인스주의자는 실제 투자를 자극하는 원동력은 기업가가 지닌 낙관성(케인스는 '야성적 충동animal spirits'이라고 불렀다)이지 낮은 금리가 아니라고 생각하게 되었다.

케인스 경제학이 나타나기 전의 전통 경제학에서는 재정정책이든 통화정책이든 정부가 개입해 경제를 움직이려는 노력은 쓸데없는 일로 여겼다. 경제는 침체기에서 벗어나 모든 노동자가 일자리를 갖고, 모든 공장이 가동되는 '완전고용' 상태로 돌아가는 방법을 스스로 찾는다. 어떻게 그 방법을 찾을 수 있을까? 임금이 낮아지면 기업은 노동자를 더 많이 고용하게 되고, 마찬가지로 상품 가격이 내려가면 소비자는 팔리지 않은 물건을 사게 된다. 케인스학파는 고전주의 이론이 완전히 잘못되었다고 주장하지는 않았다. 다만 고전학파의 이론은 완전고용 상태에만 적용된다고 보았을 뿐이다. 케인스는 경제가 침체될 때, 즉 완전고용을 달성하지 못했을 때 어떤 일이 일어나는지 보았다. 케인스는 상품 가격과 임금이 쉽게 낮아지지 않는다고 했다. 이는 기업과 노동자 사이에 이미 합의된 수준이다. 그래서 상품을 팔거나 실업자가 일자리를 얻는 데 도움이 되지 않는다. 대신 사람들이 소비를 멈추는 침체기에 기업은 생산과 고용을 줄인다.

제2차 세계대전 이후 케인스주의 경제학파에서는 두 가지 접근법을 혼합했다. 경제가 침체 상태라고 해보자. 유휴 공장과 노동자가 존재한다. 정부는 재정 지출을 늘리거나 세금을 감면한다. 이는 경제 내 수요를 촉진한다. 수요가 늘어나면 기업은 생산과 고용을 늘린다. 실업자가 매우 많으므로 상품의 가격 인상 없이 늘어난 수요를 충족시킬 수 있다. 이것이 바로 케인스주의 경제이다. 그렇게 시간이 흐르면 모든 공장이 가동되고 모든 노동자가 일자리를 찾는다. 이는 장기적으로 마침내 도달하게 되는 완전 고용 경제로, 고전주의 경제학에서 가정하는 내용이다. 이때 정부가 수요를 진작시키려 하면 어떻게 될까? 경제는 최대 상태로 가동되고 있으므로 추가로 상품을 생산할 수 없으며, 늘어난 수요는 가격만 올릴 뿐이다. 케인스 경제학의 핵심은 경제가 장기 상태에 도달하기 전에는 정부가 개입해 도움을 주어야 한다는 것이다. 케인스는 이렇게 말했다. '장기적으로 우리는 모두 죽는다.'

현실에서 케인스주의 경제로부터 고전주의 경제로 넘어가는 변화는 서서히 일어난다. 경제에서 완전히 안정적인 상태를 유지하던 가격이 갑자기 치솟지는 않는다. 뉴질랜드의 경제학자 빌 필립스(1914~1975)는 경제 내에서 가격과 실업률이 실제로 움직이는 패턴을 연구했고, 두 요소가 완만한 관계를 유지하고 있음을 발견했다. 실업률이 높다는 건 경제 내에 사용되지 않는 자원이 많다는 의미이며, 이때 가격이 얼마나 빨리 오르는지를 나타내는 인플레이션은 낮게 나타나는 경향이 있다. 실업률이 낮으면 인플레이션은 높게 나타난다. 이러한 양 끝단을 잇는 곡선이 있다. 이에 따르면 실업률이 약간 낮아지면 인플레이션은 약간 높아진다.

이 '필립스 곡선 Phillips Curve'은 케인스주의 경제체제의 한 부분을 이루었으며, 정부 정책에 중요한 지침을 제공했다. 경제가 침체되면 정부는 지출을 늘려 실업률을 낮추는데, 그 대가로 인플레이션이 높아진다. 한편 경기가 너무 좋아서 인플레이션이 높아지면 정부는 인플레이션 상승 속도를 낮추려고 지출을 줄이거나 세금을 올린다.

미국의 공화당은 케인스주의자들이 세금과 정부 지출에 손대는 것을 대체로 경계했다. 그런 분위기의 공화당 출신이었던 리처드 닉슨 대통령까지 1971년 "저는 이제 케인스주의자입니다"라고 말했을 때 케인스 경제학은 자리를 잡은 듯했다. 경기가 다소 오르락내리락했지만 제2차 세계대전 이후 수십 년간 1930년대처럼 심각한 불황은 되풀이되지 않았다. 각국 경제는 꾸준히 성장했고 생활수준이 높아졌다. 하지만 1970년대에 케인스 경제학은 빛을 잃었다. 경제학계에서는 뛰어난 성과가 정말 케인스주의 정책 덕분인지 의문을 제기했다. 정부 지출이 지나치게 많으면 인플레이션을 자극해 경제를 더욱 불안정하게 만들 수 있었다. 새로운 경제학파가 등장해 케인스주의를 비판했다. 이때 등장한 새로운 경제학파에 관해서는 제29장과 제30장에서 살펴볼 것이다. 그런데 이들의 이론은 과거에 케인스가 비판한 고전주의 경제학과 많은 부분에서 일치했다. 고전주의 이론이 막 반격을 펼치려는 참이었다.

CHAPTER 28

광대의 통치

1863년 11월 남북전쟁 중에 에이브러햄 링컨 대통령은 펜실베이니아 주의 게티즈버그 전투 현장에서 그 유명한 연설을 남겼다. 링컨 대통령은 주위에서 벌어지는 살육이 헛되지 않기를, 전쟁의 잿더미에서 새로운 자유가 탄생하기를 바랐다. '국민의, 국민에 의한, 국민을 위한 정부'를 희망했다. 링컨 대통령의 연설은 정부가 맡은 임무를 매우 도덕적이고 영웅적이기까지 한 모습으로 제시한다. 링컨 대통령은 권력의 칼자루를 쥔 사람은 전체 사회를 위해 봉사하는 데 권력을 사용해야 한다고 촉구했다.

링컨 대통령의 게티즈버그 연설 이후 거의 100년이 지난 뒤 찰리 채플린이 말했다. "저는 한 가지 모습으로 남아 있습니다. 단 하나의 유일한 모습, 그건 바로 광대입니다. 광대인 저는 그 어느 정치인보다 한층 높은 수준의 사람입니다." 단 몇 세대 만에 미국을 통치하는 정치인은 영웅에서 광대보다 못한 수준으로 전락한 것일까? 채플린은 아마 1920년대와 1930년대에 시카고 정계를 웃음거리로 만든 시카고 시장 윌리엄 헤일 '빅 빌' 톰슨William Hale 'Big Bill' Thompson의 어이없는 행동을 떠올렸을 것이다. 톰슨이 시장 선거에 출마했을 때 갱단에서 선거운동 자금을 댔고, 톰슨의 행정 집행부는 연이은 추문에 시달렸다. 그러자 톰슨은 대중의 관심을 돌리려고 전설 속의 나무 타는 물고기를 찾으라며 남태평양으로 보낼 가짜 탐험대를 조직했다. 탐험대는 톰슨의 이야기가 신문 1면에 계속 실리게 한다는 진짜 목적을 달성했다.

빅 빌의 임기가 끝나고 몇 년 뒤였다. 어느 농부의 아들이 소 젖을 짜서 학비를 내며 다닌 미들테네시 주립사범대학교Middle Tennessee State Teachers College를 졸업했다. 노벨상을 받은 경제학자의 출발이라고 보기는 어려웠지만, 아무튼 제임스 뷰캐넌(1919~2013)은 훗날 도덕적인 정치인의 이미지를 산산조각 내는 논문으로 노벨상을 받았다. 뷰캐넌은 빅 빌처럼 사회의 선을 위해 일한다는 정치인의 주장은 번드르르한 말에 불과하다고 생각했다.

뷰캐넌의 주장은 당시 경제학계에 대한 커다란 도전이었다. 제2차 세계대전 이후 뷰캐넌이 연구를 시작했을 때 경제학자는 대부분 케인스 사상의 영향 아래에 있었다. 케인스는 경제 내에서 정부가 주요한 역할을 담당해야 한다고 주장했다. 특히 정부는 경제가 침체되지 않도록 재정 지출을 맡아야 했다. 경제학자는 또한 정부가 맡아야 할 또 다른 역할을 확인했다. 부유한 사람에게 세금을 부과하고 가난한 사람에게 돈을 나눠줌으로써 자산을 재분배하고, 건강 관리와 교육 서비스를 제공하는 일이다. 제2차 세계대전 이후 여러 나라 정부에서 이런 일을 맡기 시작해 재정 지출을 늘렸고 경제 내에서 정부의 역할이 그 어느 때보다 커졌다. 그런데 경제학계에서는 정부가 이런 정책을 수행할 능력을 실제로 갖추고 있는지에 대해 별다른 의문을 제기하지 않았다. 일단 올바른 정책이 마련되면 정부가 기꺼이 잘 실행할 것이라고 생각했다.

청년 시절 뷰캐넌은 정부가 잘못된 일을 바로잡을 능력을 가지고 있다고 믿었고, 심지어 사회주의에도 관심을 가졌다. 뷰캐넌의 집안은 가난했다. 그는 전기도 들어오지 않는 황폐한 농장에서 자랐고, 여섯 살 때부터 트랙터를 몰았다. 그런 환경에서도 뷰캐넌의 할아버지는 테네시 주지사가 되었다. 뷰캐넌의 할아버지가 속한 정당은 오래 유지되지 못했지만, 부유한 은행가처럼 미국 내에서 가장 영향력이 크고 힘 있는 엘리트 집단에 도전하려 했다. 뷰캐넌은 할아버지가 집 안쪽 방에 남겨둔 먼지 쌓인 정치 관련 소책자 더미에서 책을 꺼내 읽으며 사회에 대한 관심을 키웠다. 그런데 박사학위 과정을 공부하려고 시카고 대학교에 진학했을 때 생각이 바뀌었다. 뷰캐넌은 수업을 시작하고 6주가 지나자 시장의 힘을 인지하고 사회주의를 포기했다. 하지만 그가 할아버지가 남긴 오래된 책자의 내용 중 마음에 담아둔 건 엘리트에 대한 혐오였다. 뷰캐넌에게 진정한 엘리트는 부유한 기업가나 은행가가 아니었다. 진짜 엘리트는 사회적 영향력이 있는 집안에서 태어나 하버드 같은 명문 대학에서 공부한 사람들이었다.

그들 중 다수가 정치인이나 정부 고위 공무원이 되었다. 그리고 권력을 가진 자리에서 사회에 개입하고 다른 모든 국민에게 좋은 일이 무엇인지 결정하곤 했다.

뷰캐넌이 엘리트를 혐오하는 마음은 어느 여름날 시험을 끝내고 나오는 길에 하나의 이론으로 정립되었다. 뷰캐넌은 대학 도서관에서 책을 살피고 있었는데, 그곳에서 먼지를 뒤집어쓴 채 놓여 있는 책 한 권이 다시 한 번 그의 인생을 바꿔놓았다. 뷰캐넌이 서가에서 뽑아 든 책은 독일어 원서였고, 저자는 스웨덴의 경제학자 크누트 빅셀(1851~1926)이었다. 책을 본 뷰캐넌은 전율을 느꼈고, 즉시 영어로 번역해야겠다고 마음먹었다. 그 책 내용을 요약하자면, 빅셀은 정부가 완전히 이타적이며 전체 사회에 최선인 정책을 시행하는 데만 관심을 가진다는 생각을 산산이 부숴놓았다.

뷰캐넌은 빅셀의 생각을 발전시켜 경제학에서 새로운 연구 분야를 개척했다. 경제학계에서는 정부가 경제의 잘못된 부분을 바로잡을 수 있다고 가정했다. 그런데 정부란 실제로 무엇일까? 뷰캐넌은 정부란 그저 사람들 무리에 불과하다고 보았다. 공무원, 고문, 장관들이 모여 정부를 이룬다. 전통 경제학이 지닌 문제는 이들의 성격이 둘로 나뉘어 있다고 여긴 것이다. 정부 관리가 가성비가 제일 좋은 신발을 찾거나 자기 자동차를 얼마에 팔아야 할지 생각할 때는 '합리적 경제인'으로 행동한다. 이익을 최대화하고 비용을 최소화해 철저히 자기 이익에 따라 행동한다. 하지만 정부 부처의 건물에 들어가기만 하면 나라를 위한 최선만 생각하고, 개인적 이익에 대해서는 전혀 생각하지 않는다고 가정했다. 올바른 정책을 아무런 의문 없이 시행한다. 책상 앞에서 잠깐 눈을 붙이지도 않고, 점심시간을 세 시간이나 쓰지도 않는다. 마치 이기적인 '경제인'이 사라지고 그 자리가 완전히 이타적인 성향의 '정치인'으로 대체된 것만 같다. 정치인은 항상 사회가 가장 큰 이익을 얻는 일이 무엇인지에 따라 행동한다.

뷰캐넌은 이것이 앞뒤가 맞지 않는 가정이라고 생각했다. 정부의 행위는 돈을 벌려는 기업의 행위와 같은 방식으로 검토해야 한다. 정치인과 정부 관리는 다른 사람과 마찬가지로 자기 자신의 이익을 추구하는 사람이다. 뷰캐넌이 개척한 경제학의 새로운 영역은 '공공선택public choice'이론으로 불린다. 뷰캐넌은 이를 두고 '낭만을 배제한 정치politics without romance'라고 설명했다. 정치인은 이타적인 영웅이 아니었다. 뷰캐넌이 보기에 그런 생각은 어리석고 감상적일 뿐이었다. 현실 속 정치인은 경제학자가 그린 모습보다 더 자기 지위를 지키는 데 관심을 쏟고, 상당히 추잡하며, 이기적이고, 믿을 수 없는 사람들이었다.

1960년대 내내 미국 정부는 흥청망청 지출을 이어갔고, 뷰캐넌의 이론은 그런 정부의 행태에 새로운 관점을 부여했다. 그는 시장이 더 잘 작동하도록 도움을 주느라 정부가 커지는 게 아니라 정치인과 관료가 자기 자신을 챙기다 보니 그렇게 되는 거라고 했다. 정부의 문제는 빅 빌의 어처구니없는 범죄행위에서만 보이는 게 아니었다. 회색 양복 차림으로 일하는 공무원이나 워싱턴의 존경받는 정치 지도자도 나쁘긴 매한가지였다. (1961년

존 F. 케네디가 대통령에 당선되었을 때 뷰캐넌은 부유하고 야심 찬 케네디의 아버지가 아들을 위해 대통령 자리를 사준 거나 마찬가지라고 보았다.)

뷰캐넌에 따르면 다른 그 무엇보다 모든 정치인이 원하는 건 자기 자리를 지키는 것이다. 권력을 붙잡고 있기 위해 정치인은 '지대rents'를 만들어 후원자에게 준다. 지대는 경쟁 시장에서 벌어들일 수 있는 수입을 넘어서는 그 이상의 수익을 말한다. 예를 들어 정부가 외제차에 세금을 부과하면 국내 자동차 생산업체는 해외 기업과의 경쟁으로부터 보호받으므로 큰 이익을 얻는다. 정치인은 특정 집단에 속한 사람들에게 특권을 부여하고 그들로부터 정치적 지지와, 심지어 금전적 이득까지 얻을 수 있기를 바란다.

별일 하지 않아도 추가 수익을 얻을 수 있다는 생각은 '지대 추구rent-seeking' 행위를 부추긴다. 기업은 정부를 돈으로 설득해 특권을 얻으려 한다. 원하는 특권을 얻기 위해 정부 관리를 데리고 나가 비싼 점심 식사를 대접한다. 그리고 목적을 달성하기 위해, 이를테면 미국 우산 제조업체 연합과 같은 조직을 만들기도 한다. 이러한 단체는 보통 건강한 민주주의에서 다양한 집단의 시각을 전달하는 데 도움이 된다는 이유로 옹호된다. 하지만 공공선택이론에서 이러한 단체는 지대 추구자이며, 이들의 행위로 인해 다른 방식으로 더욱 유용하게 쓰였을 자원이 허비된다.

지대 추구 행위는 소비자에게 해를 끼친다. 왜냐하면 자동차와 우산 시장을 해외 경쟁으로부터 보호하면 소비자가 선택할 수 있는 자동차와 우산의 종류가 줄어들기 때문이다. 문제는 소비자가 뿔뿔이 흩어져 있는 수많은 개인이기 때문에 누구도 개인적으로 이러한 보호 조치를 막기 위한 소비자 단체를 조직하는 데 시간을 들일 가치가 있다고 생각하지 않는다는 점이다. (다른 사람이 하겠지, 그리고 나중에 혜택만 받을 수 있지 않을까?) 반면 생산자는 보통 규모가 크고 숫자가 적다. 각 기업은 정부를 압박해 원하는 바를 얻어낼 수 있을 만큼 힘이 있다. 하지만 뷰캐넌은 기업인을 탓할 일이 아니라고 했다. 문제는 정부의 힘이 지나치게 강력한 데 있다. 이들은 힘을 이용해 재선에 성공하려고 경제에 간섭한다.

뷰캐넌은 케인스주의 경제학파의 이론을 맹렬히 비난했다. 그들은 경기 침체기에 정부가 지출을 늘려 경기를 부양해야 한다고 주장했다. 경기 부양을 위한 지출로 정부 예산은 적자에 빠진다. 거둬들인 세금보다 지출이 더 많기 때문이다. 케인스주의 경제학파에 따르면 정부의 재정 적자는 문제가 되지 않는다. 경기 부양 정책으로 경제가 다시 잘 작동하면 정부가 지출을 삭감해 적자를 메우면 되기 때문이다. 문제는 유권자가 정부 지출을 환영한다는 데 있다. 정치인은 권력을 계속 유지하고 싶어 하므로 정부 지출을 줄여 유권자를 화나게 하는 일만큼은 무슨 수를 써서라도 피하려 한다. 결국 정부 지출은 계속 늘어나며, 재정 적자도 마찬가지다. 뷰캐넌은 1960년대 미국에서 이런 일이 일어나고 있다고 생각했다.

한편 공무원, 위원회, 부서 등 관료 조직은 우후죽순처럼 커진다. 공무원은 돈을 받고 재화나 용역을 판매하지 않으므로 기업처럼 이익을 극대화할 수 없다. 대신 그들은 거대한 조직을 이끄는 권력과 지위를 원한다. 그래서 예산을 최대한 늘리려 하고, 그렇게 할 수 있다. 외부인보다 정부의 지출 계획에 대한 정보를 더 많이 가지고 있기 때문이다. 맡은 일을 제대로 하려면 리무진 자동차와 기사, 회의실이 더 필요하다는 소리를 항상 할 수 있다.

공공선택이론을 따르는 경제학자가 보기에는 정치인과 공무원을 이타적인 사람으로 만들 방법이 거의 없다. 이것이 일상적인 정치의 운명이다. 하지만 일상의 정치 위에는 정치 영역이 존재한다. 정치 영역은 일상의 정치보다 폭이 넓은 '경기의 규칙'이다. 이 규칙은 모두가 합의해서 만들어졌으며, 특정 정부나 정치인이 쉽게 바꿀 수 없다. 예를 들어 사람은 누구나 자기 의견을 표현할 수 있어야 하며, 그로 인해 투옥되어서는 안 된다. 정치 영역에 속하는 규칙 중 일부는 헌법처럼 문서로 남겨 보장한다. 뷰캐넌은 정부의 행태를 개선하려면 헌법 규정을 만들어야 한다고 주장한다. 예를 들어 세수보다 많은 정부 지출을 하지 않는다는 '균형 지출balanced budget'을 법적 요건으로 삼는 것이다.

뷰캐넌을 비롯해 공공선택이론을 지지하는 경제학자들은 정부를 항상 신뢰할 수 있는 이타적인 존재라고 믿는 건 순진한 생각이라는 점을 우리에게 알려준다. 공공선택이론에서는 시장이 잘못되는 게 문제가 아니라 정부가 잘못되는 게 문제이다. 하지만 공공선택이론을 비판하는 학자들은 정부가 하는 일 중 상당 부분이 사회에 필수적이라고 주장한다. 지난 200년에 걸쳐 정부 규모가 상당히 커진 것은 사회복지비, 특히 공중보건과 교육비 지출이 늘어난 결과이며, 이는 선진 경제를 건설하는 데 필요한 일이었다. 그러므로 정부 규모가 커진 게 전부 공무원이 자기 부서를 키우려 했기 때문이라는 건 지나친 과장이다.

뷰캐넌의 이론을 비판하는 학자들은 또한 인간이 '합리적 경제인'으로만 행동한다는 생각에 의문을 제기한다. 현실 속에서 우리는 많은 역할을 소화한다. 소비자이자 주권자이며 부모이자 유권자의 역할을 동시에 맡고 있다. 그리고 역할마다 각기 다른 원칙에 따라 행동할 수 있다. 예를 들어 정치 생활에서는 종종 대의에 공감해 행동한다. 가난한 사람을 돕고 싶어 하거나 환경을 개선하고 싶어 하는 정당에 투표하는 식이다. 대의에서 느끼는 가치는 개인의 이익보다 훨씬 중요하다. 그렇지 않다면 한 표 때문에 선거 결과가 바뀌는 경우는 거의 없는데 귀찮음을 무릅쓰고 투표하러 가는 사람은 아무도 없을 것이다. 우리가 이렇게 행동한다면 정치인도 그럴 수 있지 않을까?

CHAPTER 29

화폐 환상

1978~1979년 겨울, 영국에는 유난히 눈이 많이 내렸고 땅은
얼음으로 뒤덮였다. 그리고 눈 폭풍처럼 거센 노동자 파업을 경
험했다. 리버풀에서는 무덤 파는 일을 하는 노동자가 삽을 내던
져 시신이 공동묘지에 묻히지 못하고 되돌려 보내졌다. 다른 곳
의 상황도 마찬가지였다. 화물차 운전사가 운행을 거부해서 슈
퍼마켓 선반이 텅텅 비었다. 신문 머리기사에서는 경제 파탄을
경고했다. 비참하게 지나간 그해 겨울의 몇 달간은 '불만의 겨울
winter of discontent'이라 불렸다. 되돌아보면 제2차 세계대전 이후 주
류를 이룬 케인스 경제학이 무너져 종말을 맞은 시점으로 종종
여겨진다.

하지만 1970년대 말이 되기 훨씬 전부터 영국과 미국에서는

경제 문제가 곪아가고 있었다. 케인스주의 정책은 필립스 곡선에 바탕을 둔다. 필립스 곡선에서는 낮은 실업률이 높은 물가상승률과 만나고, 높은 실업률이 낮은 물가상승률과 만나는 형태를 보여준다. 경제학계에서는 정부의 재정 지출을 통해 경기를 부양하고, 물가상승률을 조금 높이면서 실업률을 낮출 수 있다고 생각했다. 1960년대에 물가가 서서히 상승하기 시작했고 1970년대가 되자 높은 물가상승률과 지속해서 높은 실업률이 함께 나타났고, 이에 경제학자들은 머리를 긁적일 수밖에 없었다. 필립스 곡선이 예측하는 대로라면 실업률은 낮아야 했다. 높은 물가상승률과 높은 실업률, 이 불행한 조합에는 '스태그플레이션stagflation'이라는 이름이 붙었다. 경기 '침체stagnation'로 인한 높은 실업률과 높은 인플레이션을 합친 단어였다. 필립스 곡선이 무너졌고, 그와 함께 케인스 경제학의 바탕도 붕괴했다.

경제학계에서는 필립스 곡선이 무너진 이유를 찾아 설명하려 했다. 일각에서는 비정상적으로 치솟은 유가가 기업의 비용과 상품 가격을 증가시켜 인플레이션이 발생했다고 생각했다. 높은 임금을 요구하는 노동조합(노동자를 대표하는 단체)을 탓하는 학자도 있었다. 기업이 높은 임금을 지불하기 위해 상품에 높은 가격을 매길 수밖에 없었다는 것이다. 표면상으로 파업은 임금과 관련된 듯했다. 정부는 노동조합과 고용주에게 완만한 임금 상승에 합의할 것을 권하며 인플레이션을 낮추려 애썼다. 그럼에도 노동조합은 더 높은 임금 인상을 요구하기로 하고 종종 파업으로 치달았다.

케인스는 20세기 경제정책 사상의 거두였다. 그런데 1970년대에 경제가 혼란스러워지자 새로운 거두가 나타났다. 자그마한 몸집이지만 강단 있는 성격의 미국인 경제학자 밀턴 프리드먼(1912~2006)이었다. 프리드먼은 필립스 곡선이 무너진 이유를 설명하는 새로운 이론을 내놓았는데, 경제학계에 일대 혁명을 일으켰다. 프리드먼은 뉴욕 브루클린 출신으로, 가난한 유대계 헝가리 이민자 가정에서 태어났다. 그리고 1930년대의 대공황을 겪으면서 성장했다. 케인스와 마찬가지로 프리드먼의 사상에도 대공황이라는 경제적 재난에 대응하려는 부분이 많았다. 프리드먼은 대공황의 영향을 받아 경제학자가 되었기 때문이다. 하지만 프리드먼의 이론은 케인스의 이론과 정반대였고, 두 사람은 경제학계에 새로운 전선을 형성했다. 프리드먼은 1970년대에 나타난 경제 문제는 정부의 시장 개입이 부족해서가 아니라 지나쳐서 발생한 결과라고 생각했다. 케인스와 마찬가지로 프리드먼도 이론을 위한 이론을 만들고 싶어 하지 않았다. 대신 세상을 바꾸고 싶어 했다. 그리고 마침내 프리드먼의 경제학이 케인스주의자의 사고방식을 상대로 승리했다.

프리드먼은 누구보다 유명한 자본주의 옹호자였고, 시장이 사회를 지배해야 한다는 원칙을 내세우는 시카고 경제학파를 이끄는 경제학자였다. 프리드먼은 『자본주의와 자유』라는 책에서 정부가 경제에 간섭하는 여러 가지 방식을 비판했다. 예를 들면 월세를 통제한다거나 최저임금을 정하는 정책이다. 처음에 경제학계에서는 프리드먼과 그를 따르는 학자들을 괴짜로 치부하며

경제학의 역사

의견을 묵살했다. 하지만 프리드먼은 활발하게 토론에 참여했다. 지칠 줄 모르고 재빠르게, 그러면서도 면도날처럼 날카롭게 자신의 주장을 펼쳤다. 논리의 허점을 집요하게 파고들어 상대의 주장을 무너뜨렸다. 프리드먼은 논쟁과 논란을 바탕으로 성공을 쌓아나갔다. 자유시장을 옹호한다는 이유로 프리드먼을 싫어하는 사람이 많았다. 그보다 더 안 좋았던 건 1970년대에 프리드먼이 동료들과 칠레를 방문해 아우구스토 피노체트 대통령과 짧은 만남을 가진 일이었다. 피노체트는 정적 수천 명을 죽이거나 고문한 독재자였으며, 당시 자유시장 정책을 추구하고 있었다. 이후 프리드먼은 비열한 피노체트 정권을 뒤에서 돕는 두뇌 역할을 한다고 비난하는 시위대를 수년간 피해 다녀야 했다. 1976년 프리드먼이 노벨 경제학상을 받을 때도 시위자 한 명이 자리에서 일어나 "자본주의 타도! 칠레에 자유를!"이라고 소리쳤다. 그러고는 밖으로 쫓겨났고 프리드먼은 기립 박수를 받았다.

프리드먼의 이론은 경제 내 화폐의 효과에 관한 것이었다. 케인스주의자는 통화 공급이 증가하면 경제에 자극을 줄 수 있지만, 실제로 강력한 힘을 발휘하지는 못한다고 했다. 통화정책보다 재정정책(정부의 재정 지출과 세금)이 더 강력한 효과를 발휘한다는 것이다. 하지만 프리드먼은 화폐를 경제학의 중심으로 되돌려놓았고, 프리드먼학파의 사상은 '통화주의monetarism'로 알려지게 되었다.

프리드먼은 오래된 경제사상인 화폐수량설quantity theory of money을 되살렸다. 화폐수량설을 알아보기 위해 경제학자들이 자주 쓰는 방법을 활용해보자. 이론을 설명하기 위해 터무니없이 간단한 경제가 있다고 해보자. 어느 섬에 파인애플 판매상이 열 명 있다. 각 판매상은 1년에 파인애플 한 개를 1달러에 판다. 1달러짜리 거래가 열 번 이루어지면 이 섬의 국민소득은 10달러가 된다. 자, 이제 이 섬에 1달러짜리 지폐 다섯 장이 있다고 해보자. 열 번의 거래가 이루어지려면 각 지폐는 1년에 두 번씩 손바뀜이 일어나야 한다. 비축 통화(5달러)에 손바뀜 횟수(두 번)를 곱하면 국민소득과 같다. 경제학에서는 이처럼 화폐의 손바뀜이 일어나는 정도를 화폐의 '유통 속도velocity of circulation'라고 부른다.

화폐의 유통 속도가 그다지 크게 변하지 않는다고 해보자. 파인애플 섬의 중앙은행이 1달러짜리 지폐 다섯 장을 더 발행하면 화폐 공급량은 두 배로 늘어나 10달러가 된다. 화폐의 유통 속도가 2이므로 1달러짜리 지폐 열 장은 각각 두 번 손바뀜이 되어 20달러 가치에 해당하는 거래가 이루어진다. 국민소득도 두 배로 늘어났다.

화폐의 유통 속도가 안정적이지 않으면 화폐와 국민소득의 관계 연결 고리도 약해진다. 이 때문에 케인스는 화폐가 경제에 큰 영향을 주지 않을 거라고 생각했다. 화폐의 유통 속도가 느려져 중앙은행이 경제에 추가로 투입하는 화폐가 사람들의 지갑 속에 쌓여 있다면 어떻게 될까? 파인애플 섬에서 화폐의 유통 속도가 느려져 2에서 1이 되면 국민소득은 이전과 같아진다. (1달러짜리 지폐 열 장이 각각 한 번씩 손이 바뀌면 원래 상황에서 1달러짜리 지폐 다섯 장이 각각 두 번씩 손이 바뀐 경우와 결국 국민소득은 같아진다.) 하지만 프리드먼은 화폐의 유통 속도가 상당히 안정적이더라도 화폐는 분명 국민소득에 영향을 미친다고 생각했다.

프리드먼의 주장은 여기서 한 단계 더 나아갔다. 파인애플 섬의 국민소득이 두 배로 늘어난 건 생산량이 많아져서일까, 아니면 가격이 높아져서일까? 국민소득이 높아진 건 현재 가격 1달러에 파인애플 생산량이 스무 개로 늘어나서일 수 있다. 혹은 생산량은 열 개로 현재와 같지만, 가격이 2달러로 두 배 높아져서일 수도 있다. 그것도 아니면, 늘어난 생산량과 높아진 가격이 결합해 국민소득을 두 배로 늘렸을지 모른다.

프리드먼은 화폐 공급이 증가하면 단기적으로 소비를 촉진하고 생산량 증가로 이어진다고 했다. 화폐에는 '실제적인' 효과가 있다. 파인애플 판매상은 파인애플 수확을 도와줄 노동자를 더 고용하고, 그로 인해 실업률이 낮아진다. 사실 케인스주의의 필립스 곡선은 그렇게 작동하게 되어 있었다. 정부가 화폐 공급을 늘려 경기를 부양하면 경제가 살아나면서 실업률이 떨어진다. (케인스가 선호한 방식대로 정부의 재정 지출을 늘리는 정책으로도 같은 결과를 얻을 수 있다.) 파인애플을 찾는 사람이 많아지면 가격이 서서히 오르기 시작한다. 이처럼 낮은 실업률과 높은 물가상승률은 서로 연관되어 있다. 그런데 프리드먼은 이 방식이 작동하는 건 잠시뿐이라고 생각했다. 사람들이 더 많이 일하는 건 파인애플 판매상이 더 높은 임금을 제시하기 때문이다. 그런데 얼마 지나지 않아 파인애플 가격도 오른다. 그래서 소득으로 살 수 있는 파인애플 개수, 즉 '실질' 임금은 전혀 높아지지 않는다. 문제는 노동자가 '명목' 임금과 '실질' 임금을 혼동한다는 점이다. 경제학에서는 이를 '화폐 환상money illusion'이라고 부른다. 노동자가 임금을 착각했다는 걸 알아차리면 그만큼 일하는 걸 멈추고 경제는 원래 상태, 즉 낮은 고용 수준으로 되돌아간다. 경제에 미친 유일한 효과는 인플레이션을 높인 것뿐이다.

그러므로 정부의 경기 부양책이 약간은 효과적일지 모르지만, 그 여파가 곧 찾아온다. 고용 수준은 원래대로 돌아가고 높은 인플레이션만 남는다. 정부가 고용 부양을 유지하는 단 하나의 방법이 있지만, 프리드먼은 그 방법을 알코올 중독자의 행동에 비유했다. 알코올 중독자가 숙취 해소를 위해 또다시 위스키 한 잔을 들이켜는 것처럼 정부도 한 번 더 경기 부양을 시도할 수 있다. 임금과 물가는 여전히 이전처럼 높은 상태이고, 노동자가 높은 명목 임금을 보고 실질 임금이 높아졌다고 착각하는 한 고용은 늘어난다. 하지만 노동자가 착각임을 알아차리는 순간 노동 공급량은 줄어든다. 그러면 또다시 경제는 애초의 실업 수준으로 돌아가고 한층 더 높아진 인플레이션만 남는다. 처음의 고용 수준이 경제의 '자연' 수준이다. 기업이 주어진 생산 능력에서 고용하는 총 노동자의 수를 뜻한다. 이 수준을 넘어 경제를 부양하려는 건 무의미한 일이다. 그래 봤자 인플레이션만 더욱 높아질 뿐이다.

프리드먼에게 필립스 곡선이 무너지는 건 전혀 놀라운 일이 아니었다. 프리드먼의 관점에서는 제2차 세계대전 이후 각국 정부가 경기를 부양하는 정책에 중독되어 있었고, 그래서 인플레이션을 밀어 올렸다. 1930년대는 이와 정반대인 상황이었다. 미국 중앙은행이 경제에 화폐를 지나치게 적게 공급하는 바람에 20세기 최악의 불황인 대공황을 맞았다. 1929년에서 1933년 사이에 화폐 공급량은 3분의 1로 감소했다. 케인스는 불황이 찾아온 건 정부의 재정 지출이 지나치게 적었기 때문이라고 주장했다. 하지만 프리드먼은 정부의 재정 지출과는 아무런 상관이 없다고 했다. 화폐 공급이 너무 적은 게 문제였다.

화폐가 단기적으로 경제에 영향을 미친다면(장기적인 영향까지는 아니더라도) 정부가 화폐를 활용해 경제를 조율할 수 있을까? 경기가 둔화하면 정부는 화폐 공급량을 늘리고, 경기가 과열되면 화폐 공급량을 줄이는 것이다. 프리드먼은 그럴 수 없다고 보았다. 통화정책의 단기 효과는 바로 나타나지 않는다. 통화정책의 효과가 나타날 때쯤에는 경기의 방향이 완전히 달라져 있을 것이다. 정부가 미래의 경제 상황을 정확히 예측하고 그에 맞춰 오늘의 정책을 마련하는 건 불가능하다. 결국 득보다 실이 많아진다.

정부가 할 수 있는 최선책은 경제성장에 맞춰 정해진 증가율, 예를 들어 연 3퍼센트로 화폐 공급을 늘리겠다고 약속하는 것이다. 파인애플 판매상이 파인애플 나무를 더 심으면 경제가 성장한다. 화폐의 유통 속도가 일정한 경우 화폐 공급량은 파인애플 생산량이 늘어나는 정도에 맞춰 늘려야 하고, 그보다 더 많이 공급해서는 안 된다. 프리드먼은 심지어 경제에 공급할 화폐의 양을 결정하는 중앙은행을 없애고, 경제가 요구하는 일정 비율로 화폐를 찍어내는 로봇으로 대체하자고 제안했다. 프리드먼이 기대한 결과는 무엇이었을까? 낮은 인플레이션을 유지하면서 꾸준히 성장하는 경제였다.

1979년 영국은 마거릿 대처를 새로운 총리로 선출했다. 그로부터 얼마 지나지 않아 로널드 레이건이 미국 대통령으로 취임했다. 대처와 레이건은 프리드먼이 제안한 방법에 따라 화폐 공급량을 엄격하게 통제해 높은 인플레이션을 낮추려 했다. 하지만 화폐 공급량을 통제하기가 까다로웠고, 영국과 미국 정부는 제대로 대처하지 못했다. 1980년대 초에 찾아온 불황은 마침내 인플레이션이 잦아들었지만, 그래도 필요 이상으로 심각했다며 정부의 정책을 탓하는 경제학자가 많았다. 1981년, 경제학자 364명은 〈타임스〉에 편지를 보내 영국 정부의 경제정책을 비난했다.

그런데도 정부가 경제에 간섭하면 문제를 일으킨다는 프리드먼의 기본적인 철학은 대처와 레이건 정부, 그리고 후임 정권에 여전히 남아 있었다. 케인스는 경제란 불안정하므로 정부가 어느 정도 개입해야 안정된다고 생각했다. 그래서 재정 지출을 충분히 늘리는 방법을 추천했다. 경제 내 수요가 충분하도록 하는 것이다. 하지만 프리드먼은 실제로 가만히 내버려두어도 경제가 대체로 안정적인 모습이라고 생각했다. 1970년대에 치솟은 물가나 1930년대의 불황처럼 경제가 불안정해지는 건 정부가 간섭한 결과라는 것이었다. 시장이 스스로 숨 쉬게 하면 경제는 건강하고 안정적으로 작동한다. 그 길로 가는 방법은 수요가 아니라 공급(경제 내 기업의 생산량)을 강화하는 것이다. 경제학자들은 정부가 법인세를 감면하고 시장 규제를 완화하면 기업이 생산량과 고용을 늘릴 것이라고 생각했다. 이러한 생각은 '공급 중시 경제학 supply-side economics'으로 알려지게 되었다. 그리고 '불만의 겨울' 이후 수십 년 동안 정부는 공급 중시 경제정책을 추진하려 애썼다.

CHAPTER 30

미래를 응시하다

　살아가는 동안 우리는 앞으로 무슨 일이 일어날지 항상 예상해야 한다. 버스를 타고 시내까지 가는 데 20분이 걸린다는 걸 알고 있다면, 내일 오전 9시까지 시내에 도착하기 위해 8시 40분까지 버스정류장에 가야 한다. 우리는 버스로 20분이 걸리는지 어떻게 알고 있을까? 그건 버스를 탔더니 오늘도, 어제도, 기억하는 한 언제나 그 정도의 시간이 걸렸기 때문이다. 그런데 어느 날 가스 회사에서 새로운 가스관을 매설하기 위해 월요일부터 어느 도로를 폐쇄한다고 알렸다. 그 도로로 통행하는 차량이 버스 노선으로 우회하게 되었다. 이렇게 차량의 흐름이 복잡해지면서 월요일에는 시내에 도착하기까지 30분이 걸렸다. 이전처럼 시내까지 20분이 걸릴 거라고 생각했는데 10분 늦게 도착하고 말았다. 무슨 일이 일어나고 있는지 알아차릴 때까지 며칠 더 그랬지만, 이후에는 8시 30분까지 버스정류장에 가기 시작했다.

1970년대 경제학계에서는 사람들이 예측하는 방식에 관심을 두었다. 경제행위가 며칠, 몇 달, 몇 년에 걸쳐 일어나기 때문이다. 오늘 세운 타이어 공장은 5년이 지나서야 이익을 내기 시작할지 모른다. 노동자는 향후 6개월 동안 월세를 감당할 수 있는지 계산해본 후 임금 제안을 받아들인다. 기업과 노동자는 미래를 예측해야 한다. 5년 뒤 타이어 시장은 얼마나 커질까? 앞으로 6개월 동안 월세는 얼마나 오를까?

제시간에 시내로 가는 계획을 세울 때 우리는 '적응적 기대adaptive expectations'를 활용했다. 지금까지 일어난 일을 고려해 앞날을 예측하는 방법이다. 적응적 기대는 때로 잘 들어맞지만, 가스회사가 땅을 팠을 때는 들어맞지 않았다. 경제학계에서는 대부분 적응적 기대 이론을 이용하고 있었는데, 이 이론이 맞는지 우려하기 시작했다. 시내로 가는 길을 계획할 때 우리는 완전히 합리적으로 생각하지 않았다. 교통 상황 정보를 확인하고 가스관 공사가 미치는 영향을 즉시 반영했다면 더 나은 결과를 얻었을 것이다. 또한 기업과 노동자가 이용할 수 있는 모든 정보를 활용해 예측에 반영하지 않으면 손해를 본다. 만일 타이어 회사가 자동차 생산에 관한 새로운 규제를 고려하지 않으면 미래 시장을 지나치게 낙관적으로 바라보고 공장을 지어 이익을 얻지 못하게 될 것이다.

그래서 경제학계에서는 '합리적 기대rational expectations'라는 새로운 이론을 받아들였다. 이 이론을 처음 떠올린 사람은 미국의 경제학자이자 수학의 귀재 존 무스(1930~2005)였다. 무스는 대개 자신의 연구에 관해 말을 아꼈다. 소문에 따르면 무스에게는 대중에 공개할 만큼 훌륭하지 않다고 생각해 감춰둔 연구 논문이 산더미처럼 쌓여 있다고 했다. 무스는 1961년에 획기적인 논문「합리적 기대와 가격 변동에 관한 이론」을 공개했지만 무시당했다. 무스의 주장은 시대를 지나치게 앞선 생각이었고, 무스도 논문의 내용을 널리 알리려 애쓰지 않았다. 그는 강연 초청을 거절했고, 집에서 첼로를 연주하는 걸 더 좋아했다. 그런데 1970년대 경제학계에 새로운 세대가 등장하면서 무스의 이론이 혁명적이라는 사실을 깨달았다. 무스의 이론을 발전시킨 경제학자들 중 몇몇은 노벨상을 받았다.

무스의 이론은 사실 간단하다. 합리적으로 기대하면 더는 곤란할 일이 없다. 과거에 시내까지 가는 데 걸린 시간을 바탕으로 소요 시간을 예상하는 대신 현재 이용할 수 있는 모든 정보를 사용하며, 여기에는 가스 회사의 공사 안내도 포함된다. 그래서 월요일에 버스를 타면 30분이 걸릴 것임을 예상했을 것이다. 하지만 예측이 매번 완벽하지는 않다. 어느 날은 그 지역의 어느 회사가 쉬는 날이라서 도로가 평소보다 조금 한산해 버스로 시내까지 가는 데 28분이 걸렸다. 또 다른 어느 날은 교통사고가 발생하는 바람에 차가 막혀 32분이 걸리기도 한다. 예상 시간을 살짝 벗어나는 건 차량 흐름의 속도에 영향을 주는 무작위 요소 때문이다. 하지만 평균을 고려해 시내에 가는 데 걸리는 시간을 30분으로 예측하는 게 적당하다.

무스의 이론을 처음으로 적용한 경제학자는 유진 파마(1939~)였다. 파마는 합리적 기대 이론이 금융시장의 작동 방식에 시사하는 바가 무엇인지 궁금했다. 금융 체제에서 은행과 주식시장은 저축자로부터 대출자에게로 돈을 보낸다. 저축자가 은행에 300파운드를 예금하고 6개월 뒤에 찾으려 한다. 어느 기업이 저축액을 빌리고 싶어 하지만, 광산 개발을 위해 1,000만 파운드의 대출을 원하고 5년 뒤에 상환할 예정이다. 금융기관에서 이런 문제를 모두 해결한다. 금융기관은 수백만 명의 개인으로부터 예치된 저축액을 모아 기업이 원하는 거액의 현금을 만들어 대출하고, 자금이 들어오고 나가는 시점을 관리한다. 은행이 저축자와 대출자 사이에서 중개인 역할을 하는 것이다. 주식시장에서 회사는 주식을 발행해 저축자로부터 돈을 빌린다. 주식을 구매한 사람은 회사 일부를 소유한다. 주식은 잠재적 수익성이 있지만, 동시에 위험도 안고 있다. 회사가 잘 경영되면 주식 가치가 상승하므로 주주가 주식을 팔 때 이익이 생기지만, 경영 상태가 악화되거나 파산하면 주주는 주식에 투자한 돈을 잃게 된다.

주식시장에서 돈을 벌려면 투자자는 주가가 오를지 떨어질지 예측해야 한다. 때로 주식 거래인은 내일의 주가가 오를 것인지 알려주는 패턴을 찾고 과거의 주가 움직임을 연구해 돈을 벌려 한다. 파마가 학부생이었을 때 교수 밑에서 일하며 주가의 움직임을 예측하는 방법을 이리저리 고안했지만, 그 어느 것도 효과적이지 않았다.

파마의 이론에서 그 이유를 찾을 수 있다. 파마의 이론에서 주가 예측 기법의 신빙성은 별자리를 보고 결혼 시기를 예측하는 점술가의 말을 믿는 것과 비슷하다는 점을 시사한다. 주식중개인이 주식 도표에서 상향 추세를 봤다고 해보자. 그래서 다음 주에 주가가 오를 거라는 결론을 내렸다. 하지만 파마는 주식중개인이 합리적 기대를 한다면 그런 결론을 내릴 수 없다고 한다. 주가가 오를 것을 안다면 오늘 그 주식을 매수할 것이다. 오늘 주식을 매수하지 않는다면 주식을 싸게 사서 비싸게 판 뒤 얻을 수 있는 수익 일부를 손해 보게 된다. 그런데 주식중개인이 오늘 주식을 사면 주가를 밀어 올리게 되고, 다음 주의 가격 상승분은 그리 크지 않을 것이다. 그러고도 여전히 약간의 가격 상승이 예상된다면 같은 논리를 다시 한 번 적용한다. 사실상 처음에 예상했던 가격 상승분 전체가 오늘의 주가에 반영되어 있어야 한다. 그렇지 않으면 주식중개인은 수익 기회를 놓칠 것이다.

파마의 추론은 주가를 예측할 수 없다는 사실을 암시한다. 주가에 어떤 변동이 생길 것이라고 예상한다면 그 영향은 이미 오늘의 주가에 반영되어 있어야 한다. 하지만 분명 이런 생각이 들 것이다. 니프티 랩 유한회사에서 분사형 포장지(1초도 안 되는 짧은 시간에 선물을 포장할 수 있다)를 개발했다는 소식을 들었다면 이 회사의 주가가 오를 거라고 합리적으로 기대할 수 있지 않을까? 그렇다면 이 회사의 주식을 매수해두는 게 좋은 생각이지 않을까? 하지만 꼭 그렇지는 않다. 주식을 가장 대규모로 거래하는 사람은 전문 주식중개인이다. 이들은 경제 동향과 기업에 관한 정보를 얻는 게 직업이다. 합리적 기대를 활용해 이러한 전문 투자자는 주식 매매 결정을 내릴 때 손에 넣을 수 있는 모든 정보를 끌어모은다. 우리 같은 사람이 다음 주 주가의 움직임을 예측해 꾸준히 시장을 이기는 건 불가능하다. 우리로서는 안타까운 일이지만, 니프티 랩의 주가는 분무형 포장지 출시 소식을 반영해 이미 오른 상태일 것이다.

파마가 정립한 이론은 '효율적 시장 가설 efficient markets hypothesis'이라고 불린다. 이 가설에 따르면 금융시장의 가격에는 이용할 수 있는 모든 정보가 이미 반영되어 있다. 모든 정보가 주가에 반영될 때 투자자는 수익 기회를 전부 활용한다. 이는 가격이 변하지 않는다는 뜻이 아니다. 그것과는 전혀 상관이 없으며, 단지 가격을 예측할 수 없다는 의미이다. 가격 변화는 예상할 수 없는 무작위 요소가 작용한 결과이다. 교통사고를 만나 버스 도착 시각이 2분 지연되는 것과 같은 일이다. 사람들이 합리적일 때 시장은 예측할 수 없게 된다. 그러므로 우리에게 특정 주식을 사라고 권하는 전문 금융상담사의 말을 듣는 건 시간 낭비일 뿐이다. (미국의 어느 신문사에서 한번은 전문 금융상담사에게 내년에 가장 유망한 주식을 골라달라고 요청했다. 또 오랑우탄에게 원하는 주식을 '뽑게' 했다. 그 결과, 이듬해 말이 되었을 때 오랑우탄이 뽑은 종목이 사람이 추천한 종목만큼 성과가 좋았다!) 무작위는 혼돈과 같다는 생각이 들지 모른다. 하지만 파마의 이론에 따르면 가격이 무작위로 정해질수록 시장은 더욱 효율적으로 작동하고, 금융시장이 효율적일수록 경제 구석구석으로 자금을 옮기는 일이 더 잘 이루어진다.

합리적 기대 이론은 이미 기세가 꺾인 케인스 경제학에 한 번 더 대못을 박았다. 밀턴 프리드먼이 먼저 못을 박았던 걸 기억하자. 프리드먼은 케인스주의 경제정책의 바탕이었던 필립스 곡선이 무너졌다고 주장했다. 필립스 곡선은 경기를 부양하기 위해 정부가 재정 지출을 시행하면 실업률이 줄어들고 인플레이션은 높아진다는 의미가 담겨 있다. 하지만 프리드먼은 재정 지출이 효과를 발휘하는 건 잠시뿐이라고 했다. 경기가 활성화되면 노동자의 임금이 높아지고 일자리를 구하는 사람이 더 많아진다. 하지만 노동자가 높은 인플레이션이 미치는 영향을 고려하지 않았다는 게 문제이다. 노동자가 실질 임금(실제로 살 수 있는 상품의 양)이 오르지 않았음을 알게 되면 고용 수준은 다시 예전처럼 낮아진다.

미국의 경제학자 로버트 루카스(1937~)는 노동자가 마치 월요일 아침에 버스를 탄 사람처럼 곤란한 상황에 빠졌다고 보았다. 노동자는 과거를 돌아보고 기대를 형성한다. 정부의 경기 부양책이 일시적으로나마 효과를 내려면 노동자가 속아야 한다. 하지만 사람이 합리적으로 기대한다면 노동자가 속는 일은 일어나지 않는다. 그리고 정부 정책이 가져오는 효과를 즉시 예상할 것이다. 더 일할 것인지를 결정할 때 미래의 높은 인플레이션도 예상한다. 현재의 높은 임금이 실질 임금의 상승을 의미하지 않는다는 걸 알고 있으며, 그래서 더 많이 일하지 않는다. 이렇게 되면 단기간일지라도 정부가 경기를 부양하는 건 불가능해진다. 사람들은 영리해서 몇 번이고 속지 않는다.

경제학의 역사

루카스는 또한 시장이 재빨리 균형을 찾는다고 생각했다. 상품의 수요나 공급이 지나치게 적어지는 때는 드물 것이다. 가격이 수요와 공급을 조절해 균형에 이르게 한다. 경제학에서는 이를 '시장청산market clearing'이라고 부른다. 루카스는 같은 원리가 노동시장에도 적용된다고 보았다. 노동의 가격(임금)이 조정되어 노동의 공급(일자리를 찾는 사람의 수)과 수요(기업에서 고용하려는 사람의 수)가 일치한다. 노동력이 부족한 상황은 거의 발생하지 않는다. 마찬가지로 일자리가 부족한 상황도 거의 발생하지 않는다. 적어도 상당 기간에는 실업이 일어날 수 없다. 임금이 재빨리 떨어져 기업에서 노동자를 더 많이 고용하기 때문이다. 시장청산 이론은 합리적 기대 이론과 더불어 케인스 이론에 강력한 한 방을 날렸다. 케인스는 경제가 많은 사람이 일자리를 찾지만 구할 수 없는 상황에 빠질 수 있다고 주장했다. 하지만 시장청산이 일어난다는 건 현재의 임금수준에서 일자리를 원하는 사람은 누구나 일할 수 있다는 뜻이다. 일자리가 없는 노동자는 일하지 않겠다고 선택한 사람이다. 합리적 기대 이론에 따르면 고용을 촉진하기 위해 정부가 할 수 있는 일은 아무것도 없다. 루카스가 주장하는 사상을 따르는 학자들은 '새고전주의 경제학new classical economics'파라고 불렸다. 새고전주의 경제학에서는 케인스가 반대한 사상을 되살렸다. 경제는 실업을 없애기 위해 빠르게 조정되므로 정부가 추가로 경기 부양 정책을 펴는 게 아무런 의미가 없다고 한 고전학파의 사상이었다.

새고전주의 경제학파가 펼치는 주장에는 논란의 여지가 많왔다. 1930년대의 경제 대공황, 혹은 그 이후의 경기 침체기에 일자리를 잃은 노동자 수백만 명은 자발적으로 그만둔 것이었을까? 시장이 정말 그렇게 빨리 조정되는 걸까? 이에 의문을 갖는 사람이 많았다. 효율적 시장 가설에도 의문이 제기되었다. 우리가 정말 그렇게 빨리 엄청난 양의 경제 정보를 모아서 익힐 수 있을까? 그래서 금융시장에는 아직 아무도 활용하지 않은 수익 기회란 게 정말 전혀 없는 걸까? 이와 관련된 어느 학생과 경제학 교수 이야기가 있다. 이 경제학 교수는 합리적 기대 이론을 신봉했는데, 한번은 두 사람이 함께 강의실로 걸어가고 있었다. 이때 학생이 땅에 떨어져 있는 10파운드짜리 지폐를 발견하고는 주우려 한다. 그러자 교수가 쯧쯧 혀를 차며 말한다. "굳이 주울 필요 없네. 진짜 10파운드짜리 지폐가 거기에 있었다면 이미 누군가가 주워 갔을 걸세!"

뒤에서 이 책을 마무리하며 21세기 초의 금융 체제가 제대로 작동하지 않아 발생한 경제위기를 살펴볼 것이다. 이 위기를 통해 사람들은 완전한 정보를 가지고 있지 않으며, 금융시장은 효율성과 거리가 멀다는 사실이 드러났다. 이로 인해 합리적 기대 이론과 효율적 시장 가설의 유효성에 대한 의구심 또한 더욱 깊어졌다.

CHAPTER 31

투기꾼의 공격

1950년대에 전통적인 은행 지점장은 대개 지역사회에서 존경받는 유지였다. 신중하고 꼼꼼한 사람으로, 밤에는 일찍 잠자리에 들고 술은 많이 마시지 않을 듯했다. 우리가 보기에는 지루하고 답답한 사람일지 모른다. 하지만 1970년대부터 새로운 유형의 은행가가 등장했다. 이들은 시끌벅적하고 화려하며 거만했고, 큰 위험도 기꺼이 감수했다. 빨리 부자가 되어 스포츠카와 비싼 샴페인에 돈을 펑펑 쓰고 싶어 했다. 이들은 '투기speculation'라 불리는 행위를 통해 돈을 벌었다. 일반적으로 우리는 사용하려는 물건을 산다. 빵을 만들려고 밀가루를 사거나 차를 움직이려고 휘발유를 사는 식이다. 하지만 투기는 대상의 사용에 전혀 관심이 없는데도 구매하는 행위이다. 밀 재배 지역에 가뭄이 닥치면

밀 가격이 오를 것이라고 생각해, 오직 그 이유로 밀을 잔뜩 산다. 예상대로 밀 가격이 오르면 나중에 밀을 팔아 이익을 남긴다.

투기는 수백 년간 이어져왔다. 그런데 1970년대부터는 투기가 정말로 극성을 부렸다. 은행에는 돈을 벌기 위해 거의 무엇이든 거래하는 전담팀이 있었다. 일부 투기자는 '헤지 펀드hedge fund'로 알려진 자기 회사를 운영했다. 투기사업을 하는 회사이다. 그런 헤지 펀드 중에 퀀텀 펀드Quantum Fund가 있다. 철학을 사랑하는 헝가리 태생의 은행가 조지 소로스가 설립한 회사다. 소로스는 책보다 롤렉스 시계에 훨씬 더 관심이 많은 투기자와 다른 면이 있었고 당대 가장 유명한 금융인으로 우뚝 섰다.

소로스 같은 투기자가 돈을 버는 방법 중 하나는 달러, 유로, 엔 및 기타 여러 외환을 거래하는 것이다. 오늘날 외환시장은 세계 최대의 금융시장이다. 외환의 가격은 '환율'이다. 예를 들어 멕시코 화폐 1페소의 가치로 바꿀 수 있는 달러나 유로의 양이다. 미국산 청바지를 사기 위해 멕시코의 옷가게 주인은 페소를 내고 달러를 산다. 청바지 가격이 10달러이고 1페소가 10센트의 가치라고 하면 옷가게 주인은 100페소를 내야 청바지를 살 수 있다. 그런데 1페소가 5센트의 가치밖에 안 된다면 청바지를 사기 위해 200페소를 내야 한다. 사고파는 물건이라면 무엇이나 그렇듯 외환도 수요와 공급의 법칙을 따른다. 만일 미국산 청바지가 멕시코에서 특히 유행한다면 멕시코인은 청바지를 사기 위해 더 많은 달러가 필요하고, 이 때문에 달러 가격이 높아진다. 외환의 수요와 공급이 이리저리 움직이면 환율도 따라 움직인다.

달러에 대한 페소 가치의 등락 폭이 크면 멕시코의 옷가게 주인은 다음 6개월 동안 미국산 청바지를 주문할 때 얼마를 주고 사야 하는지 알기 어렵다. 오늘은 알맞다고 생각한 달러 가격이 6개월 뒤 페소 가치가 떨어져 알맞지 않을 수 있기 때문이다. 일부 국가에서는 이러한 상황을 용인한다. 환율이 오르내리도록 허용하는 것이다. 이를 '변동floating'환율제라고 한다. 반면 환율이 오르내리지 못하도록 막아 환율을 '고정peg'하는 나라도 있다. 즉 달러 같은 기축통화의 일정한 가격으로 환율을 고정해두는 것이다. 소비자와 기업에 높은 환율 안정성을 제공하고 싶기 때문이다. 환율이 고정되어 있으면 소비자와 기업은 해외에서 자국의 상품을 팔아 얼마를 받을 수 있는지, 외국 상품을 사려면 비용이 얼마나 드는지 알 수 있다.

고정환율을 따르는 통화를 이용하면 투기자에게는 돈을 벌 기회가 생긴다. 고정환율(페그)을 '공격'하는 것이다. 1970년대 미국의 경제학자 폴 크루그먼(1953~)이 이와 관련된 이론을 만들었다. 고정환율을 공격한다는 뜻을 이해하려면 우선 정부가 외환 환율을 고정하는 방법부터 알아야 한다. 정부는 외환을 사고파는 거래를 통해 자국 통화의 가치를 일정하게 유지한다. 만일 정부 당국에서 유가를 리터당 15페소에 고정하고 싶은 경우에도 마찬가지로 석유를 매매하는 방법을 쓸 것이다. 유가 15페소에서 석유의 공급이 수요를 초과하면 정부는 유가가 떨어지지 않도록 돈을 들여 석유를 사들여야 한다. 그와 반대로 수요가 공급을 초과한다면 정부는 시장에 추가로 석유를 공급해야 한다. 그러지 않으면 유가가 오르기 때문이다. 그래서 정부는 가격 방어에 사용할 석유를 비축해두어야 한다.

이와 마찬가지로 5월에 멕시코 정부가 달러에 대한 페소 가격을 정했다고 하자. 만일 6월이 되어 페소 수요가 평소보다 높으면 정부는 정해진 가격보다 페소 가치가 오르지 못하도록 페소화를 더 발행한다. 그런데 7월이 되어 사람들이 달러를 많이 사들이고, 그래서 평소보다 페소를 더 많이 판다면 페소 가격이 내려갈 위험에 처한다. 그러면 정부는 페소 가격을 유지하기 위해 달러 보유분을 활용해 페소를 사들여야 한다. 경제학에서는 이처럼 한 국가가 가지고 있는 화폐 재고를 '외환보유고foreign currency reserves' 라고 부른다. 환율 수준을 조절하는 데 외환보유고의 역할은 매우 중요하다.

크루그먼의 이론에서 투기자는 정부가 계속 돈을 풀 때 고정환율을 공격한다. 1970년대 멕시코 정부는 페소를 달러에 고정했다. 그리고 사회보장제도와 주택 및 교통 건설 사업에 막대한 비용을 지출했다. 멕시코 정부는 재정 지출로 인해 국민에게 무거운 세금을 부과하고 싶지 않았다. 대신 돈을 찍어냈다. 달러당 페소가 이전보다 더 많은 양이 유통되었기 때문에 달러 대비 페소화의 가치가 떨어질 것 같았다. 하지만 페소 가치가 떨어지면 고정환율이 무너진다. 멕시코 정부는 달러 보유고로 페소를 사들여 일정량의 페소만 유통되게 함으로써 고정환율이 무너지는 상황을 막아야 했다. 한동안은 효과적이었다. 멕시코 정부가 보유한 달러가 바닥을 드러내기 전까지만. 멕시코 정부는 지출 사업의 비용을 충당하기 위해 페소를 계속 더 많이 찍어냈지만, 더 이상 페소를 사들일 수 없어 시장에 페소 공급량이 늘어났다. 그러자 달러 대비 페소화의 가치가 떨어졌다.

사실 크루그먼의 이론에 따르면 멕시코 정부의 달러 보유고가 바닥나기 전에 이미 환율이 하락한다. 외환 투기 세력의 움직임 때문이다. 이들은 정부가 화폐를 발행해 달러 보유고를 소진할 것임을 알고 있다. 60일 뒤면 달러는 한 푼도 남아 있지 않을 것임을 안다. 60일째 되는 날 페소화가 가치를 잃기 시작할 때 투기 세력은 수중의 페소를 전부 매도한다. 그러지 않으면 환차손을 입을 것이다. 이것이 바로 공격이다. 59일째 되는 날, 투기 세력은 60일째가 되는 내일 무슨 일이 벌어질지 알고 있다. 그러므로 페소를 전부 매도한다. 58일째에도 페소를 매도하는 이유는 같다. 이런 식으로 정부의 달러 보유고가 완전히 소진되기 전에 투기 세력은 페소를 전부 팔고 보유고에 남은 달러를 사들인다. 그 결과 페소화의 고정환율은 무너져버린다. 경제학에서는 이를 '외환위기currency crisis'라고 부른다. 투기 세력이 돈을 버는 이유는 달러처럼 더 가치 있는 외환으로 자산을 옮겼기 때문이다. 멕시코는 1976년에 위기를 맞았고 통화가 폭락했다. 멕시코 화폐의 가치가 몹시 낮았기 때문에 수입을 하려면 비용이 아주 많이 들었다. 이는 멕시코 국민의 실질 소득 감소를 불러왔고 멕시코 국민은 지출을 줄였다. 그렇게 경제는 침체에 빠졌다.

그 뒤 미국의 경제학자 모리스 옵스펠드(1952~)는 어느 나라가 화폐를 발행하지 않아도 외환위기를 맞게 되는 과정을 보여주었다. 부유한 국가에서도 일어나는 일이다. 1990년대 초 유럽 여러 나라의 통화가 마르크화에 고정되어 있었다. 당시 유럽의 선진국인 독일의 통화였다. 그런데 마르크화에 통화를 고정한 나라의 정부는 딜레마에 빠졌다. 예를 들어 영국의 상황을 살펴보자. 영국 정부는 한편으로 고정환율을 유지하고 싶어 했다. 존 메이저 총리는 고정환율 유지에 사활을 걸었다. 영국이 고정환율제를 포기하면 금융권에서 이전처럼 영국을 신뢰하지 않을 것이고 자금을 선뜻 빌려주지 않을 터였다. 다른 한편으로 영국 정부는 고정환율제를 포기하고 파운드화의 가치가 떨어지도록 놓아두고 싶었다. 파운드화의 가치를 지키기 위해 정부는 금리를 높게 유지해야 했다. 금리가 높다는 건 파운드화를 보유하면 돈을 많이 벌 수 있다는 뜻이다. 그래서 사람들이 파운드화를 사들여 파운드화의 가치가 높아진다. 그런데 고금리는 집을 살 때 많은 대출을 받은 주택 소유자를 괴롭혔고, 그들은 이제 높은 이자를 갚느라 힘들어했다.

투기 세력이 영국 정부가 고정환율제를 유지하지 않으리라 판단했을 때 영국에 위기가 찾아왔다. 투기 세력은 파운드화의 가치가 떨어질 것이라 예상했다. 고정환율 공격은 1992년 9월에 시작되었고, 그날은 '검은 수요일 Black Wednesday'이라 불렸다. 그것은 투기 세력(파운드화의 가치가 떨어질 것이라 예상한 소로스 같은 사람들)과 영국 정부 간에 벌어진 전투였다. 투기 세력은 파운드화를 엄청나게 매도하기 시작했다. 잉글랜드 은행(영란은행)은 파운드화를 매입해 흐름을 저지하려 애썼다. 존 메이저 총리는 장관회의를 소집해 금리를 10퍼센트에서 12퍼센트로 올리기로 했다. 엄청나게 큰 폭의 금리 인상이었다. 장관회의 이후 케네스 클라크 내무장관이 차를 타고 사무실로 돌아오는 길이었다. 운전기사가 뒷좌석을 돌아보며 말했다. "장관님, 효과가 없었네요." 운전기사는 라디오 방송으로 금리 인상 소식을 이미 들었는데, 파운드화가 여전히 급락하고 있다는 뉴스가 지금 흘러나온 것이었다. 회의가 끝나고 헤어진 지 몇 분도 지나지 않았는데 클라크 내무장관은 다시 총리를 만나러 갔다. 그리고 금리를 15퍼센트로 인상했다. 하지만 금리 인상 노력은 폭풍우 속에 떠 있는 종이배와 같았다. 투기 세력은 영국 정부가 결국 고정환율제를 포기하리란 것을 알 수 있었고, 파운드화를 계속 내다 팔았다. 그날 저녁 영국 정부는 고정환율제를 포기했고, 존 메이저 총리는 사임을 고려했다. 노먼 라몬트 재무장관은 파운드화의 가치 때문에 조마조마할 일이 없어서 몇 주 만에 처음으로 푹 잤다고 말했다. 영국 정부는 파운드화의 가치를 방어하려고 수십억 파운드를 쏟아부었다. 조지 소로스는 10억 파운드의 이익과 함께 '잉글랜드 은행을 이긴 남자'라는 별명을 얻었다.

일부 경제학자들은 투기가 바람직한 행위라고 생각한다. 외환 투기 세력은 여러 나라의 경제에 실제 일어나는 일에 대응하는 것뿐이다. 이들은 정부가 과도한 재정 지출을 하거나 말도 안 되게 높은 금리를 책정하는 식으로 좋지 못한 정책을 시행할 때 고정환율을 공격한다. 그렇다면 소로스는 어차피 일어날 일인 위기를 통해 돈을 벌었다. 투기적 공격 덕분에 정부가 더 합리적인 정책을 채택하게 된다고 말하는 사람도 있다. 하지만 1990년대 후반 아시아에서 일련의 경제위기가 발생했을 때 사람들은 단호하게 투기 세력을 비난했다. 말레이시아의 마하티르 모하마드 총리는 투기 세력은 범죄자라고 했다. 소로스는 멍청이며 외환 거래는 금지해야 한다고 했다. 반면 소로스는 마하티르 총리를 골칫거리라 부르며 그의 말은 귀담아들을 필요가 없다고 맞받아쳤다.

아시아의 위기는 1990년대 말 태국 경제가 무너지면서 촉발되었다. 기업과 은행이 파산했고, 방콕 주변에 반쯤 지어진 건물은 소유주의 자금이 바닥나면서 방치되었다. 말레이시아와 아시아의 다른 나라들, 한국과 인도네시아도 얼마 지나지 않아 태국이 앓는 경제 병에 걸렸다.

그런데 태국의 문제가 아시아의 다른 나라와 어떻게 연관되었을까? 경제학계에서는 마치 사람 사이에 감기가 번지듯이 나라 사이에는 경제위기가 퍼질 수 있다고 생각한다. 경제학자는 이를 경제 '전염병contagion'이라 부르며, 이 병을 퍼뜨리는 건 투기 세력이다. 태국에서 일어난 일을 보고 투기 세력은 말레이시아나 다른 주변국에서도 비슷한 일이 발생할까 우려하기 시작한다. 만일 말레이시아에도 위기가 찾아올 조짐이 보이면 이들은 말레이시아 통화를 처분하고 싶어 한다. 하지만 투기 세력이 우려하는 건 말레이시아 경제의 건강만이 아니다. 다른 투기 세력은 무슨 생각을 하고 있는지도 염려한다. 만일 다른 투기 세력도 말레이시아 경제를 걱정해 말레이시아 통화를 매도할 것으로 예상되면 이들도 말레이시아 통화를 매도할 것이다. 상당수의 투기 세력이 이렇게 생각하면 말레이시아 통화의 가치는 실제로 폭락한다. 불이 나지도 않았는데 "불이야!" 하고 소리쳐 모두 우르르 대피하게 만드는 것과 마찬가지다. 경제학에서는 이를 '자기실현적 위기self-fulfilling crisis'라고 부른다. 미국의 경제학자 제프리 삭스(1954~)를 포함해 일부 학자들은 별달리 심각한 문제가 없는 경제라도 투기 세력이 위기를 촉발할 수 있다고 말한다. 1990년대 후반 아시아 국가의 경제는 잘 작동하고 있었고, 각국 정부에서 합리적으로 경제를 관리하고 있었다. 1970년대의 멕시코 같은 상황이 아니었다. 아시아 국가를 향한 공격은 전부 투기 세력 사이에 발생한 불필요한 공포심 때문이었다고 경제 비평가들은 말한다. 마하티르 총리가 그토록 분노했던 이유이기도 하다.

뒤에 투기 세력의 이야기가 다시 나올 것이다. 달러나 엔보다 훨씬 더 복잡한 금융상품을 취급하는 투기 세력이 많다. 제38장에서 살펴보겠지만, 21세기 초가 되면서 투기 세력은 몹시 알기 어려운 상품을 거래했고 사람들은 금융이 위험한 속임수가 아닌지 의구심을 갖기 시작했다. 사람들은 투기 세력의 행태가 난폭하고 무모하므로, 이들을 막아야 한다고 말했다.

CHAPTER 32

약자를 구하는 손길

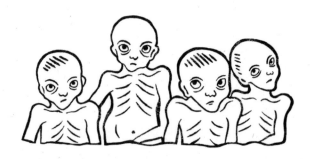

　인도의 경제학자 아마르티아 센(1933~)은 불과 열한 살의 나이로 현재 방글라데시의 수도인 고향 다카에서 살인의 참상을 목격했다. 다카에서 폭동이 일어나 이슬람교도와 힌두교도가 서로를 죽였다. 근처에서 일하던 카데르 미아라는 이슬람 노동자가 도시 내 힌두교 지역에 있는 센 가족의 집 정원으로 뛰어 들어왔다. 지역 폭력단의 공격을 받은 미아는 칼에 등이 찔려 피를 뒤집어쓰고 있었다. 센은 미아에게 물을 주고 사람들에게 곧장 알렸다. 병원으로 가는 길에 미아는 위험하니 힌두교 지역으로 들어가지 말라고 아내가 말렸지만, 가족이 굶고 있어 돈을 벌기 위해 힌두교 지역으로 들어가는 위험을 감수해야 했다고 말했다. 그날 밤 미아는 숨을 거두었다.

미아의 죽음은 어린 센에게 커다란 충격으로 다가왔다. 미아를 통해 가난이 돈이나 음식이 부족한 것 이상의 의미임을 알게 되었다. 가난한 사람은 부유한 사람이 당연하게 여기는 여러 자유를 제한받는다. 미아는 가난했기 때문에 가족들에게 음식을 충분히 줄 수 없었다. 하지만 미아의 가난에는 다른 의미도 있었다. 그는 가난했기 때문에 안전한 장소에 있을 때 느끼는 자유를 누릴 수 없었다. 잘사는 사람은 돈을 벌려고 위험한 장소에 가지 않아도 된다. 위험하지 않은 곳에서 일자리를 찾거나 저축한 돈으로 먹을 것을 산다. 그와 달리 미아에게는 선택의 여지가 없었다. 그리고 목숨으로 값을 치렀다.

그날의 경험이 경제학자로서 센의 사상을 형성했다. 센은 경제적 약자, 즉 카데르 미아 같은 사람들의 상황을 이해하고 싶어 했다. 센은 철학자이자 경제학자였다. 현대 경제학자에게는 흔치 않은 일이지만, 덕분에 센은 인간의 물질적 행복에 관심을 기울인 매우 초창기의 경제학자이자 철학자인 이들과 같은 무리에 들었다. 센은 철학적 호기심으로 인해 경제학의 가장 기본적인 가정에 의문을 갖게 되었다.

카데르 미아 같은 사람이 마주하는 가난에 대해 생각하며 센은 질문을 떠올렸다. 무엇이 부족한 걸까? 전통 경제학의 답은 돈이 없거나 음식 혹은 주거할 곳이 없는 것이다. 사람은 물질이 부족할 때 가난하다. 하지만 센에게는 그보다 광범위한 문제이다. 자전거를 가졌을 때 좋은 점을 생각해보자. 자전거를 타면 가야 할 곳에 갈 수 있다. 이때 행복이 커지는 건 자전거 자체 때문이 아니라 교통수단이 생겼기 때문이다. 센은 이러한 교통수단을 '역량capability'이라고 불렀다. 풍족하게 생활하려면 다양한 역량이 필요하다. 영양을 잘 섭취해야 하고, 건강해야 하며, 공동체의 일원이면서 안전하게 지내야 하는 등과 같은 식이다. 물질적 재화와 역량의 관계는 복잡하다. 몸이 건강한 사람은 자전거를 통해 이동 능력을 얻지만, 신체장애가 있어 자전거를 탈 수 없는 사람은 그렇지 않다.

누군가가 가난에 시달려 1주일에 2,000칼로리 미만을 섭취하면서 살고 있다고 해보자. 우리는 가난의 '절대' 척도를 사용하고 있다. 여기에는 정해진 음식의 섭취량이 있어서 그 이하로 섭취하는 사람은 가난하다고 말할 수 있다. 한편 가난이 '상대적'이라면 평균보다 훨씬 뒤처지는 사람은 가난하다. 부유한 나라에서는 평균이 높아 상대적 정의에서 가난한 사람도 텔레비전과 휴대전화를 가졌을 수 있다. 센이 말하는 역량이라는 개념에는 절대적 기준과 상대적 기준이 함께 들어 있다. 역량은 절대적이지만, 역량을 얻는 데 필요한 물질적 요건은 상대적이다. 예를 들어 사회생활에 적절하게 참여하려면 부끄러움 없이 사람들 앞에 설 수 있는 역량이 필요하다. 이 역량은 절대적이다. 뉴욕에 사는 사람이든 인도의 시골에 사는 사람이든 부끄러워하지 않아야 한다는 자질은 똑같기 때문이다. 하지만 물질적 요건은 다르다. 뉴욕에 사는 사람에게는 신발 한 켤레가 있어야 한다. 신발을 살 돈이 없어서 맨발로 출근하는 건 부끄러운 일이다. 하지만 인도의 시골 사람은 맨발로 일하러 가는 게 아무렇지 않다. 인도의 시골 사람이 체면을 지키려면 다른 조건이 충족되어야 한다. 이를테면 자녀가 어떤 사람과 결혼하는가와 같은 것이다.

센의 관점에서 사회의 발전은 역량의 확장이다. 더 많은 사람이 공동체에 참여하고, 안전하고 건강하게 지낼 수 있을 때 사회는 발전한다. 특히 교육은 읽고, 쓰고, 생각하는 힘을 갖추었을 때 자신이 원하는 사람으로 변하는 자유를 제공한다. 또한 민주주의를 통해 사람들은 사회 운영 방식에 영향을 미치는 기회를 얻는다. 그래서 센에게 민주주의는 발전 자체의 일부에 속하는 또 다른 자유였다. 진정한 발전은 상품의 생산으로 측정하는 경제적 발전 이상의 의미를 지닌다. 진정한 발전은 인간의 발전이다. 즉 풍족한 삶에 필요한 역량을 지니는 데서 오는 자유를 경험하는 사람이 점점 더 많아져야 한다.

그렇다면 이건 더 많은 공장과 뛰어난 기술, 저렴한 상품과 서비스가 인간의 발전과 상관없다는 의미일까? 전혀 그렇지 않다. 사회 내에 학교나 병원을 지으려면 반드시 자원을 갖추어야 한다. 하지만 경제적 발전이 센이 말하는 폭넓은 인간의 발전과 같은 개념은 아니다. 예를 들어 파키스탄에서는 수십 년간 경제가 발전했지만 여전히 문맹률이 높으며, 특히 글을 읽고 쓸 줄 모르는 여성이 많다. 그러므로 국민소득이 높다고 인간의 발전이 크게 이루어졌다고 말할 수는 없다. 센은 경제 발전을 가늠하는 새로운 척도를 요구했다. 1990년대에 센은 국제연합에서 전통적인 발전의 척도(국내총생산, 즉 GDP)를 개선하는 작업에 도움을 주면서 자신의 생각을 실행할 수 있었다. GDP는 한 나라의 국민소득

을 측정하며, 매년 그 나라의 생산량을 모두 더해 계산한다. 센은
이 방식에 소득과 더불어 기대수명과 문맹률을 포함한 대안을 제
시했다. '인간개발지수Human Development Index'라고 불리는 이 척도
는 인간의 발전과 경제 발전 사이에 나타나는 차이를 강조한다.
사우디아라비아는 스리랑카보다 훨씬 더 부유하지만, 인간개발
지수는 스리랑카가 사우디아라비아보다 높다. 이제 발전은 한 나
라의 소득 증가만 의미하지 않고 국민의 건강과 교육이 포함되어
야 한다는 센의 생각에 대다수 경제학자가 동의한다.

　모든 역량 중 가장 기본이 되는 것은 영양이다. 먹을 음식이
충분해야 한다는 뜻이며, 가장 극단적인 빈곤은 먹을 음식이 없어
서 영양실조와 사망으로 이어진다. 여기서 센은 소년 시절 자신의
경험으로 되돌아간다. 1943년 카데르 미아가 사망하기 불과 1년
쯤 전에 센은 약 300만 명이 사망한 벵골 대기근의 피해자에게 쌀
을 배급하는 일을 도왔다. 기아가 널리 퍼진 상황을 목격한 기억은
수십 년 뒤 기근 이론을 발전시킬 때 다시 떠올랐다. 1970년대와
1980년대에 아프리카와 아시아 지역은 끔찍한 기근을 겪었다. 가
장 두드러진 요인은 식량 부족이었다. 비가 적게 내려 작물이 말
라 죽으면서 사람들은 굶주림에 시달렸다. 아니면 18세기에 토머
스 맬서스가 내린 결론대로 급속한 인구 증가로 먹여 살려야 할
입이 너무 많아진 탓인지도 몰랐다.

　센은 이러한 일반적인 설명으로는 미흡한 부분이 있다고 보
았다. 미국에서도 종종 가뭄이 들지만, 아무도 굶주리지 않는다.
그리고 맬서스는 인구가 급증할 때 나타나는 결과를 경고하지만,

에티오피아나 수단처럼 넓은 땅에 인구가 조금씩 뿔뿔이 흩어져 사는 나라에서도 기근은 나타난다. 센은 이들에게 음식이 충분하지 않은 건 식량이 전반적으로 부족한 상황과 다르다고 했다. 식량은 단순히 먹을거리가 아니다. 식량은 시장을 통해 구하는 상품이며, 그래서 식량을 충분히 구하지 못해 배고픔을 겪게 되는 데는 온갖 이유가 있다고 했다.

센은 식량 '접근권entitlements'이 지나치게 낮아져 제대로 먹을 수 없을 때 기근이 발생한다고 주장했다. 식량 접근권은 주어진 소득과 식품 가격으로 살 수 있는 음식의 양을 나타낸다. 여기에는 또한 집에서 기르는 작물과 정부에서 나눠주는 먹거리가 포함된다. 전반적으로 식량이 부족하거나 가뭄, 혹은 인구수의 폭발이 일어나지 않아도 식량 접근권은 무너질 수 있다. 기근이 발생하는 데는 그런 이유가 하나도 필요하지 않다. 때로 가난한 사람은 시장의 식품 가격이 너무 비싸 아무것도 사지 못한다. 이는 센이 벵골에서 기근을 목격하고 머릿속에 떠올린 의문을 이해하는 데 도움이 되었다. 먹을 게 너무 부족해서 기근이 발생한다면 사람들은 왜 음식이 가득한 가게 앞에서 배를 곯으며, 기근은 왜 잘사는 친구와 친척에게는 아무런 영향을 주지 않을까?

센은 식량 접근권이라는 개념을 활용해 1970년대와 1980년대에 나타난 기근을 설명했다. 1974년 방글라데시가 기근에 시달릴 때 식량 생산량은 많았지만 홍수가 발생해 농사를 망쳤고, 그로 인해 농촌의 수많은 이들이 일자리를 잃었다. 한편 홍수가 미칠 영향을 우려한 사람들은 식량을 사재기했고, 그 때문에 시장에서 식품 가격이 치솟았다. 극빈층에서는 소득 부족과 높은 식품 가격으로 인해 음식을 사지 못하는 사람이 많았고, 일부는 굶어 죽었다. 그리고 식품 가격이 정상을 되찾고 나서야 기근이 끝났다.

센은 시장의 변동이 어떻게 기근을 발생시키는지 깊이 이해하면 기근 예방을 위해 할 수 있는 일이 더 많아진다고 주장한다. 예를 들어 1970년대 초 인도의 마하라슈트라 주에 가뭄이 들어 농업 노동자들이 일자리를 잃었다. 이에 정부는 그들을 고용해 도로를 건설하고 우물을 파는 작업에 투입했고, 노동자들은 임금을 받고 식량 접근권을 지킬 수 있었다. 그렇게 기근을 피한 것이다.

센은 민주주의와 언론의 자유가 기근을 막는 데 꼭 필요하다고 말한다. 언론에서 가난한 사람들이 마주한 어려움에 관한 기사를 쓸 수 있을 때 정부에는 문제를 해결할 유인이 생긴다. 그러지 않으면 다음 선거에서 투표 결과에 따라 정권을 잃을 위험이 따르기 때문이다. 센은 이것이 바로 독립 이래 인도에 기근이 나타나지 않는 이유라고 생각했다. 반면 1950년대 후반 중국에서 3,000만 명이 사망한 20세기 최악의 기근이 그토록 오래가고 그렇게나 많은 사람이 사망한 건 언론이 원하는 바를 자유로이 쓸 수 없었기 때문이다. 당시 중국 정부는 대약진 운동을 시작하고 경제 현대화를 목표로 삼았으며, 대약진 운동의 하나로 참혹한 농업 재편이 이루어졌다. 중국 정부가 무슨 일을 하는지 보도하는 사람이 아무도 없었기에, 중국 정부는 수많은 사람의 목숨을 대가로 치러야 하는 정책을 계속 시행할 수 있었다.

그보다 최근인 1984년 에티오피아에서도 기근이 발생했다.

텔레비전을 통해 보도된 모습에 전 세계가 충격을 받았고, 아프리카를 돕기 위한 기금을 마련하려고 유명 가수가 음반을 내고 대규모 콘서트를 여는 일이 유행처럼 번졌다. 물론 에티오피아의 상황이 참혹했지만, 1950년대에 중국이 겪은 기근이나 1930년대에 소련에서 800만 명이 사망한 기근에 비하면 아무것도 아니었다. 감사하게도 그런 대규모 기근은 이제 과거의 일이 된 것으로 보인다. 오늘날 기근은 내전이 벌어지는 아프리카 지역에 국한되는 모습이다. 그곳에서도 사람들은 보통 기아에 시달리다 죽기보다는 전쟁의 혼란 속에서 치명적인 전염병에 걸려 사망하는 경우가 더 많다.

사람들은 대개 경제학이 주식시장, 주요 산업, 기업가의 의사 결정 내용을 연구하는 학문이라고 생각한다. 물론 그러한 연구 주제도 중요하지만, 센은 경제학이 그 이상의 연구를 한다는 점을 보여주었다. 19세기에 앨프레드 마셜은 경제학자가 차가운 머리와 따뜻한 가슴을 갖추어야 한다고 했다. 센은 마셜이 이야기한 경제학자의 모습을 보여주는 표본이다. 센은 논리를 활용해 사회의 최하층에서 사는 사람의 어려움에 관해 생각한다. 카데르미아처럼 입에 풀칠하기도 바쁜 사람, 생존을 위한 투쟁에서 종종 패배하는 사람들이다. 센에게 경제학은 가난한 사람들이 행복하고 충만한 삶을 사는 데 꼭 필요한 다양한 내용을 연구하는 학문이다. 음식을 얻기 위한 돈도 중요하지만 글을 읽을 수 있고, 건강하고, 사회 운영에 참여하는 기회를 얻는 것도 그만큼 중요하다. 진정한 인간의 발전은 자유 그 자체의 확대를 의미한다.

CHAPTER 33

나를 알고 너를 알다

　스톡홀름에서 화려한 연회가 열리고 있었다. 미국의 경제학자 조지 애커로프(1940~)의 노벨상 수상을 축하하는 자리였다. 이 자리에서 애커로프는 스웨덴 국왕 부부를 포함해 연회에 참석한 손님들에게 자신의 경제사상을 설명했다. "노쇠한 말 한 마리를 장에 데려갑니다. 목구멍에 살아 있는 장어 한 마리를 넣습니다. 그러면 말이 기운차게 뛰어다닐 겁니다." (노쇠한) 말 판매상은 말이 생기 넘쳐 보이게 하려고 온갖 속임수를 다 쓴다. 하지만 그렇게 하면 바람직하지 못한 결과가 나타난다. "시장의 한편에는 사기꾼이 자리 잡고, 다른 한 편에서는 사기꾼을 피하려 합니다. 이러한 상황이 극단으로 치달으면 시장은 완전히 붕괴합니다."

　애커로프는 1970년에 쓴 논문 「레몬 시장」으로 명성을 얻었다. 이 논문은 말 구매자가 빠진 딜레마를 현대판으로 살펴본다. 중고차를 어떻게 살 것인가의 문제이다. 동네 중고차 판매점에서 사겠다고 마음먹은 자동차는 상태가 좋을 수 있다. 하지만 중고차 판매점 앞마당에서 본 것과 달리 몇 킬로미터만 주행하면 고장이 날 게 분명한 똥차('레몬')일 수도 있다. 막상 차를 살 때까지 어느 쪽에 속하는 차인지 알 길이 없다. 중고차 판매상은 그 차가 레몬인지 아닌지 알고 있지만, 손님에게는 항상 자동차 상태가 최상이라고 말한다. 판매자와 구매자는 좋은 차를 비싼 가격에, 상태가 나쁜 차는 저렴한 가격에 거래하고 싶어 할 것이다. 하지만 어떤 차가 좋고 어떤 차가 나쁜지 구매자가 알 수 없다는 게 문제이다. 중고차 판매점의 자동차 중 절반은 좋은 차이고, 절반은 나쁜 차라고 해보자. 그렇다면 사려고 하는 자동차가 레몬일 확률은 반반이다. 레몬인 차를 비싸게 사고 싶지는 않을 것이다. 그래서 차를 살 때 최고가와 최저가의 중간 정도만 내려 한다. 문제는 좋은 차를 팔려는 소유자가 중간 가격으로 차를 팔고 싶어 하지 않는다는 것이다. 중간 가격은 그가 팔려는 차의 가치와 비교해 훨씬 낮은 가격이다. 그래서 매물을 거둬들인다. 반면 레몬인 차를 소유한 사람은 기꺼이 팔아 치우려 한다. 그러니 누군가가 차를 팔려고 내놓았다는 사실만으로도 수상하다. 이런 이유로 나쁜 차가 좋은 차를 시장에서 몰아낸다. 이는 시장의 실패를 나타낸다. 가격이 비싸더라도 좋은 차를 사려는 사람이 많기 때문이다.

경제 내에서 다른 사람보다 정보를 더 가진 사람이 있다는 게 애커로프의 생각이었다. 어이없을 만큼 당연한 소리 같지만, 애커로프가 논문을 쓴 당시에는 사람들이 이를 제대로 이해하지 못했다. 경제학의 표준 모형에서 시장은 잘 작동한다. 시장은 사람들의 욕구를 충족할 뿐만 아니라 이용 가능한 자원을 갖추는 결과를 가져온다. (시장이 이렇게 작동하는 방법은 제25장에서 살펴보았다.) 하지만 이는 중요한 가정을 전제로 한다. 시장은 경쟁적이어야 하고, 공장의 오염물질이 인근에 있는 물고기 양식장에 비용을 부과하는 식의 외부효과가 나타나지 않아야 한다. 하지만 경제학계에서는 현실 속 시장이 보통 이 가정을 만족시키지 않는다는 점을 알고 있었다. 애커로프는 경제학의 표준 모형에 사람들이 간과해온 또 다른 가정이 있음을 알았다. 시장이 잘 작동하려면 사람들이 모든 걸 알아야 한다는 가정이다. 자동차 가격이 얼마인지, 자동차의 품질이 어떠한지, 직원이 열심히 일하고 있는지, 대출자가 얼마나 믿을 만한 사람인지 등과 같은 정보이다. 우리가 사업을 같이한다면 여러분은 내가 능력 있는 사람인지 알고 싶어질 테고, 나 역시 여러분이 능력 있는 사람인지 알고 싶을 것이다. 시장 참여자가 모든 걸 안다는 '완전 정보perfect information' 가정에 관해 의문을 제기하는 사람은 거의 없었다. 애커로프가 논문을 발표하려 했을 때 학술지들은 게재를 거부했다. 어느 편집자는 내용이 사소하다고 했고, 또 다른 편집자는 애커로프의 주장이 사실이라면 경제학이 바뀌어야 할 거라고 말할 뿐이었다. 그러다 마침내 애커로프의 논문이 출판되었고 경제학은 분명 변화하게 되었다. 애커로프의 논문으로부터 '정보경제학information economics'이라는 새로운 분야가 시작되었다.

경제학에는 레몬 문제를 가리키는 전문 용어가 있다. 이를 '역선택adverse selection'이라고 한다. 역선택 문제는 여기저기서 발생한다. 건강보험을 예로 들어보자. 건강보험에 가입할 때 우리는 보험회사에 매달 일정 금액(보험료)을 내고, 보험회사는 보험 가입자가 아플 때 병원비를 부담한다. 보험시장에서는 판매자인 보험회사보다 구매자인 보험에 가입하려는 사람이 더 많은 정보를 가지고 있다. 보험회사는 건강하지 않은 가입자에게 더 높은 보험료를 부과하고 싶어 한다. 이들이 병원을 더 자주 이용할 가능성이 크기 때문이다. 그리고 건강한 사람에게는 낮은 보험료를 제시하려 한다. 그런데 보험회사에서는 누가 건강하고, 누가 건강하지 않은지 구별하기 어렵다. 그래서 중고차 시장의 구매자와 마찬가지로 모든 사람에게 중간 가격 수준의 보험료를 부과한다. 그러면 상태가 좋은 차를 소유한 사람과 마찬가지로 건강한 사람은 보험시장에 참가하고 싶어 하지 않는다. 이들이 생각하기에는 병에 걸릴 확률이 낮은 데 비해 보험료가 너무 비싸다. 결국 보험에 가입하고 싶어 하는 사람은 건강하지 않은 사람뿐이다. 이렇게 건강하지 않은 사람이 건강한 사람을 보험시장에서 몰아낸다. 그러면 보험회사는 건강하지 않은 보험 가입자의 병원비를 부담해야 하고, 늘어난 비용을 충당하기 위해 보험료를 한껏 올려야 한다. 그러다 마침내 비싸기 이를 데 없는 보험료를 내고 보험에 가입하려는 사람은 건강이 가장 안 좋은 사람뿐이다.

자동차의 품질이 어느 정도인지 구매자가 알지 못하거나 보험회사가 잠재 고객의 건강 상태를 잘 알지 못하는 것처럼, 구매자나 판매자가 중요한 정보를 알지 못할 때 역선택이 발생한다. 시장은 또한 사람들의 행동이 알려지지 않을 때도 혼란에 빠진다. 경제학에서는 이를 '도덕적 해이moral hazard'라고 부른다. 휴대전화 분실을 대비해 보험에 가입하고 나면 휴대전화 보관을 소홀히 한다. 휴대전화를 버스에 두고 내리면 새로운 휴대전화를 받을 수 있다는 걸 알기 때문이다. 보험회사에서도 그러한 사실을 알지만, 일일이 확인할 길은 없다. 그 결과 보험회사는 전액을 보장하려 하지 않는다. 가입자에게 손실액 중 일부를 부담하라고 요구한다. 여기서도 또 한 번의 시장 실패가 나타난다. 가입자는 보험회사가 손실을 전액 보상해주기를 바라고 보험회사도 손실을 전액 보상하는 상품을 판매하고 싶지만, 정보 부족으로 거래가 이루어지지 않기 때문이다.

구매자와 판매자는 시장의 결함에 대처하는 방법을 찾는다. 사람들은 괜찮은 중고차를 사거나 팔기 위해 애쓴다. 예를 들어 구매자는 사려고 점찍어둔 자동차의 이력을 찾아보려 노력하고, 좋은 차를 팔려는 사람은 보증을 제공한다. 경제학자 마이클 스펜스(1943~)는 정보경제학 분야의 또 다른 선구자다. 스펜스는 사람들이 서로 '신호signalling'를 보내 정보 부족을 극복하는 방법을 조사했다. 예를 들어 기업에서는 생산성이 가장 높은 사람을 채용하고 싶어 한다. 하지만 겉으로 봐서는 사람의 능력을 알아내기 어렵다. 사람들이 자신의 능력을 나타내는 신호로 학력을 쌓는 방법이 있다. 이 방법을 좀 더 자세히 살펴보자. 학력이 높은 사람이 일을 정말 잘하는 건 아니다. 즉 자격 조건은 고용주가 생산적인 사람과 비생산적인 사람을 구별하는 데 작은 도움을 줄 뿐이다. 때로는 정보 부족을 쉽게 해결하는 방법이 아예 없을 수도 있다. 만일 은행에서 대출 심사를 할 때 책임감 있는 사업가와 사기꾼을 구별하는 방법이 없다면, 대출을 아예 중단할 수 있다. 애커로프가 경고했듯이, 정보가 매우 부족하면 시장은 완전히 작동을 멈춘다. 소비자와 기업이 필요로 하는 유용한 상품의 공급을 중단하는 것이다.

애커로프는 1960년대 매사추세츠 공과대학교에 다니면서 친구를 사귀었는데, 그가 바로 훗날 정보경제학의 선구자가 된 조지프 스티글리츠(1943~)이다. 두 사람은 스톡홀름에서 노벨 경제학상을 공동 수상했다. 스티글리츠는 인디애나 주 게리 출신이다. 게리는 앤드루 카네기를 비롯한 미국 기업인 집단이 1901년 창립한 거대 기업 US스틸이 20세기 초에 건설한 산업도시이다. 스티글리츠가 게리에서 목격한 빈곤, 차별, 실업 문제는 경제학자로서 그의 사상에 영향을 주었다. 스티글리츠는 '시장경제의 단점을 보고 나면 시장경제의 경이로운 성과를 기뻐하기만은 어렵다'라고 말했다. 무엇보다 자유시장을 옹호하는 전통 경제학은 그저 옳은 답이 될 수 없었다.

스티글리츠에게 정보경제학은 '가난한 나라가 어떻게 부유해질 수 있는가?' 하는 경제학의 최대 문제와 관련된 연구였다. 1990년대에 스티글리츠는 자기 이론을 실제 세계에 적용할 수 있는 기회를 얻었다. 빌 클린턴 대통령의 경제 고문이 되었고, 뒤이어 워싱턴에 있는 세계은행에서 일하게 된 것이었다. 세계은행은 개발도상국에 차관과 함께 경제정책에 관한 조언을 제공한다. 스티글리츠는 평범한 정부 관리가 아니었다. 그는 종종 넥타이를 비뚤게 맨 채 걸어 다녔고, 권력자를 불쾌하게 하는 일도 개의치 않았다. 워싱턴에서 스티글리츠는 가난한 나라의 문제를 해결할 답은 시장경제라는 생각을 고수하는 저명한 정부 관리나 경제학자와 대결 구도를 형성했다.

세계은행, 그리고 이와 비슷한 워싱턴의 경제기구 국제통화기금International Monetary Fund, IMF에서는 개발도상국에 자유시장 정책을 채택하라고 압력을 가해왔다. 여기에는 해외 자금 유입에 시장을 개방하라는 요구도 포함되어 있었다. 그들은 해외에서 들어온 자금이 새로운 공장과 도로를 건설하는 데 투자될 것이며, 그래서 개발도상국의 경제 발전에 도움이 된다고 주장했다. 하지만 동아시아로 흘러 들어간 엄청난 자금은 앞서 살펴본 것처럼 1997년 아시아 국가의 경제에 큰 타격을 주었다. 해외 대출기관은 돈을 빌려가는 사람이 자금을 상환할 능력이 있는지 제대로 심사하지 않았다. 부족한 정보를 바탕으로 대출 결정을 내렸고, 결국 상환능력도 없는 많은 사람이 돈을 빌렸다. 도덕적 해이는 상황을 더욱 심각하게 몰고 갔다. 대출기관은 상황이 나빠지면 정부 구제를 받을 것이라고 예상했기 때문에 어떤 사람이 돈을 빌려가는지 신경 쓸 이유가 전혀 없었다.

금융시장이 온전히 작동하려면 대출자가 믿을 만한 사람인지 대출기관이 정확히 평가해야 하고, 투자자는 자금을 투자하는 사업의 위험성을 이해해야 한다. 금융시장에서는 정보가 전부이다. 석유 시장이나 밀 시장보다 훨씬 더 정보가 중요하다. 동아시아 국가에서 그러했듯, 금융시장이 제대로 발달하지 않으면 복잡한 정보를 잘 분류할 수 없다. 그래서 스티글리츠는 워싱턴 관리들이 추천하는 방식을 가차 없이 비판했다. 워싱턴의 관리들은 자유시장 정책이 지닌 위험성을 완전히 무시했다. 즉 대출기관이 어떤 사람에게 돈을 빌려주는지 정확한 정보가 없는 상황에서 해외 자금이 아무런 제재 없이 나라 사이에서 흘러 들어왔다가 흘러나가는 것이었다. 스티글리츠는 그런 자유시장 정책을 고물차에 페라리 엔진을 달고 타이어의 상태나 운전자의 운전 솜씨는 아랑곳하지 않은 채 달려 나가는 꼴이라고 비유했다.

정보경제학은 또한 선진국이 마주한 커다란 경제적 도전 과제와도 연관되어 있다. 1930년대의 경제 대공황 이후로 경제학계에서는 무엇이 실업을 유발하는지 깊이 고민했다. 조지 애커로프는 열한 살 때 아버지가 실직한 이래로 이 문제를 계속 고민해왔다. (애커로프는 아버지 한 명이 일자리를 잃고 소비를 멈추면 또 다른 아버지가 일자리를 잃고, 그런 식으로 실직이 계속 이어진다고 추론했다. 실직이 이어지는 연쇄반응 끝에 경기 침체의 소용돌이로 빠져든다는 것이다. 어린 학생이었던 애커로프는 알아차리지 못했지만 케인스 경제학의 주요 원리 중 하나를 발견한 셈이었다.) 케인스의 연구를 바탕으로 한 전후 경제학은 불황기에 임금이 쉽게 낮아지지 않으며, 임금수준이 높게 유지되면 기업이 추가적인 노동자 고용을 꺼리게 된다고 보았다. 임금이 왜 낮아지지 않을까? 정보경제학에서 새로운 해답을 내놓았다. 고용주가 노동자를 항상 지켜볼 수 없으며, 그래서 노동자가 얼마나 열심히 일하는지 알지 못한다. 노동자가 열심히 일하게 하려고 고용주는 임금을 올려준다. 모든 고용주가 그렇게 임금을 인상하면 전반적인 임금수준이 높아진다. 임금수준이 높으면 기업은 노동자를 적게 고용하고 실업률은 올라간다. 그러면 실업이 두려워 취업 중인 노동자는 열심히 일하게 된다. 실업을 바라보는 이러한 견해는 케인스 경제학의 새로운 해석으로 자리 잡았고, 오늘날 상당수의 케인스주의 경제학자가 이에 따르고 있다.

애커로프와 스티글리츠가 정보경제학이라는 새로운 분야를 연구하기 시작했을 때는 시장이 대체로 잘 작동한다고 생각하는 경제학자가 많았다. 이들은 '보이지 않는 손'에 믿음을 가졌다. 시장에서 일어나는 매매 행위로 사회자원을 최대로 활용하게 된다는 애덤 스미스의 이론이다. 정보 문제 때문에 시장이 무너지는 건 시장 참여자가 어리석거나 비합리적이어서가 아니다. 노쇠한 말을 보여준다는 의심이 들어 말을 사지 않는 사람은 완벽하게 합리적으로 생각하고 있다. 하지만 시장이 무너졌다는 건 '보이지 않는 손'이 더 이상 작동하지 않는다는 뜻이다. 스티글리츠는 노벨상을 받으면서 손이 보이지 않는 건 그곳에 존재하지 않기 때문이며, 혹시 거기에 있더라도 그 손은 이미 마비되어버렸다고 말했다.

CHAPTER 34

깨진 약속

마음을 바꾸지 않는 편이 더 나을 때도 우리는 마음을 바꾼다. 이렇듯 평범한 말이 어느 경제 이론의 바탕을 이룬다. 이 이론에서는 정부가 좋은 의도로 어떤 일을 시작했더라도 목표를 포기할 수밖에 없다고 한다. 마치 선의를 지닌 교사가 게으른 학생에게 방과 후에 남는 벌을 내리려다가 마음을 바꾼 것과 마찬가지다. 학생이 방과 후에 남으면 공부를 더 열심히 하고 시험을 통과하는 데 도움이 되는데도 교사는 마음을 바꾼다. 교사는 학생이 숙제를 해오지 않으면 방과 후에 남아서 해야 한다고 엄포를 놓지만, 정작 학생이 숙제를 제출하지 않아도 크게 문제 삼지 않는다. 왜 그럴까? 음, 학생에게 벌을 내리려면 교사도 늦게까지 학교에 남아 있어야 하는데, 대부분은 그러느니 정시에 퇴근하고 싶어 한다. 학생은 교사가 엄포를 놓은 대로 하지 않을 것임을 안다. 그래서 결코 게으름을 떨치지 못하고 시험에 낙제한다. 학생이 교사의 말을 믿었다면 숙제를 했을 테고, 교사도 정시에 퇴근했을 것이다. 게으른 학생이 교사의 말을 믿지 않기 때문에 모두에게 손해다.

교사가 기대하는 효과(방과 후에 남아야 한다고 으름장을 놓아 학생이 숙제하도록 하는 것)는 시간이 지나야 나타난다. 월요일에 교사가 할 수 있는 최선은 학생에게 수요일까지 숙제를 해오지 않으면 방과 후에 남아야 한다고 으름장을 놓는 일이다. 하지만 수요일이 되면 교사가 할 수 있는 최선은 숙제하지 않은 학생을 봐주는 것이다. 교사는 혼잣말을 한다. 어차피 숙제를 하지 않았는데, 방과 후 늦게까지 붙잡아둔들 무슨 소용이겠어?

1970년대 후반에 두 명의 경제학자가 시간이 지나야 목표를 달성하는 상황에서 나타나는 문제를 연구했다. 핀 쉬들란(1943~)은 노르웨이의 어느 농장에서 자랐는데, 동네에서 초등학교 이상의 상급 학교에 진학한 유일한 학생이었다. 쉬들란이 피츠버그에 있는 카네기멜론 대학교에서 박사학위 과정을 공부하고 있을 때 미국인 친구 에드워드 프레스콧(1940~2022)을 만났는데, 쉬들란은 노르웨이로 돌아가면서 베르겐에 있는 노르웨이 경제대학교에서 1년간 함께 연구하자고 프레스콧을 설득했다. 조용한 건물에서 모두가 집으로 돌아가고 한참이 지난 뒤에도 쉬들란과 프레스콧은 함께 새로운 이론을 연구하고 용어도 만들었다. 마음이 관대한 교사는 '시간선호의 비일관성time inconsistency' 문제를 마주하고 있었다. 오늘의 최선이 내일의 최선은 아니게 되는 것이다.

로켓의 비행을 통제하는 과학자는 시간선호의 비일관성 문제에 부딪히지 않는다. 월요일에 로켓을 발사하면서 로켓 컴퓨터에 가능한 한 연료 사용을 최소화한 상태로 수요일까지 달에 도착하라고 지시를 내린다. 월요일 날 컴퓨터에 전체 비행 기간에 걸친 지시를 입력할 수 있다. 아니면 월요일에 일부 지시를 입력하고, 화요일에 추가 지시를 입력하고, 수요일에 최종 지시를 입력할 수도 있다. 지시를 어떻게 내리든 그건 중요하지 않다. 월요일에 최선인 지시 내용이 수요일에도 변함없이 최선이다. 로켓에 장착된 컴퓨터는 항상 약속을 지킨다.

하지만 사람을 상대할 때는 상황이 달라진다. 월요일에 교사는 이번 주에 해야 할 일을 스스로 정한다. 숙제를 하지 않은 학생은 방과 후에 남도록 할 것. 하지만 수요일이 되면 월요일에 정한 내용과 다르게 움직인다. 사람은 미래를 예측하기 때문에 로켓과 다르다. 내일이 어떠할지 알기 때문에 오늘의 행동을 바꾼다. 학생은 교사가 으름장을 놓은 대로 하지 않을 것임을 알기 때문에 굳이 숙제하는 수고를 들이지 않는다.

쉬들란과 프레스콧은 1970년대 케인스 경제학의 원칙에 맞서 논쟁을 벌인 경제학파에 속해 있었다. 케인스 경제학에서는 정부가 경제를 쉽게 통제할 수 있다고 했는데, 쉬들란과 프레스콧이 속한 경제학파에서는 케인스주의 학파에서 경제를 로켓처럼 여겼기 때문에 그 주장이 틀렸다고 생각했다. 케인스주의에서 내세우는 원칙은 사람들이 완전히 합리적이지 않은 경우에만 들어맞는다고 주장했다. 경제학에서는 새로운 접근법이 등장해 사람이 합리적으로 기대할 때 경제가 작동하는 방식을 연구했다. 제30장에서 다룬 이론이다. 사람들이 합리적 기대를 하면 정부의 경제정책을 포함해 이용 가능한 모든 정보를 활용해 앞으로 무슨 일이 일어날지 예측한다. 중요한 정보를 깜빡 잊는 실수는 하지 않는다. 쉬들란과 프레스콧은 합리적 기대가 시간선호의 비일관성으로 이어진다는 사실을 발견했다. 교사에게 문제가 발생하는 건 학생이 수요일에 교사가 어떻게 할지 예측하고 그 결과를 월요일의 행동에 반영하기 때문이다. 로켓 연구 과학자는 자연을 상대로 승부를 가리지만, 교사와 정부는 그보다 더 까다로운 대결을 벌인다. 상대가 영악한 사람이기 때문이다.

1950년대와 1960년대에 정부가 따른 케인스주의 경제정책은 정부가 재정 지출 금액을 조정함으로써 경제가 나아가는 길에 영향을 미칠 수 있다는 생각에 바탕을 두었다. (케인스주의 경제정책의 대안은 케인스주의자들이 선호하지 않았지만, 정부가 유통화폐의 수량을 조절하는 방식이었다.) 실업률이 낮으면 인플레이션이 높다는 점을 보여주는 필립스 곡선에 따르면 정부가 약간의 인플레이션을 감수하면 실업률을 낮추는 정책을 사용할 수 있다. 합리적 기대 이론을 주장한 경제학자는 그러한 접근은 불가능하다고 일축했다. 이들은 정부가 경기를 부양하면 합리적인 사람은 임금이 높아져도 물가가 올라 효과가 상쇄되리라는 점을 대체로 예상한다고 했다. 사람들이 받는 실질 임금(사람들이 살 수 있는 실제 상품의 양)은 변하지 않을 것이고, 이 사실을 깨달으면 사람들은

경제학의 역사

더 일하지 않는다. 정부의 경제정책은 결국 인플레이션을 끌어올리는 효과밖에 낳지 못한다. 이러한 관점에서 경제를 보면 정부가 할 수 있는 최선책은 화폐를 지나치게 많이 발행하거나 재정지출을 크게 늘리지 않음으로써 물가를 낮게 유지하는 것뿐이다.

이러한 사실을 알고 있는데도 정부는 지속적으로 경기 부양 정책을 사용한다. 1월에 정부는 대국민 약속을 한다. 장기적으로 보면 경기를 부양하려는 건 헛된 일이며 단지 물가상승으로 이어진다는 걸 알고 있으므로, 인플레이션만 낮게 유지하겠다고 선언한다. 하지만 5월이 되면 정권의 지지율이 떨어지고, 연말에는 선거가 다가온다. 정부는 보통 고용에 영향을 줄 수 없지만, 때로 사람들이 기대하지 않을 때 갑자기 경기 부양 정책을 사용하면 가까운 미래의 고용에 영향을 준다. 그래서 5월에 정부는 실업률을 낮춰 정치적 지지를 얻으려고 갑자기 경기 부양 정책을 시행하려 한다. 잠시 동안 사람들은 높은 임금에 반응해 더 많이 일하지만, 임금을 많이 받아도 높은 물가 때문에 효과가 상쇄된다는 걸 깨달으면 재빨리 낮은 고용 수준으로 되돌아간다. 정부는 6월, 7월, 8월에도 같은 일을 반복한다. 그런데 정부 정책을 보고 사람들이 깜짝 놀랐을 때만 정책의 효과가 나타나기 때문에 경기 부양 정책은 가끔 한 번씩만 효과가 있을 뿐이다(그것도 짧은 시간 동안만). 시간이 지나면 정부가 경기 부양 정책을 쓰지 않겠다는 약속을 지켰을 때와 비교해 실업률에 차이가 없다. 차이점은 인플레이션이 2퍼센트가 아니라 8퍼센트로 높아졌다는 것뿐이다. 사람들은 정부의 딜레마를 이해하므로 인플레이션을 낮게 유지하겠다는 정부의 약속을 믿지 않는다. 교사의 경우와 마찬가지로 정부도 약속을 지키고 싶어 하지만, 때가 오면 약속대로 따를 수가 없다. 이렇게 약속이 깨지면 결과적으로 경제가 더 불안정해진다. 물가는 치솟고, 경제는 더 불안정하게 요동치며, 예측할 수 없게 된다.

선의를 지닌 정부(혹은 교사)가 매 시점에 무엇을 할 것인지 가능한 한 많은 선택권을 갖는 게 좋은 일이라고 생각할 수 있다. 경제학에서는 이를 '정책 재량권policy discretion'이라고 부른다. 정책을 결정할 완전한 자유를 뜻한다. 5월에 정부는 현재 상황에 대응해 무언가를 해야겠다고 마음먹는다. 그리고 6월, 7월, 8월에도 무언가 손을 써야겠다고 결정한다. 물론 정책 재량권 덕분에 정부는 현재 상황을 평가하고 행동할 수 있다. 하지만 그게 시간이 지나서도 최선의 결과를 가져올까? 쉬들란과 프레스콧의 이론은 정책 재량권이 실제로는 정부가 최선의 정책을 시행할 힘을 약하게 만드는 이유를 보여준다. 정부는 어리석거나 정직하지 못해서 실패하는 게 아니다. 그보다는 매 시점에서 정책 결정의 자유가 자충수로 이어지기 때문에 실패하고 만다.

쉬들란과 프레스콧은 정부가 재량권을 사용해 5월, 6월, 7월에 각각 다른 결정을 내리는 대신 '항상 인플레이션을 낮은 수준으로 유지한다'처럼 사전에 정한 방침을 따라야 한다고 했다. 하지만 어떻게 정부가 원래 방침을 시행하도록 강제할 수 있을까? 정부는 권력의 칼자루를 쥐고 있으므로 언제든 스스로 규칙을 깰 수 있다. 문제는 정부가 권한을 많이 가질수록 오히려 그 권한이 적어 보인다는 점이다. 이제 정부가 강력한 공약을 내세운다 해도 그건 중요하지 않다. 어차피 아무도 믿지 않을 것이기 때문이다(숙제를 하라며 소리 지르는 교사의 으름장이 무시당하는 것과 마찬가지다).

쉬들란과 프레스콧이 이론을 정립한 뒤 경제학계에서는 정부에 원래 규칙을 강제하고 시간선호의 비일관성 문제를 해결할 방안을 찾았다. 그중에는 중앙은행의 운영 방식을 바꾸는 것과 관련된 내용이 많았다. 중앙은행은 정부의 은행으로, 새로운 지폐와 동전을 발행하는 기관이다. 오늘날에는 중앙은행에서 정부의 통화정책을 시행한다. 그래서 화폐 공급량과 이자율 조절을 담당한다. 중앙은행은 개인 기업으로 출발했다. 세계의 중앙은행 중 가장 오래된 잉글랜드 은행은 1694년에 상인들이 모여 설립했다. 영국이 프랑스에 맞서 싸울 자금이 충분한지 확인하기 위해서였다. 그러다가 차츰 중앙은행은 정부와 함께 움직이게 되었다. 1946년 잉글랜드 은행은 공공 기관이 되었다. 1940년대 후반 영국의 재무장관 스태퍼드 크립스는 잉글랜드 은행을 '자신의 은행'이라 불렀다. 정부는 중앙은행을 활용해 케인스주의 정책을 시행했다. 중앙은행은 정부의 통제 아래 정치인이 보기에 적합한 방식으로 활용되었다.

시간선호의 비일관성 문제를 해결하는 방법은 정부가 중앙은행에 대한 통제권을 포기하고 독립성을 보장하는 것이다. 그러면 정책 관련 논쟁이 벌어져도 정치인이 통화정책을 조작할 위험이 사라진다. 중앙은행 총재는 유권자가 투표로 선출하지 않으므로, 단기적으로 인기를 얻기 위한 행동을 해도 아무런 이득을 얻지 못한다. 따라서 인플레이션을 낮게 유지한다는 원칙을 시행할 수 있다. 정부는 낮은 인플레이션을 강력히 선호한다고 알려진 사람을 중앙은행 총재로 임명할 수도 있다. 그러면 그 사람은 중앙은행 총재에 취임한 뒤 낮은 인플레이션을 유지하기 위해 전력을 다할 것이다. 학생에게 관대한 교사가 게으른 학생을 엄격한 교장실로 보내는 것과 비슷하다. 교장은 학생들에게 방과 후에 남아야 하는 벌을 즐겨 준다는 걸 모두 알고 있다.

1990년대에 많은 나라가 중앙은행의 독립성을 보장했다. 각국은 인플레이션 목표를 정했다. 예를 들어 2~3퍼센트로 유지하는 게 목표라고 해보자. 중앙은행이 해야 할 일은 이제 중앙은행이 통제하는 통화정책 수단을 활용해 목표를 달성하는 것이다. 프랑스 혁명의 혼란 뒤 금융 질서를 바로잡기 위해 나폴레옹이 세운 프랑스 중앙은행은 그로부터 거의 200년이 지난 1994년에 정치인의 그늘에서 벗어났다. 중앙은행의 정치적 독립을 기념하는 행사에서 프랑스 중앙은행 총재는 안정된 경제의 새 시대를 기대했다. 1998년 잉글랜드 은행이 정치적으로 독립했을 때 전문위원회가 매주 수요일마다 회의를 열기 시작했다. 위원회에서는 인플레이션 목표치를 맞추기 위해 금리를 올릴지 내릴지를 투표로 정했다. 일부 경제학자는 심지어 중앙은행 총재의 급여를 물가상승률과 연동하는 방식을 권했다. 그와 비슷하게 뉴질랜드 중앙은행이 정치적으로 독립했을 때 은행 측에서는 인플레이션 목표치에서 벗어나면 총재를 해임할 수 있다고 발표했다.

중앙은행의 독립성이 보장되어야 낮은 인플레이션과 꾸준한 경제성장으로 이어진다고 생각하는 경제학자가 많다. 1970년대의 스태그플레이션(높은 물가상승률과 높은 실업률) 시기와 비교하면 큰 전환이었다. 사람들은 '대안정기Great Moderation'라고 이야기했다. 즉 경제가 아래위로 크게 요동치는 흐름에서 벗어나 안정적으로 운영되었다. 과연 중앙은행의 독립성을 보장한 것이 효과적이었을까? 그렇다, 중앙은행이 독립적으로 운영되는 나라에서는 인플레이션이 낮았다. 하지만 중앙은행의 독립성과 낮은 인플레이션 사이에 강한 연관 관계가 있다고 보기는 곤란하다. 1980년대와 1990년대에 인플레이션이 낮게 유지된 것은 시간선호의 비일관성 문제를 해결한 영리한 경제 이론을 따라서라기보다 단지 운이 좋았을 뿐이었다. 1970년대에는 중동의 정치적 위기와 그에 따른 유가 상승으로 세계 경제가 충격을 받았고, 물가 또한 상승했다. 1980년대와 1990년대의 경제가 안정을 유지한 건 1970년대와 같은 충격이 없었기 때문인지도 모른다. 게다가 대안정기는 오래가지 않았다. 2008년에 세계 경제가 붕괴하자 대안정기가 갑자기 끝나버렸고, 경기 변동성이 다시 나타났다.

CHAPTER 35

사라진 여성

　　1990년대 초 경제학자 아마르티아 센이 계산한 바에 따르면 1억 명의 여성이 사라지고 없었다. 여성은 남성보다 장수하기 때문에 인구 구성상 여성 인구가 남성 인구보다 많아야 했다. 영국, 프랑스, 미국에서는 남성 100명당 여성이 약 105명이었다. 하지만 센이 발견한 바에 따르면 일부 국가에서는 남성 인구가 여성 인구보다 많았다. 중국과 방글라데시는 남성 100명당 여성이 94명에 불과했고, 파키스탄은 겨우 90명이었다. 센이 나라별 부족한 여성 인구의 수를 전부 더해봤더니 전 세계에서 1억 명의 여성 인구가 모자라는 상태였다. 이들은 어디로 갔을까? 센은 이들이 극심한 경제적 궁핍에 희생되었다고 보았다. 영양 섭취가 좋지 못하고 의약품이 부족해 수명이 줄어든 것이다. 센의 조사 결과는 경

경제학의 역사

제가 남성과 여성을 동등하게 대우하지 않음을 보여주었다. 경제는 여성을 차별했다.

1990년대에 일단의 경제학자들이 경제의 성차별을 설명하려 했다. 이들은 여성주의(여성과 남성의 동등한 권리에 대한 믿음을 바탕으로 하는 사회적·정치적 사상)와 경제학을 결합했다. 여성주의 경제학자들은 경제의 여성 차별은 여성이 사회자원의 정당한 몫을 받지 못했다는 뜻이라고 했다. 경제학자들이 세상을 바라보는 방식에도 이러한 차별이 존재했다. 이는 중요한 문제이다. 우리가 경제를 바라보는 방식은 경제가 서로 다른 사람을 실제 대하는 방식에 영향을 줄 수 있기 때문이다.

어느 면에서 우리가 지금까지 이 책에서 살펴본 완전경쟁, 수요의 법칙 등과 같은 경제 이론은 경제학자들이 몇 번이나 반복해서 언급하는 이야기이다. 경제학에서 가장 유명한 이야기는 애덤 스미스의 '보이지 않는 손'이다. 물론 실제로 '보이지 않는 손'이란 건 없고, 그저 수많은 사람이 질서정연하게 상품을 사고파는 행위를 말하는 것이기는 하지만 말이다. '보이지 않는 손'은 유용한 개념을 담은 하나의 이야기이다. 그런데 여성주의 경제학의 선구자인 다이애나 스트라스만(1955~)은 대부분의 경제 이론을 처음 이야기한 건 19세기의 남성이었다고 지적한다. 많은 남성 경제학자는 여성이 경제에서 적극적인 역할을 맡는 걸 우려하는 사회적 시선에 동조했다. (오늘날에는 남성 경제학자의 태도가 바뀌었다고 하지만, 경제학계는 여전히 남성 지배적 사회이다.) 스트라스만은 그 점을 모른다 해도 이야기하는 내용 속에 과거로부터 이어받은 차별적 시선이 반영되어 있다고 주장한다. 경제학은 남성의 관점에서 세상을 바라보았다. 경제학 이야기 속에서 여성은 큰 역할을 맡지 않으며, 실제 자원 배분에서도 불이익을 받으며 고통당한다. 솔직히 말하자면, 경제학은 그 안의 편견을 인식해야 한다. 여성주의 경제학은 이러한 점에 빛을 비추려고 노력한다.

전통 경제학이 가장 좋아하는 이야기는 스트라스만이 '자애로운 가장benevolent patriarch'이라 부르는 것으로, 다정한 남성 지도자를 그린다. 사회는 동떨어진 개인이 아니라 가구로 구성되어 있고, 가구는 대개 성인과 아이 여럿이 함께한다. 그런데 경제학에서는 가구를 하나의 단위로 취급한다. 남성으로 추정되는 '가장'이 임금을 받고, 돈을 벌지 않으면서 자신에게 의존하는 아내와 아이들을 책임진다. 가구는 조화로운 공간이다. 음식이나 돈 문제로 논쟁이 벌어지지 않는다. 가장은 아내와 아이들이 필요로 하는 것을 제공한다. 그래서 경제학자는 가장에 의존하는 다른 식구는 크게 고려하지 않고 남성 임금 생활자의 행동을 집중해서 연구한다. 결국 몹시 공정하고 현명한 가장이 가족을 지배하고, 여성과 아이들은 항상 보살핌을 받는다. 이런 식으로 아내와 자녀는 경제학자에게 보이지 않는 존재가 된다.

스트라스만은 이 이야기가 왜곡되었다고 본다. 센은 사라진 여성의 숫자를 계산해 자원이 공정하게 분배되지 않았음을 보여주었다. 모든 남성이 공정하지도 않으며, 때로 아내와 다툼을 벌인다. 그리고 부부싸움은 대개 돈 때문이다. 이런 이야기에서 종종 여자아이는 가족 서열의 맨 아래에 놓인다. 일부 사회에서는 딸보다 아들을 선호해 아들에게 음식과 의약품을 먼저 건넨다. 아들이 아프면 병원에 데려가지만, 딸이 아프면 병원에 데려가지 않고 내버려두다가 죽음에 이르기도 한다. 또한 가장이 여성인 경우도 있으며, 그런 가구는 엄청난 어려움을 겪으며 고통받는다. 경제학은 여성이라는 존재를 간과함으로써 가족 내 자원이 분배되는 중요한 방식을 놓친다.

경제학에서 예전부터 전해지는 또 다른 이야기에서는 여성을 '일하지 않아도 되는leisured' 존재로 묘사한다. 여성이 밖에서 일하지 않고 집에 있으면 일하지 않는 사람으로 여긴다. 만일 여성이 돈 버는 일을 하지 않으면 경제학에서 인지하는 노동 외의 다른 유일한 활동인 여가 활동을 하는 게 틀림없다. 예를 들어 점심을 먹으러 나가거나 손톱 관리를 받는 등과 같은 일이다. 경제학자 낸시 폴브레(1952~)는 『아이를 키우는 데 드는 비용은 누가 낼까?』라는 책에서 이런 이야기에 이의를 제기했다.

폴브레에 따르면 미래의 노동력인 자녀를 키우는 데 드는 비용 대부분을 부담하는 건 바로 여성이라고 한다. 일반 경제학에서 여성이 부담하는 양육 비용을 무시하는 건 여성이 아이를 돌보고 돈으로 보수를 받지 않기 때문이다. 남성이 가정부에게 임금을 주고 청소, 요리, 자녀 돌봄을 맡기면 가정부의 노동은 그 나라의 국민소득에 포함된다. 그런데 그 남성이 가정부와 결혼하면 가정부는 이제 남성이 가장인 가구의 구성원이 된다. 아내가 되어서도 청소와 요리를 계속하지만, 이제는 임금을 받지 않는다.

그래서 아내의 노동은 국민소득에 포함되지 않는다. 전통 경제학의 관점에서 '비생산적인 가정주부'가 된 것이다.

각종 제품 구매, 요리, 청소, 아이 돌보기 등 임금을 받지 않는다는 이유로 보이지 않게 된 온갖 노동을 생각해보라. 가난한 나라에서 여성은 땔감을 모으고, 물을 길어 오고, 밭을 갈며 옥수수도 빻고, 오두막을 수리한다. 국제연합이 계산한 바에 따르면 무보수 노동은 전 세계 경제 생산의 70퍼센트와 맞먹을 정도라고 한다. 무보수 노동의 대부분은 여성이 맡는다. 무보수 노동이 그 정도의 규모라면 경제학자가 경제를 측정할 때 무보수 노동을 반영하는 게 중요하지 않을까? 뉴질랜드의 여성주의 경제학자 메릴린 워링(1952~)은 『여성이 계산에 포함된다면』이라는 책에서 이 주제를 다루었다. 이 책은 경제학자가 국가의 수입을 계산하는 방식에 영향을 주었지만, 그래도 여전히 중요한 무보수 노동의 상당 부분이 제외되고 있다.

또 다른 여성주의 경제학자는 여성이 좀 더 쉽게 일자리를 얻을 수 있어야 한다고 강조한다. 20세기에 걸쳐 특히 유럽과 미국에서 일어난 경제상의 가장 큰 변화는 여성이 유급 노동시장에 진출한 것이었다. 1890년 미국에서 임금을 받는 여성은 겨우 20퍼센트에 불과했다. 1950년대까지 기혼 여성은 택할 수 없는 직업이 있었고, 여성은 결혼하면 직장을 그만둬야 했다. 점차 사회는 여성을 노동력의 일부로 받아들이게 되었고, 1980년이 되자 전체 여성의 60퍼센트가 일자리를 갖게 되었다. 여성의 무보수 노동 중 상당 부분은 보모와 청소부가 맡게 되었다. 이러한 추세에도 불구하고 집에서 행해지는 무보수 노동은 매우 중요하며, 여전히 대부분 여성의 몫이다. 심지어 유급 노동까지도 그러하다.

스트라스만은 경제학계가 좋아하는 자유 선택 이론도 다시 써야 한다고 말한다. 일반 경제학은 '합리적 경제인'이라는 개념을 바탕으로 삼는데, '합리적 경제인'은 상품의 가격과 수입이 허락하는 정도에 맞춰 무엇을 살 것인지 선택한다. 사람들은 선호하는 바가 분명하다. 자신이 커피보다 차를 더 좋아한다는 걸 알고, 축구보다 오페라를 더 좋아한다는 걸 안다. 우리는 가진 돈을 활용해 자신의 욕구를 최대한 충족시키며 살아간다. 그런데 여성주의 경제학에서는 이러한 행동 이론도 남성의 시각에서 정립된 것이라고 말한다. 전통 경제학자는 경제학의 역사 내내 대부분 고등교육을 받은 부유한 남성이었으며, 이들에게는 선택지를 보고 고른다는 생각이 당연히 자연스러웠을 것이다. 그들에게는 원하는 일을 할 수 있는 돈과 힘이 있었다. 하지만 여성이나 다른 사회적 약자는 편견과 차별을 마주했고, 그로 인해 보통 자유로운 선택을 할 수 없었다. 무엇을 공부할지 자유롭게 선택하는 권리라니, 소녀들이 학교에 갔다는 이유로 죽임을 당하는 사회에서는 아무런 의미도 없는 소리이다.

경제학자가 경제 산출물이 얼마나 훌륭한지 판단할 때 가장 신경 쓰는 부분은 사람들에게 선택권이 있는가이다. 하지만 서로 다른 남성과 여성의 복지를 비교하는 건 불필요한 일이다. 사실 경제학자는 어떠한 비교도 무의미하다고 생각한다. 대신 파레토 효율의 개념을 사용해 경제적 위치가 얼마나 좋은지 평가한다.

파레토 효율에 관해서는 앞서 제25장에서 살펴보았다. 파레토 개선이 이루어지는 유일한 경우는 적어도 한 사람의 만족도가 높아지되 그 누구의 만족도도 낮아지지 않을 때다. 하지만 경제에서 변화가 발생하면 거의 전부 승자와 패자가 나타난다. 예를 들어 몇몇 부자의 부가 약간 줄어드는 대신 여성 수백 명이 가난에서 벗어나는 변화가 일어났을 때 파레토 효율로는 아무것도 말할 게 없다. 그래서 파레토 효율로 경제를 판단하는 방식은 현재 상황에 대한 변화를 쉽게 인정하지 않는다는 점에서 보수적인 경향이 있다. 그리고 물론 사회에서 가장 힘 있는 사람에게 득이 되는 편이다.

여성주의 경제학자는 이 모든 접근 방식이 너무 편협하다고 주장한다. 실제로는 사람들이 감정적으로 이어져 있고, 서로 공감을 나눈다. 분명 어머니는 자신의 비용과 이익을 맞추기 위해서가 아니라 사랑하는 마음에서 아이들을 돌본다. 심지어 구매자, 판매자, 종업원까지도 돈을 벌기 위해서만이 아니라 넓은 의미의 공감에서 우러나온 행동을 보인다. 예를 들어 샌프란시스코에 사는 누군가가 값비싼 '공정 무역fair trade' 커피를 샀다고 하자. 이 커피는 개발도상국의 커피 농부에게 이익을 가져다준다. '공정 무역' 커피를 사는 사람이 일반 커피를 살 때보다 추가 비용을 부담하는 건 수천 킬로미터 떨어진 곳에 사는 낯선 이를 돕고 싶은 마음이 들기 때문이다. 사람들이 이렇게 행동한다면 서로 다른 집단에 속한 사람의 복지를 비교하는 게 정말 아무 소용이 없다고 주장할 수 있을까?

경제학자 줄리 넬슨(1956~)은 어느 경제가 잘 운영되고 있는 지를 판단하는 또 다른 방법을 내놓았다. 넬슨은 파레토 효율과 선택을 기준으로 생각하는 대신 '제공provisioning'이라는 개념을 사용한다. 사람들이 불편 없이 지내는 데 필요한 다양한 것을 제공하는 방법이다. 넬슨은 심지어 애덤 스미스에까지 눈을 돌렸다. 애덤 스미스는 자유 선택과 상품 교환이라는 개념을 이야기할 때 자주 떠올리는 사상가이지만, 넬슨은 애덤 스미스가 건강한 경제는 제대로 된 삶을 사는 데 필요한 것을 생산하는 경제라고 말했다는 점을 지적했다. 그러면 경제적 성공을 단순히 가능한 한 많은 선택지 중 자유 선택을 하는 것이라기보다 음식, 의약품, 어린아이와 노인 돌봄 등 모두를 위한 삶의 제공으로 정의하게 된다.

오늘날 여성이 마주한 최악의 결핍은 HIV/AIDS 유행에 따른 결과에서 비롯된다. 가난한 나라에서 젊은 여성은 남성보다 이 질병에 걸릴 가능성이 높지만, 치료를 받기에는 높은 장벽이 가로막는다. 또한 가족 구성원 중 누군가가 감염되었을 때 여성이 추가 노동의 부담을 진다. 여성주의 경제학은 여성을 돕기 위한 정책이 시행되지 않는다면 사라지는 여성이 더욱 늘어나기만 할 것이라며, 사회의 변화와 훌륭한 정책이 뒷받침되어야 문제 해결에 도움이 된다고 이야기한다. 인도의 여러 주 가운데 케랄라는 여자아이를 교육하려는 노력이 두드러진 곳으로, 이제 많은 여성이 유급 노동을 하고 있다. 센은 케랄라 주가 인도의 다른 지역과 달리 사라진 여성을 찾아냈다는 걸 발견했다. 케랄라 주는 유럽이나 미국과 거의 비슷한 수준으로 여성 인구가 남성 인구보다 많았다.

기존 경제학에서 여성을 완전히 무시하지는 않았지만, 여성주의자는 기존 경제학이 내놓은 답에 보통 동의하지 않았다. 예를 들어 여성은 왜 그렇게 자주 남성보다 수입이 적은 경향을 보였는가? 전통 경제학에서는 아마 남성과 여성이 서로 다른 선호를 지녔기 때문이라고 말할 것이다. 예를 들어 남성은 급여 수준이 높은 직업으로 이어지는 법률이나 과학 분야의 공부를 좋아한다는 것이다. 그와 달리 여성은 문학이나 언어 공부를 선호하고 판사나 엔지니어보다는 교사가 되려 한다. 그건 전부 남성과 여성이 무엇을 선택하는가의 문제다. 그러므로 여성이 돈을 더 벌고 싶다면 선택을 달리하면 된다. 하지만 여성주의 경제학자는 이러한 관점을 거부한다. 기존 경제학에서 이야기하는 건 전부 경제 내에서 여성의 역할이 사회가 여성에게 적합하다고 말한 게 아니라 여성 스스로 선택한 것이라는 시각으로 여성이 겪는 경제적 불이익을 정당화하는 것뿐이기 때문이다. 여성주의 경제학에서는 변해야 하는 건 여성이 아니라 경제학 그 자체라고 말한다. 실제로는 여성과 남성 모두 경제학에서 이야기하는 '합리적 경제인'보다 복잡한 방식으로 움직인다. 여성주의 경제학자는 '합리적 경제인'에게 마음이 필요하다고 말한다. 어쩌면 그것이 남성과 여성 모두의 삶을 개선하는 데 더욱더 도움이 되는, 새로운 경제학 이야기의 출발점이 될 수 있다.

CHAPTER 36

안갯속 마음

　나무가 얼마나 떨어져 있는지 어떻게 알까? 아마 얼마나 선명하고 또렷하게 보이는지에 따라 어느 정도 판단될 것이다. 대체로 이 방법을 쓰면 되지만, 때로 착시가 문제를 일으킨다. 예를 들어 안개 낀 날에는 나무가 실제보다 멀리 떨어져 있다고 인식하게 된다.

　대니얼 카너먼(1934~)은 이스라엘 출신의 심리학자로, 시지각심리학을 연구하다가 경제학으로 전향했다. 카너먼은 동료 심리학자 아모스 트버스키(1937~1996)와 함께 사람들이 일을 맡거나 커피를 한잔 살 때 머릿속에 안개가 낀 듯 상황을 논리적으로 인지하지 못한다는 점을 발견했다. 경제학에서는 오랫동안 인간은 합리적 존재라서 행동에 앞서 눈앞의 선택지를 보고 비용과 이익을 정확히 따진다고 생각해왔다. 그런데 카너먼과 트버스키가 꼭 그렇지만은 않다는 사실을 발견했다. 두 사람은 수십 년 동안 사람들이 실제 생활에서 의사 결정을 내리는 모습을 관찰하고 '행동경제학behavioural economics'이라는 분야를 개척했다. 물론 모든 경제학은 인간의 행동에 관한 내용을 담고 있다. 하지만 행동경제학이 새로운 건 인간을 완전히 합리적인 존재라고 단순히 가정하기보다 사람들이 실제 의사를 결정할 때 보이는 비합리성을 둘러싼 이론을 정립했기 때문이다.

사람들이 보이는 비합리성 중 하나로 이익과 손해를 다르게 따지는 모습을 들 수 있다. 합리적으로 생각할 때 50달러의 이익은 50달러의 손해를 정확히 상쇄해야 한다. 하지만 사람들은 이익을 좋아하는 것 이상으로 손해 보는 걸 극히 꺼리는 것 같다. 행동경제학자 리처드 탈러(1945~)는 학창 시절에 자신을 가르치는 경제학과 교수로부터 '손실 회피loss aversion' 성향을 발견했다! 그 교수는 와인 애호가였는데, 특정 와인을 소장할 수 있다면 기꺼이 비싼 값을 치를 의향이 있었다. 그런데 이미 갖고 있는 와인을 넘겨주는 건 정말 싫어했다. 와인을 산 가격의 세 배를 내겠다고 해도 교수는 그 와인을 팔지 않았을 것이다. 탈러와 카너먼은 손실 회피 성향이 어떻게 나타나는지 보려고 한 무리의 사람들에게 실험을 했다. 실험 참가자 일부에게 머그잔을 주고 얼마를 받으면 팔 것이냐고 물었다. 머그잔을 받지 않은 실험 참가자에게는 같은 머그잔을 보여주고 얼마에 살 것이냐고 물었다. 양쪽 집단은 사실상 똑같은 질문을 받은 셈이다. 머그잔의 가치가 어느 정도라고 생각하는지 묻는 것이었다. 경제적 합리성을 갖추었다면 어느 쪽이든 머그잔의 가치는 같아야 한다. 머그잔의 가치를 5파운드라고 평가했다면 머그잔을 살 때나 팔 때나 가격은 5파운드여야 한다. 상품을 소유했는지 아닌지가 평가 가치에 영향을 주어서는 안 된다. 그런데 실험 결과 머그잔을 가졌는지 아닌지에 따라 평가 가치에 분명 차이가 '있었다'. 머그잔을 이미 가진 사람이 가지지 않은 사람보다 머그잔의 가치를 높게 평가했다.

바깥 환경이 얼마나 밝은지에 따라 방 안이 더 밝거나, 혹은 더 어두워 보이는 것과 마찬가지로 평가를 시작하는 '준거점 reference point'에 따라 결과물이 더 좋아 보이기도, 더 나빠 보이기도 한다. 머그잔이 없는 상태로 평가를 시작했다면, 준거점은 머그잔이 없는 상태이다. 머그잔을 하나 받으면 이익을 얻은 것이다. 하지만 평가를 시작할 때 머그잔이 있었다면 준거점은 머그잔이 있는 상태이다. 머그잔을 포기하는 건 손해이고, 손해를 보면 심리적으로 고통을 느낀다. 무언가를 일단 갖게 되면, 그 물건이 한층 소중해진다. 아장아장 걷는 아기가 땅에서 주운 나뭇가지를 꽉 쥐었는데 부모가 뺏으려 하면 울부짖는 모습과 비슷하다. 머그잔을 포기하려면 상당히 많은 돈을 받아야 하고, 탈러를 가르친 교수가 와인을 떠나보내야 한다면 마찬가지였을 것이다.

사람들의 의사 결정은 대상이 어떻게 묘사되는지, 혹은 준거점과 비교해 어떻게 '표현framed'되는지에 전적으로 영향을 받을 수 있다. 600명이 사망하는 병이 돈다고 해보자. 이 병에 맞서는 치료법은 두 가지다. 첫 번째 치료법을 쓰면 200명을 살릴 수 있고, 두 번째 치료법을 사용하면 400명이 죽는다. 어느 치료법을 쓰는 게 더 나을까? 카너먼과 트버스키는 두 가지 치료법을 사용한 결과가 똑같은데도 사람들이 첫 번째 치료법을 선호한다는 사실을 알아냈다. 첫 번째 치료법은 모든 사람이 죽는다는 준거점과 비교했을 때 얻는 이익을 표현했고, 두 번째 치료법은 모두가 살 수 있다는 준거점과 비교했을 때 발생하는 손실을 나타냈다. 준거점 때문에 사람들은 절대적 금액을 기초로 하는 합리적 의사 결정을 내리지 못한다. 가격이 1,000달러인 노트북은 특별해 보이지 않지만, 똑같은 노트북을 1,500달러에서 1,000달러로 할인해 판매한다고 하면 특가품처럼 여겨진다. 슈퍼마켓에서는 이런 심리를 활용해 나중에 큰 폭으로 할인해 판매할 수 있도록 특정 상품의 가격을 부풀린다.

　의사 결정 과정 중 사람들이 불확실성을 판단하는 방식에서도 또 다른 비합리성이 나타난다. 동네 빵집에 일자리를 구하려는 노동자라면 빵집이 내년에 문을 닫게 될 확률이 얼마나 되는지 평가해봐야 한다. 택시 회사가 도시 내 새로운 지역에 사무실을 열려면 그 지역 주민들이 택시를 이용할 가능성이 얼마나 되는지 판단해야 한다. 만일 사람들이 합리적이라면 현재 가지고 있는 정보를 바탕으로 미래에 사건이 발생할 확률을 평가하는 데 능해야 한다. 하지만 카너먼과 트버스키는 사람들이 그렇지 않다는 점을 보여주었다.

　캐럴이라는 여성이 있다고 하자. 캐럴은 음악과 미술을 정말 좋아하고, 학창 시절에는 대부분의 시간을 공연으로 보냈다. 이제 다음의 두 가지 진술 중 어느 쪽이 더 가능성이 클까? '진술 1. 캐럴은 은행원이다.' '진술 2. 캐럴은 은행원이면서 지역 밴드에서 색소폰을 연주한다.' 잠시 생각해보자. 카너먼과 트버스키가 확인한 바에 따르면 이런 질문을 받을 때 사람들은 '진술 2'가 답일 가능성이 더 크다고 생각하는 경향이 있었다. 하지만 '진술 1'이 사실일 가능성이 더 크다. 성립 범위가 넓은 사건의 확률(은행원인 캐럴)이 언제나 성립 범위가 좁은 사건의 확률(은행원이면서 동시에 밴드 연주자인 캐럴)보다 발생 가능성이 크기 때문이다. (내일 비가 올 확률과 내일 오후 2~4시에 비가 올 확률의 발생 가능성을 비교해보자.) 사람들은 '진술 2'가 미리 들은 설명 속 캐럴을 더 잘 나타낸다고 생각한다. 하지만 캐럴에 대한 설명은 관심을 다른 쪽으로 유도하려는 눈속임이었고, 이 때문에 사람들은 사건의 발생 확률을 정확히 판단하지 못하게 된다. 사람들이 이 정도를 판단하는 데도 오류에 빠진다면 훨씬 복잡한 상황, 예를 들어 도시의 특정 지역에서 얼마나 많은 사람이 택시를 탈 것인가와 같은 문제의 확률을 따질 때는 더더욱 잘못된 판단을 내리기 쉽다.

일부 경제학자는 사람들이 의사 결정 과정에서 비합리적인 모습을 보이는 건 인정하지만 그것이 큰 영향을 미치지 않으므로 경제는 합리적이라고 설명하는 게 여전히 유용한 접근법이라고 주장한다. 반면 행동경제학자는 주요 경제 사건을 설명하려면 행동경제학이라는 특별한 이론이 필요하다고 주장한다. 예를 들어 미국의 주식시장이 1990년대에 달아올랐다가 2000년대에 추락하면서 기업이 파산하고 부가 사라져버린 이유를 설명하는 데 행동경제 이론이 적용되었다.

　미국의 주식시장은 1980년대 초 이래로 상승세를 타고 있었다. 1990년대에 사람들은 웹 브라우저, 검색엔진, 온라인 쇼핑과 같은 놀라운 상품을 내놓으며 새로 등장한 기술 기업의 주식을 사려고 시장으로 몰려들었다. 야후가 주식시장에 상장되자 상장 첫날 주가가 150퍼센트나 치솟을 만큼 야후 주식을 사려는 수요가 엄청났다. 트레일러 안에서 야후를 창업한 스탠퍼드 대학생 두 명은 1억 5,000만 달러를 거머쥐었다. 하지만 이익이 보잘것없는 회사가 많았다. 아마존은 투자자들에게 회사가 실제로 손실을 보고 있다고 경고했지만, 주식 매수세를 막을 수는 없었다. 주식 투자자는 이들 회사가 새로운 기술을 바탕으로 앞으로 엄청난 이익을 얻을 것이라고 믿었다. 결국에는 가게 주인, 택시 운전기사에 교사까지 점심시간을 이용해 주식을 매수하는 지경에 이르렀다. 1990년대 말 주가는 1년에 20퍼센트, 아니 30퍼센트까지 뛰었다. 그런데 문제는 기업의 실적이 그만큼 빨리 늘어나지 않았다는 것이다.

　몇몇 경제학자는 이러한 추세가 계속되지 않는다고 경고했다. 그중 한 명이 로버트 실러(1946~)였다. 실러는 금융시장에 행동경제학을 적용했다. 그는 과도하게 흥분한 투자자들이 주식시장을 밀어 올리고 있으며, 얼마 지나지 않아 주가가 곤두박질칠 거라고 경고했다. 2000년 3월 실러는 신간 『비이성적 과열』의 홍보 투어를 시작했다. 그런데 바로 그때, 완벽한 타이밍에 주식시장이 막 폭락하려 하고 있었다. 어느 날 실러는 라디오 방송에 출연하고 있었다. 청취자가 스튜디오로 전화를 걸어 실러의 주장은 잘못되었다고 했다. 그러면서 주식시장은 계속 올라야만 한다고 했다. 실러는 전화를 건 여성 청취자의 목소리에서 느껴진 감정의 떨림을 기억했다. 실러가 보기에 주식시장에서 일어나는 일은 경제 논리보다 감정과 심리의 문제였다.

경제학에서는 기업이 건강한 수익을 낼 때 주가가 높아야 한다. 합리적 투자자는 어떤 주식을 매수할지 결정하기 위해 기업의 수익성에 관해 가지고 있는 모든 정보를 활용한다. 시장 참여자 대다수가 그렇게 하면 시장에서 이용 가능한 모든 경제 정보가 주가에 반영된다. 시장 참여자의 합리성 덕분에 금융시장은 효율적으로 작동한다. 앞서 제30장에서 살펴보았듯, 경제학에서는 이를 '효율적 시장 가설'이라고 부른다. 그런데 실러는 효율적 시장 가설을 부정했다. 실러는 효율적 시장 가설에서 시사하는 것보다 주가가 더 불안정하다는 걸 알아챘다. 주가가 기업의 수익 변동 이상으로 오르락내리락했기 때문이다.

카너먼과 트버스키가 연구한 내용으로부터 주식시장에서 무슨 일이 벌어지는지 알 수 있었다. 금융시장에서 투자자는 캐럴이 색소폰을 연주하는 은행원일 가능성이 크다고 잘못 판단한 사람과 비슷하게 생각했다. 앞으로 주가가 오를 확률을 정확히 평가하기 위해 기업의 수익성을 자세히 들여다보는 대신 상황이 유사해 보이는 경우를 훑었다. 사람들이 분명하게 알 수 있는 건 지난 몇 달간의 주가 변동이었다. 지난 5개월간 주가는 올랐다. 그러므로 앞으로 5개월 동안에도 주가가 오를 게 분명하다. 주식을 사자. 사람들은 그렇게 말했다. 하지만 지난 5개월간 일어난 일은 현재 상황과 아무런 연관이 없다. 캐럴에 관한 설명이 실제 확률과 아무런 상관이 없는 것과 마찬가지다.

사람들이 의사 결정 과정에서 보이는 비합리적 모습이 제어되지 않는 주식시장 뒤에 도사리고 있었다. 실러가 보기에 1990년대의 주식시장은 합리적 경제학의 세계라기보다 유행의 세계에 가까웠다. 어느 해에 커다란 선글라스가 유행하면 너도나도 커다란 선글라스를 쓰고, 그러면 더 많은 사람이 유행에 동참하고 싶어 한다. 고삐 풀린 주식시장은 주가로 표현되는 경제 유행이었다. 경제학에서는 주식시장을 양 떼(수천 명이 앞사람의 뒤를 쫓는다) 혹은 바람을 타고 날아가는 비누 거품에 빗대기도 한다. 그렇게 주가가 위로 또 위로 올라가기 때문이다. 1990년대에 사람들은 이웃이 기술주에 투자해 부자가 되는 모습을 보고 주가가 계속 오르리라 믿고 뒤따라 주식을 샀다. 그로 인해 주가는 더욱 높아졌고, 사람들의 믿음도 확신으로 바뀌었다. 사람들이 새로 내놓은 기업 상품을 좋게 평가해서 주식을 산 게 아니었기 때문에 주가와 기업의 실제 가치는 아무런 연관이 없었다. 투자자는 건전하지 않은 기업에 돈을 쏟아붓는 위험에 처해 있었다. 경제 자원을 최선으로 활용하는 방식은 아니었다.

컴퓨터와 인터넷이 경제를 탈바꿈시킨 건 사실이다. 하지만 신기술을 보고 흥분한 나머지 투자자는 모든 이성을 내던졌다. 물론 이건 처음 일어난 일이 아니었다. 19세기 스코틀랜드의 언론인 찰스 맥케이는 『대중의 미망과 광기』라는 책에서 이와 비슷한 거품 현상을 이야기했다. 20세기 말 미국의 기술주가 겪은 일은 17세기 네덜란드의 튤립 파동과 비견되었다. 18세기 영국에서는 말도 안 되는 돈벌이 계획을 내세우는 회사의 주식을 사는 열풍이 휘몰아쳤다. 그런 회사에서 내세우는 계획이란 건 버지니아로부터 호두나무를 수입한다거나 영구 기관perpetual motion machine(에너지 공급 없이 영원히 운동하며 일을 하는 가상의 기관 - 옮긴이)을 내놓는다거나 하는 식이었고, 심지어는 수익성을 보장하는 사업을 계획하고 있지만 그 내용은 비밀이라는 회사까지 있었다!

　과거의 거품 현상이 그랬듯 미국 주식시장의 거품도 붕괴했다. 그러자 양 떼는 반대 방향으로 달아나기 시작했다. 사람들은 다른 사람이 주식을 매도하자 뒤따라 팔았고, 시장은 곧 공황 상태에 빠졌다. 주가가 폭락하자 투자자의 재산은 눈앞에서 사라졌고, 새로 등장한 기술 기업 중 많은 수가 파산했다. 1주일이 채 지나지 않아 2조 달러 상당의 재산이 허공으로 사라졌다. 그로부터 얼마 지나지 않아 다음 거품이 눈앞에 떠올랐다. 실러가 예측한 대로였고, 이번에는 집이었다. 주택 가격이 오르고 또 오르자 사람들은 주택담보대출을 받으러 몰려들었다. 그리고 뒤에서 살펴보겠지만, 주택시장의 거품이 꺼졌을 때는 금융 체제 전체가 거의 파괴될 뻔했다.

CHAPTER 37

현실 세계 속 경제학

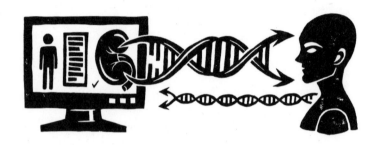

　병이 심각한 환자의 목숨을 살리기 위해 이식수술을 하는 데 필요한 심장, 신장, 간 등과 같은 장기 매매를 허용해야 할까? 많은 사람이 그렇지 않다고 답할 것이다. 가난한 사람은 신장을 살 돈이 없어서 죽어가는데 부자는 쉽게 장기를 산다고 상상하면 소름 끼치도록 끔찍하다. 장기 판매가 불법인 이유이다. 의사는 어느 환자가 이식에 적합한지 결정하고 환자에게 알맞은 기증자를 찾으려 하지만, 환자들은 이식을 받기까지 보통 아주 오래 기다려야 한다. 2006년 미국에서는 신장이식을 기다리는 환자가 7만 명이었지만 이식수술을 받은 사람은 1만 1,000명이 채 되지 않았고, 수술을 받지 못한 환자들 중 5,000명은 사망하거나 상태가 너무 나빠져 이식수술을 받을 수 없었다. 미국의 경제학자 앨빈 로스

(1951~)는 경제학 원리를 이용해 장기 매매를 하지 않고도 이식받을 장기의 수를 늘리는 방법을 생각해냈다.

로스의 해결 방안은 사람에게 신장이 두 개 있지만 하나만으로도 살아갈 수 있다는 사실을 바탕으로 한다. 그러므로 신장이식수술이 필요한 남동생이 있으면 내 신장을 하나 나눠줄 수 있다. 문제는 의사가 나와 남동생의 조직적합검사를 하고 나서 이식 부적합 판정을 내렸을 때다. 내 신장이 남동생의 몸에 '맞지 않는' 것이다. 이제 남동생은 이식에 적합한 신장이 나타날 때까지 대기해야 한다. 그런데 또 다른 환자와 또 다른 기증자가 나타났다고 하자. 둘 다 전혀 모르는 사이지만, 나와 같은 상황에 놓여 있다. 만일 내 신장이 상대 환자에게 적합하고, 상대 기증자의 신장이 내 남동생에게 적합하다면 어떨까? 당연히 서로 바꿔서 수술하는 게 좋은 생각이 아닐까? 이것이 바로 로스가 내놓은 해결책의 핵심이다. 이는 기본적인 경제 상황의 하나이다. 나는 수중에 생선이 있고 치즈가 먹고 싶다. 여러분에게는 치즈가 있고 생선이 필요하다. 그러면 서로 물물교환을 함으로써 양쪽 모두에게 이익이다. 그런데 이렇게 교환 조건이 딱 맞는 상대를 찾기가 어렵다는 것이 문제다. 그래서 우리는 돈을 사용한다. 나는 3파운드를 받고 생선을 팔아 그 돈으로 치즈를 사러 간다.

로스는 금전 거래를 개입시키지 않고 신장의 이로운 교환이 가능한 체제를 고안했다. 먼저 신장 기증자와 이식을 원하는 환자의 정보를 담은 데이터베이스를 구축한다. 이 데이터베이스는 이식에 서로 적합한 신장을 찾아 교환하는 데 사용된다. 고급 수학과 컴퓨터 프로그래밍 지식을 이용해 로스는 환자와 기증자 사이의 복잡한 교환 순서를 계산할 수 있었고, 그 결과 환자에게 맞는 신장을 이전보다 훨씬 더 많이 찾을 수 있었다. 로스가 고안한 방법으로 뉴잉글랜드 신장 교환 프로그램이 탄생했고, 이 프로그램은 미국 뉴잉글랜드 주 신장이식센터 열네 곳에서 사용되었다. 이 프로그램 덕분에 환자 수천 명이 신장을 이식받을 수 있었다.

　로스의 시스템은 경제학이 우리 삶에 얼마나 큰 차이를 불러올 수 있는지 보여준다. 그리고 또 다른 유형의 경제학을 소개하는 사례이다. 지금까지 우리는 경제가 작동하는 방식을 설명하고 경제가 얼마나 잘 작동하는지 평가하는 방법으로서 경제학을 생각해왔다. 그런데 로스 같은 경제학자는 한 발 더 나아갔다. 이들은 경제 이론을 이용해 현실 세계의 경제에 새로운 영역을 만들었다. 신장 교환에는 매매 행위가 개입하지 않지만, 참여자가 대상을 서로 교환한다는 측면에서는 시장과 같다. 로스는 데이터베이스와 컴퓨터 프로그램을 구축해 이전에 존재하지 않은 시장과 유사한 것을 탄생시켰다. 이는 '시장 설계market design'라고 알려진 경제학의 새로운 분야를 보여주는 사례다.

　물론 우리는 대부분 신장을 얻어야 할 필요가 없다. 시장 설계 분야에서 정말 유명한 사례는 우리 주머니에 들어 있는 휴대전화와 관련되어 있어 앞서 살펴본 신장 사례보다 훨씬 더 많은 사람에게 영향을 주었고, 신장 사례와 달리 구매자가 판매자에게 막대한 금액을 지불했다. 1990년대와 2000년대 정부는 휴대전화망 설치를 위해 무선주파수대 사용을 희망하는 기업에 사용권을 판매했는데, 그 과정에서 도움을 얻기 위해 경제학자를 고용했다. 사과를 판매하기는 쉽다. 사과가 얼마에 팔리는지 확인하고, 그 가격에 내가 가진 사과를 팔면 된다. 하지만 정부는 무선주파수대 사용권을 그렇게 팔 수 없었다. 무선주파수대 사용권 같은 건 지금까지 한 번도 판매된 적이 없었으므로 그 가치를 아는 사람이 아무도 없었다. 그래서 정부는 무선주파수대 사용권을 경매에 부치기로 했다. 경매에서 한 무리의 구매자는 서로 경쟁을 펼치며 판매자는 이를 통해 가장 높은 가격을 받으려 한다. 경매는 예술 작품이나 곡물을 판매하기 위해 수 세기 동안 사용된 판매 방식이다. 고대에는 노예 경매가 진행되었고, 한번은 로마 제국 전체가 경매에 부쳐지기도 했다. 고대의 경매와 오늘날의 경매에 차이가 있다면, 현대에는 경제학자들이 '경매 이론auction theory'을 활용해 설계하는 경우가 많다는 점이다. 경매 이론은 경제학에서 중요한 새로운 분야다.

경매장에서 누군가는 다른 사람보다 더 많은 정보를 가지고 있다. 미술품을 경매할 때 입찰자는 자신이 작품의 가치를 얼마라고 생각하는지 알지만, 판매자는 알지 못한다. 입찰자는 가능한 한 저렴한 가격으로 작품을 사고 싶어 한다. 그래서 작품의 가치를 진짜 생각하는 수준보다 낮게 매긴 척한다. 반면 판매자는 낙찰자가 진짜 가치 평가를 한 만큼 값을 매기도록 하고 싶다. 여기서 입찰자와 판매자는 한쪽이 다른 쪽보다 정보를 더 많이 가진 게임을 하고 있다. 그래서 경매 이론은 우리가 앞서 살펴본 게임 이론과 정보경제학의 내용을 활용한다. 경매를 설계하는 건 경매 대상의 가치를 가장 높게 평가한 입찰자에게 낙찰되고, 그래서 판매자의 수익이 최대화되도록 전략과 정보의 문제를 해결하는 일이다.

경매 이론은 서로 다른 여러 유형의 경매에서 어떤 일이 발생하는지 살피는 데서부터 시작된다. 아마 골동품을 판매할 때 보통 사용하는 오름 입찰 경매 방식은 익숙할 것이다. 경매인이 명나라 시대의 화병 뒤에 서서 큰 소리로 가격을 외치고 입찰자들에게 다음 가격을 올려 제시하라고 요구해 단 한 명의 입찰자가 남을 때까지 이어가는 방식이다. 마지막 한 명이 정해지면 경매인은 망치를 두드려 낙찰을 알리고, 낙찰자는 입찰 가격을 지불하고 화병을 가져간다. 네덜란드에서는 내림 경매 방식으로 매일 수백만 송이의 꽃이 팔려나간다. 경매인이 최고가에서 경매를 시작하고 입찰자가 나올 때까지 계속 가격을 내려 부른다. 내림 경매는 빠르게 진행되기 때문에 시들기 전에 팔아야 하는 꽃의 특성상 유용한 방식이다. 주택 경매는 때로 '밀봉 입찰sealed-bid' 방식으로 진행되는데, 각 입찰자는 입찰가를 적어 봉투에 넣은 뒤 밀봉하여 제출한다. 입찰가를 가장 높게 제시한 입찰자에게 해당 주택이 낙찰된다.

30만 파운드 정도의 가격이 적당하다고 생각하는 주택의 밀봉 입찰식 경매에 참여한다고 해보자. 입찰 가격으로 얼마를 제시해야 할까? 아마 30만 파운드라고 적지는 않을 것이다. 전략적으로 생각해 그보다 조금 낮은 금액, 예를 들어 25만 파운드를 적는다. 그래야 낙찰되었을 때 5만 파운드의 '수익'이 생긴다. 경매 이론에서는 이를 두고 입찰 '음영shading'이라고 한다. 하지만 판매자는 가능한 한 높은 가격을 받고 싶으므로 입찰자가 생각하는 진짜 평가 가치인 30만 파운드를 적어내길 바란다.

1960년대 캐나다의 경제학자 윌리엄 비크리(1914~1996)가 음영 문제를 해결하는 기발한 방법을 내놓았다. 비크리는 입찰자가 생각하는 금액을 솔직히 써낼 수밖에 없는 유인을 포함하는 경매 방식을 고안했다. 일반적인 밀봉 입찰 경매에서 낙찰자는 자신이 써낸 입찰가, 즉 제시된 가격 중 가장 높은 가격만큼 돈을 지불한다. 그런데 비크리는 '최고가first-price' 밀봉 입찰 경매 대신 '차고가second-price' 밀봉 입찰 경매를 제안했다. 이 방식에서는 가장 높은 가격을 써낸 입찰자가 낙찰을 받지만, 낙찰 후 지불하는 금액은 두 번째로 높은 입찰가를 따른다. 차고가 방식의 주택 경매에 참여해 주택의 진짜 가치라고 생각하는 30만 파운드 대신 25만 파운드를 써냈다고 하자. 입찰가를 적을 때 내가 생각하는 진짜 가치를 감추어도 낙찰을 받았을 때 내는 주택 가격에 영향을 미치지 않는다. 두 번째로 높은 입찰가만큼 지불하기 때문이다. 하지만 입찰가를 25만 파운드로 제시하면 다른 입찰자가 그보다 높은 가격을 제시했을 때 낙찰을 받지 못한다. 그러므로 자기가 생각하는 진짜 평가 가치만큼 적어내는 게 최선이다. 이러한 방식을 비크리가 처음 떠올린 건 아니다. 18세기 독일의 작가 괴테가 차고가 경매 방식으로 자신의 시를 출판사에 판매했다. 비록 완전히 똑같은 방식은 아니지만, 오늘날 이베이에서 이루어지는 경매가 비크리의 차고가 경매 방식을 따르고 있다. 이베이 경매 방식의 문제는 시간이 지날수록 입찰자의 입찰가가 드러나기 때문에 마지막 순간까지 기다렸다가 입찰가를 제시하는 등의 전략이 사용된다는 점이다.

비크리의 차고가 경매 방식이 지닌 문제는 판매자가 최고가가 아닌 차고가 금액에 만족해야 한다는 점이다. 어느 경매 방식이 가장 좋을까? 그건 상황에 따라 다르다. 이를 정하는 요소 중 하나는 입찰자가 위험을 감수하는 태도이다. 사람들은 보통 위험한 상황을 두려워한다. 경매에서는 이익을 많이 얻거나, 아니면 아예 얻지 못하게 될 가능성 안에 위험이 있다. 최고가 밀봉 입찰 방식 경매에서 평가 가치보다 입찰가를 낮게 써내는 건 위험하다. 30만 파운드의 가치를 지녔다고 생각하는 주택의 입찰가를 25만 파운드로 써내 낙찰되면 5만 파운드의 이익을 얻을 수 있다. 하지만 다른 사람이 더 높은 입찰가를 제시해 낙찰을 받으면 이익이 한 푼도 생기지 않는다. 위험을 싫어한다면 입찰가를 제시할 때 가격을 조금만 낮출 것이다. 예를 들어 입찰가를 29만 파운드로 제시했다고 하자. 최고가 입찰 방식 경매에서 위험을 싫어하는 태도로 인해 진짜 생각하는 평가 가치와 가까운 입찰가를 제시하게 되고, 낙찰을 받으면 그만큼의 가격을 지불해야 한다. 차고가 입찰 경매 방식에서는 두 번째로 높게 제시된 입찰가만큼만 내면 된다. 이런 경우라면 판매자는 차고가 방식보다 최고가 방식 경매에서 돈을 더 많이 벌게 된다.

이론상으로는 다양한 경매 방식이 있지만, 현실 속 경제학자는 상황에 맞게 설계 방식을 조정해야 한다. 영국의 경제학자 폴

클렘퍼러(1956~)는 2000년에 실시한 영국의 3세대 휴대전화 사업권 경매 방식을 설계하는 팀을 이끌었다. 설계된 경매 방식은 화병 같은 골동품을 팔 때 사용하는 오름 입찰 경매와 비슷했다. 그런데 영국 정부는 복수의 사업권을 판매했고, 입찰을 반복적으로 여러 회 진행해 동시에 여러 사업권을 팔았다. 매회 판매가 진행될 때마다 입찰자는 무언가에 응찰해야 했고, 덕분에 응찰이 활발하게 이루어졌다.

이러한 경매 방식의 문제는 입찰자들이 수작을 부려 초반에 진행되는 입찰에서 누가 어느 사업권을 가져갈지 서로 신호를 보낸 뒤 입찰가를 낮춘다는 점이다. 1990년대 미국에서 진행된 유사한 경매에서 이런 일이 발생했다. US웨스트와 맥러드라는 두 기업이 미네소타 주 로체스터의 식별코드 378번 사업권을 놓고 경매에서 서로 각축전을 벌였다. 입찰가는 보통 20만 달러, 30만 달러 등과 같은 어림수로 제시되었다. 그런데 US웨스트가 아이오와 주 사업권에 입찰가로 31만 3,378달러를 제시했다. US웨스트는 그때까지 아이오와 주 사업권에 그렇게 적극적으로 입찰하지 않았다. 하지만 맥러드는 아이오와 주 사업권을 따내려고 열심이었다. US웨스트가 맥러드에 신호를 보낸 것이다. 로체스터 사업권을 포기해라. 그러지 않으면 우리가 맥러드의 아이오와 사업 계획을 망칠 것이다. 결국 US웨스트가 의도한 대로 이루어졌다. 맥러드는 로체스터 사업권 입찰을 포기했고, US웨스트는 아이오와 주 사업권 입찰을 포기했다. 서로 상대가 원하는 바를 수월하게 만들어준 셈이었다.

클렘퍼러는 이러한 상황을 피하고 싶었다. 그래서 영국에서는 입찰자가 하나 이상의 사업권에 입찰하지 못하게 했다. 정말 가장 원하는 사업권 경매에만 입찰해야 했고, 그래서 다른 입찰자와 공모할 수 없었다. 경매를 잘 설계하려면 이러한 문제를 예상하는 게 무엇보다 중요하다. 때로 정말 엉망으로 설계된 경매는 완전한 실패로 끝난다. 그 대표적인 사례가 뉴질랜드의 텔레비전 방송국 사업권 경매였다. 이 경매는 단독 입찰이었고, 대학생이었던 입찰자는 단돈 1뉴질랜드달러에 사업권을 따냈다. 클렘퍼러가 설계한 경매는 이러한 함정을 피했고, 경매가 그 어느 때보다 활발해져 정부는 사업권 판매로 225억 파운드를 벌었다. 경제학이 현실 세계에서 거둔 승리였다.

전통적으로 경제학에서 논쟁거리는 대국적 질문과 관련된 것이었다. 자본주의가 공산주의보다 더 나은 체제인가? 왜 일부 국가의 경제가 다른 나라보다 빨리 성장하는가? 하지만 로스나 클렘퍼러 같은 경제학자는 그보다 엄밀하지만 여전히 매우 중요한 질문으로 눈을 돌렸다. 최초의 경제학자는 경제학자이면서 철학자이자 정치사상가였다. 한편 오늘날의 경제학자는 자신을 마치 다리나 댐을 설계하는 엔지니어처럼 여긴다. 엔지니어가 크레인과 측정기기를 사용하는 것처럼 경제학자는 경제학자만의 도구, 즉 창의적인 이론 모형과 고급 수학을 활용해 구체적인 문제를 해결한다. 그렇다면 로스와 클렘퍼러가 엔지니어로 출발해 훗날 경제학으로 전향했고, 현실 세계의 경제를 설계하는 데 경제학 원칙을 강력한 도구로 활용한 것도 우연은 아닌 것 같다.

CHAPTER 38

폭주하는 은행

2000년대 후반 텍사스 주 샌안토니오에서 한 여성이 집 외벽에 큰 글씨로 이렇게 썼다. '도와주세요! 압류 처분!' 은행에서 여성의 집 소유권을 가져가려는 참이었다(즉 '압류' 실행). 여성이 주택을 구매할 때 대출받은 돈을 상환하지 못했기 때문이었다. 런던에서는 투자은행 리먼 브라더스의 직원들이 책상을 정리한 물품을 판지 상자에 담아 들고 번쩍이는 사무실을 떠났다. 리먼 브라더스는 막 파산했고, 이는 역사상 가장 큰 규모였다. 2010년 그리스 아테네에서는 정부의 임금과 연금 삭감 정책에 분노한 시민 수천 명이 의회를 급습했다. 시위대 일부가 은행에 불을 질러 세 명이 사망했다. 수천 킬로미터나 떨어진 곳에서 발생한 일련의 사건은 세계 금융 체제 붕괴가 원인이라는 점에서 서로 이어져 있었다. 이 사태로 2007년 이후 전 세계의 경제가 곤두박질쳤다. 당시의 경제 붕괴에는 세계 금융위기Global Financial Crisis, 신용경색Credit Crunch, 대불황Great Recession 등 음울하게 들리는 여러 이름이 붙었다. 오늘날에도 우리 경제는 여전히 당시의 충격으로부터 회복하는 중이며, 문제를 어떻게 해결해야 할지 논쟁을 이어가고 있다.

당시의 금융위기는 충격 그 자체였다. 경제학계에조차 마찬가지였다. 경제학계에서는 1990년대에 꾸준한 경제성장률과 낮은 물가상승률을 보인 시기를 '대안정기'라고 불렀다. 그런데 이제 와 돌이켜보니 그때 너무 호들갑을 떤 것 같았다. 하지만 때때로 경제학자는 전통적 사고방식에서 벗어나 시대를 앞서간다. 미국의 경제학자 하이먼 민스키(1919~1996)가 그런 인물이었다. 세계 금융위기가 발생했을 때 민스키는 이미 사망한 뒤였지만, 이 위기로 그의 연구가 재발견되었다. 전통 경제학보다 민스키의 이론이 사태의 발생을 더 잘 설명한다고 생각하는 사람이 많았다. 민스키가 쓴 책의 중고본이 수백 파운드에 팔리기 시작했다. 그래서 세계 금융위기에는 '민스키 모멘트Minsky moment'라는 또 다른 이름이 붙었다.

1980년대에 자유시장경제가 다시 돌아왔다. 경제학계에서는 경제에 개입하지 않고 내버려두면 급격한 상승이나 하락 없이 꽤 안정적으로 운영된다고 생각했다. 하지만 민스키는 자본주의가 위기에 봉착한다고 생각했다. 이러한 생각 때문에 민스키에게는 다소 급진적인 면이 있었다. 민스키의 사고방식은 그가 자란 양육 환경과도 연관되어 있었다. 민스키의 부모는 러시아계 유대인 이민자로 사회주의자였고, 두 사람은 카를 마르크스 탄생 100주년 축하 파티 자리에서 만났다. 하지만 민스키는 마르크스가 아니라 자본주의 경제는 침체에 빠진다고 생각한 케인스의 영향을 받았다.

그렇지만 케인스주의자가 보기에도 민스키는 남달랐다. 민스키는 케인스의 사상 중 이전의 해석이 간과했다고 생각하는 측면을 강조했다. 그중 하나는 투자가 깊은 불확실성 속에서 이루어진다는 점이었다. 오늘 공장을 짓기 시작한다면 5년 뒤 공장이 문을 열었을 때 돈을 얼마나 벌게 될지 지금은 알 수 없다. 이를 예측하는 방법 중 하나는 결과가 나타날 확률을 확인해보는 것이다. 시장이 성장할 확률이 50퍼센트이고, 시장이 축소될 확률도 50퍼센트다. 하지만 깊은 불확실성이라면 이야기가 또 달라진다. 발생 확률을 알 수 없을 뿐더러 심지어 어떠한 결과가 다양하게 나타날지조차 알 수 없기 때문이다. 그러므로 투자는 미래의 수익 확률에 대한 수학적 계산을 통해 유리한 결과를 얻었을 때가 아니라 사람들이 느끼는 낙관성에 의해 이루어진다(케인스는 이를 두고 '야성적 충동'이라고 불렀다). 사람들의 야성적 충동이 꺾이면 투자가 감소하고 경기는 침체된다.

케인스는 시간이 흐르는 동안 경제적 의사 결정이 계속 이루어지는 건 돈 때문이라고 생각했다. 특히 미래가 몹시 불확실한 경우에는 더욱 그렇다. 그런데 수많은 일반 경제 이론에서 놀라운 점은 돈이나 은행을 주제로 연구한 내용이 거의 없다는 것이다. 경제 이론이라고 했을 때 우리가 기대하는 바로 그 주제인데도 말이다. 그 이유는 시장의 기본 이론이 실물을 사고파는 행위와 관련되어 있기 때문이다. 여러분이 내게 감자를 팔아 스카프를 사려고 한다. 이때 중요한 건 감자를 몇 개 팔아야 스카프 한 장을 살 수 있는가이다. 돈이 있으면 감자를 스카프로 바꾸는 거래가 원활할 수 있지만, 돈 그 자체로는 그다지 할 수 있는 게 없다. 민스키가 볼 때 이건 잘못된 생각이었다. 돈, 그리고 돈을 대출하는 데 도움을 주는 은행이 경제의 동력이자 결국 경제를 위기로 몰고 간 요인이었다.

민스키는 자본주의가 발전할수록 불안정해진다고 생각했다. 처음에 은행은 돈을 빌려갈 사람을 신중하게 확인한다. 돈을 벌고 싶어서 가게를 열기로 했다면, 그건 미래에 내기를 건 셈이다. 그리고 우리는 은행에서 대출을 받아 내기에 건다. 은행은 우리가 상환 능력이 있는지 확인하려 한다. 대출을 상환할 만큼 충분히 돈을 벌 가능성이 있는가? 과거에 대출을 상환하려 했는가? 주택이나 자동차를 구매하려고 돈을 빌릴 때도 마찬가지다. 은행에서 대출을 받으면 매달 원금의 일부와 더불어 이자를 상환해야 한다. 그렇게 대출 잔액이 점점 줄어들다가 마침내 완전히 상환하게 된다.

민스키에 따르면 신중한 자본주의는 대담한 자본주의에 자리를 양보하게 된다. 대출을 원하는 사람이 점점 많아지고, 은행도 대출을 늘리고 싶어 한다. 대출을 통해 이자를 받아 이익을 얻기 때문이다. 은행은 대출자와 경쟁하듯 대출을 늘리고, 상환 능력이 낮은 대출자를 대상으로 하는 대출상품을 개발한다. 이제 대출자는 매달 원금 없이 이자만 상환하면 된다. 그러다 원금을 상환해야 하는 때가 되면 은행은 대출 연장을 승인한다. 금융위기가 나타나기까지 수년 동안 은행은 이러한 상환 조건으로 대출을 시행했다. 민스키는 이를 '투기적 대출speculative lending'이라 불렀다. 투기적 대출은 주택 가격이 하락하지 않고 이자율도 오르지 않으므로 대출자가 상환하는 데 문제를 일으키지 않을 거라는 추측을 바탕으로 삼았다.

대담한 자본주의는 이제 무모한 자본주의로 변한다. 경제는 앞으로 달려 나가고 한층 더 많은 사람이 돈을 빌리고 싶어 한다. 은행은 이제 상환 능력이 거의 없는 사람에게도 돈을 빌려주기 시작한다. 소득이 정말 적거나, 과거에 대출 상환을 하지 않은 기록이 있는 사람이다. 이제 이자조차 갚지 않아도 되는 대출상품까지 나온다. 매달 은행은 원금에 이자를 더하고, 대출 금액은 점점 커진다. 은행과 대출자는 집값이 계속 빠르게 상승하므로 집값이 대출액보다 더 크게 유지될 거라고 생각했다. 몇 년 뒤 대출자가 집을 팔면 상환하는 데 필요한 돈은 충분할 터였다.

이제 대출기관과 대출자의 야성적 충동이 불타오른다. 은행은 집값이 계속 오르기를 바라며 대출을 시행한다. 그런데 은행은 많은 돈을 대출해줌으로써 집값 상승에 일조하고 있었다. 금융위기가 발생하기 전 10년간 미국의 주택 가격은 두 배 이상 뛰었다. 대출기관과 대출자는 자기실현적 상승 곡선을 만들어내고 있었다. 경제학에서는 때로 이를 거품이라고 부른다. 민스키는 이처럼 무모한 대출 제도를 '폰지 금융Ponzi finance'이라 불렀다. 유명한 이탈리아 사기꾼 찰스 폰지의 이름에서 따온 것이다. 찰스 폰지의 사기 행각은 거품을 만들어냈고, 남의 말에 잘 속는 투자자를 점점 더 많이 끌어들였다.

거품은 언젠가 터지게 마련이다. 그러고 나면 민스키 모멘트가 찾아온다. 대출기관은 불안해지고 대출 상환을 요구하기 시작한다. 위험도가 높은 대출자에게는 신규 대출을 중단하고 주택 가격 상승세는 꽤 빠르게 멈춘다. 이로 인해 집값 급등에 의존하는 폰지 금융 체제는 악화된다. 사람들은 집을 팔기 시작하고, 집값이 내려간다. 대출자는 상환을 할 수 없게 되고 은행은 담보인 집을 압류하기 시작한다. 건설 회사는 신규 주택을 짓지 않고, 경제 내 투자가 멈추며, 나라 경제는 침체에 빠진다. 이것이 바로 2007년 이후 발생한 일이다.

민스키는 금융시장의 혁신이 투기와 폰지 금융을 일으키는 데 도움이 된다고 했다. 금융위기가 발생하기 전 '금융의 증권화securitization'라는 혁신이 중요한 전 단계의 역할을 했다. 증권은 회사의 주식처럼 사고팔 수 있는 금융자산이다. 회사가 우리에게 주식을 팔면 우리에게는 연례 지급 수령 권리가 생긴다(배당). 우리가 주식을 매도하면 그 주식을 사 간 사람이 배당금을 받는다. 금융위기 이전 몇 년 동안 주택담보대출을 활용해 사고팔 수 있는 증권이 발행되었다. 이 증권은 서로 다른 대출을 섞어놓은 금융 칵테일이었다. 증권을 매수한 사람이라면 누구나 주택 소유주가 내는 대출 상환금을 받았다. 그런데 여기에 사용된 대출은 '비우량subprime' 주택담보대출이 많았다. 즉 대출을 상환하지 못할 위험성이 높은 사람이 받은 대출이었다.

주택 가격이 상승하는 속도를 감안했을 때 주택담보대출 증권은 맛있는 칵테일처럼 보였다. 또한 놀라울 정도로 복잡한 상품이었다. (일부 증권의 경우 어떤 내용인지 제대로 이해하려면 태산 같은 문서를 전부 읽어야 했다!) 그래서 투자자는 어떤 상품인지 잘 알지도 못한 채 증권을 샀다(그리고 엄청난 골칫거리가 될 것임을 예상치 못했다). 신중한 자본주의 시대에는 은행이 대출을 시행하기 전에 상환 능력을 확인하려고 대출자에 대해 가능한 한 자세히 알아보았다. 한때는 은행 지점장이 개인적으로 알고 지내면서 믿을 만하다고 생각하는 사람에게만 대출해주었다. 그런데 여러 대출이 증권으로 한번에 묶여 팔리는데 굳이 신중할 필요가 있을까? 매수자에게는 증권이 안전한 투자상품처럼 보였다. 그 결과 금융시장 내에서 정보가 흐르지 않게 되었고, 앞서 제33장에서 살펴본 것처럼 정보가 없으면 시장은 제대로 작동하지 않게 된다.

대출상품의 증권화로 인해 샌안토니오에 사는 여성이 내는 대출금을 텍사스 은행 샌안토니오 지점에서 받아야 할 필요가 없어졌다. 여성이 받은 대출이 포함된 증권 일부를 매수한 런던의 투자은행이 받게 될 수도 있었다. 이 은행은 대출을 받은 여성에 대해 아무것도 몰랐지만, 여성이 대출 상환을 중단하자 손해를 입게 되었다. 리먼 브라더스는 이런 증권을 너무 많이 매수했고, 그래서 주택 소유주 수백만 명이 상환을 멈추자 그만 파산하고 말았다. 은행 간 상호대출도 중단되었다. 서로 상대 은행이 파산하지 않을까 두려워했기 때문이다. 또한 상환 능력이 충분한 사람에게도 신규 대출을 중단했다. 저축자로부터 주택 구매든 개업이든 어떤 필요로 돈을 사용할 사람에게 돈을 옮겨주는 전체 금융 체제가 완전히 멈춰 섰다.

이러한 금융위기에 대응해 미국과 중국, 유럽에서는 민스키의 지적 조상인 존 메이너드 케인스의 사상으로 회귀함을 알리는 정책을 시행했다. 케인스가 제안한 것처럼 각국 정부는 경제를 살리기 위해 재정 지출을 늘렸고, 그러한 노력이 도움이 되는 듯했다. 경기 침체기에는 일반적으로 정부의 재정 적자(재정 지출과 수입 간의 차이)가 늘어난다. 개인과 기업의 수입이 줄어들어 세수도 감소하기 때문이다. 정부는 수입과 지출의 간극을 메우기 위해 돈을 빌리고, 그래서 정부 부채 또한 늘어난다. 케인스주의 정책을 시행하고 몇 년이 지난 뒤 유럽 각국의 정부는 늘어난 재정 적자와 정부 부채를 우려하기 시작했다. 그래서 '긴축austerity'정책으로 방향을 전환했다. 공공 서비스와 복지정책 지출을 삭감한 것이다. 케인스주의자는 긴축정책을 시행하기엔 너무 이르다고 주장했다. 재정 적자를 줄여야 하는 시기는 경제가 다시 호황으로 접어들 때라고 했다. 그러면 높은 고용률과 기업의 수익 증가로 세수도 늘어날 것이다. 그 전에 긴축정책을 쓰면 성장을 둔화시킬 뿐이라고 주장했다.

그리스는 정부 부채를 상환할 수 없는 상태임을 알고 유럽연합에 도움을 요청했다. 유럽연합은 원조 조건으로 긴축정책의 시행을 요구했다. 그리스 정부가 병원 같은 공공 서비스에 들어가는 지출을 삭감하자 시위대가 거리로 쏟아져 나왔다. 경제학계에서는 심지어 유럽연합의 통화인 유로가 이 혼란 속에서 살아남을 수 있을지 의문을 갖기 시작했다. 결국 그리스 인구의 4분의 1 이상이 일자리를 잃었다. 빈곤의 나락으로 떨어진 사람이 많았고, 이들은 음식과 의약품조차 살 수 없었다. 사람들은 아프고 우울했다. 그리스가 금융위기의 타격을 가장 심하게 받았지만, 고통은 전 세계 곳곳에서 이어져 사람들은 집과 일자리를 잃었다. 2009년이 되자 3,000만 명이 더 실직하고 말았다.

민스키의 이론에서는 금융위기와 뒤이은 경기 침체가 대출자나 은행이 탐욕을 부려서 발생한 결과가 아니라고 말한다. 그보다 깊숙한 원인은 금융에 바탕을 두는 자본주의가 미치는 영향과 관련되어 있다. 제2차 세계대전 이후 수십 년간 경제성장이 이어지면서 위기의 씨앗을 심었다. 뉴욕의 월스트리트나 런던 같은 금융 중심지에서 번드르르한 금융상품을 내놓아(특히 1980년대 이후 정부가 은행 업무에 관한 규제를 폐지한 이후부터 본격화했다) 성장을 부추기면서 자본주의는 더욱 무모해졌다. 그렇다면 '민스키 모멘트'가 아니라 '민스키 시대'라고 하는 편이 더 정확할 것이다. 자본주의가 신중함을 버리고 무모해지기까지 수십 년이 걸렸다.

CHAPTER 39

하늘 위의 거인

　한 시간에 걸쳐 지나가는 사람들의 행렬을 보고 있다고 하자. 이들은 소득수준에 따라 줄을 서 지나가는데, 소득이 낮은 사람부터 높은 사람 순으로 구성되어 있다. 각 개인의 키는 소득을 나타낸다. 평균적인 소득을 얻는 사람은 평균 키이고, 평균의 절반 정도인 사람은 평균 키의 절반이다. 우리는 평균 신장이고 지나가는 행렬을 구경하며 인도에 서 있다. 무엇이 보이는가? 키가 작은 사람부터 먼저 보일 거라는 생각이 든다. 그리고 나서 행렬이 반 정도 지나가면 우리와 키가 비슷한 사람이 나타날 테고(평균적인 소득을 얻는 사람은 인구의 절반 정도에 위치해 있다), 뒤로 갈수록 고소득자가 지나가면서 점차 우리보다 키가 큰 사람이 보일 것이다.

　사실 이 행렬이 오늘날 미국인이라면 우리는 기대하는 바와

352　　　　　　　경제학의 역사

다른 모습을 볼 것이다. 우선 행렬이 시작되었는지 알 수가 없다. 맨 앞에 선 사람은 보이지도 않기 때문이다. 적자를 보는 사업가나 갚아야 할 빚이 있는 사람들이다. 이들은 소득이 적자 상태이기 때문에 땅 밑을 파면서 나아간다. 하지만 얼마 지나지 않아 발 높이에서 우리 앞을 지나가는 아주 작은 사람들을 내려다보게 될 것이다. 저임금 아르바이트생이거나 적은 연금으로 살아가는 노인, 그리고 복지수당을 받는 실업자들이다.

행렬의 첫 번째 주요 볼거리는 가까이 다가오는 난쟁이 군단인데, 줄이 멀리까지 뻗어 있다. 이들은 상근하는 노동자 중 임금이 가장 적은 부류로, 경제의 중추를 이룬다. 햄버거 가게의 주방에서 일하는 사람, 설거지를 하는 사람, 계산원 수천 명이 지나간다. 이들의 키는 우리의 허리에도 미치지 못한다. 점차 행렬 속 사람들의 키가 커진다. 택시 운전사, 정육업자, 각종 접수 담당자가 지나가고 배달원, 문서 정리 담당자, 도장업자도 지나간다. 30분 동안 행렬의 절반이 지나가도 사람들의 키는 우리의 가슴 정도이다. 행렬이 시작되고 40분이 지나서야 사람들과 눈높이가 맞는다. 항공기 승무원과 판금 기술자가 지나가면서 미소를 보낸다.

그 뒤로는 행렬 참가자가 우리를 내려다본다. 소방관은 우리보다 조금 크고, 과학자와 웹 디자이너에게 윙크를 보내려면 목을 길게 빼야 한다. 행렬을 시작하고 50분이 지나면 엄청나게 큰 사람들이 휩쓸며 지나간다. 변호사는 키가 5미터이고, 외과의사는 9미터이다. 마지막 몇 초 동안은 하늘 위로 몇 킬로미터나 우뚝 솟은 거인이 쿵쿵 지나간다. 일부는 애플이나 페이스북 같은 대기업

임원이다. 케이티 페리, 플로이드 메이웨더 같은 몇몇 인기 연예인과 운동선수의 엄청나게 거대한 모습도 한순간 보인다. 이들은 신발 밑창만 건물 높이에, 머리는 구름 위를 뚫고 올라가 있다.

'소득 분배distribution of income'는 부유층, 중산층, 서민층에 돌아가는 금액을 뜻하는데, 때로 이런 행렬로 그 모습을 그린다. 소득 행렬에는 중요한 의미가 담겨 있다. 소득수준이 최고에 속하는 사람은 나머지 사람들보다 엄청나게 많은 돈을 번다. 이들이 소득의 평균을 끌어올린다. 그렇다는 건 인구 대부분의 벌이가 평균 이하라는 뜻이다. 통계학자는 이 내용을 전문 용어로 정리한다. 통계학자의 표현을 빌리자면, 사회의 소득 분배가 '편향되어skewed' 있다. 경제학자는 이를 불평등inequality이라고 부른다.

1970년대에는 행렬의 모습이 다소 달랐을 것이다. 행렬의 끝에는 여전히 거인이 나타났지만, 이렇게 거대하지는 않았다. 그리고 자그마한 사람들이 줄지어 지나가는 모습을 오랫동안 내려다보지도 않았을 것이다. 인구 내에서 소득은 훨씬 더 균등하게 분배되었다. 하지만 그때 이후로 부자들이 나머지 사람들보다 빠른 속도로 소득을 늘렸다. 1970년대 미국에서 소득 상위 1퍼센트의 수입은 국민소득의 10분의 1이 채 되지 않았다. 그런데 21세기에 접어든 후 10년 동안 그들의 수입이 국민소득의 약 5분의 1을 차지했다.

소득 불평등이 지나치게 두드러진다고 우려하는 사람이 많다. 지난 몇 년간 점거 운동Occupy movement이 일어나 키 큰 거인, 즉 소득 최상위 '1퍼센트'의 급속한 성장에 대항하는 시위를 벌였다.

시위대는 주요 도시의 거리에 진을 치고 임시 대학을 열어 소득 불평등이 심해지는 이유와 이를 완화하는 방법에 관한 토론을 벌였다. 경제학 교수들도 토론에 참여했다. 프랑스의 경제학자 토마 피케티(1971~)는 2014년 『21세기 자본』이라는 책을 펴냈다. 이 책에서 피케티는 부자가 부상하는 모습을 살펴보고, 부자들이 다른 모든 사람을 빠르게 앞서나가는 데서 나타나는 두려움을 확인해주었다.

거인들은 어떻게 그토록 커졌을까? 카를 마르크스는 거인이 돈을 벌기 위해 노동자를 착취한 자본가라고 했다. 조지프 슘페터는 운이 따를 때 위험을 감수해 부자가 된 대담한 사람이라고 보았다. 전통 경제학에서 하는 이야기는 별로 흥미롭지 않다. 전통 경제학에서는 대다수 사람의 수입원인 임금을 결정하는 건 무엇인가라는 질문을 던진다. 경제학에서는 노동자가 생산에 기여한 정도를 임금으로 받는다고 한다. 교육을 많이 받은 사람은 생산성을 높이는 기술을 가졌으므로, 더 많은 수입을 얻는다. 최근 몇십 년 동안에는 기술의 발전으로 교육에 따른 소득 격차가 더욱 커졌다. 사람들은 돈을 많이 벌려고 컴퓨터 프로그래밍과 공학을 공부했다. 하지만 햄버거 가게의 주방에서 일하는 사람이나 청소부 같은 비숙련 노동자는 사회에서 뒤처지게 되었다.

피케티는 상황이 그리 단순하지 않다고 했다. 키가 제일 큰 거인이 엄청난 소득을 얻는 건 생산성이 엄청나기 때문이 아니라고 한다. 나무를 베는 사람의 생산성을 계산하기는 쉽다. 매일 몇 그루를 베었는지 세어보면 된다. 그렇다면 토요타 같은 거대 기업의 임원이 생산에 기여하는 정도를 무슨 수로 계산할 수 있을까? 토요타의 수입은 전 세계에 흩어져 있는 직원 수천 명의 노력에 의한 것이며, 그중 단 한 명의 생산성을 명확히 규정하기는 어렵다. 피케티는 회사 최고위 임원의 임금은 생산성이 아니라 회사의 관행과 관습, 그리고 과거의 급여 기록에 따라 정해진다고 주장했다.

소득 불평등을 이루는 또 다른 요소도 있다. 각자 소유한 주택, 주식, 기업체와 땅, 즉 재산이다. 소득은 재산 위에 더해지지만, 소득과 재산은 같지 않다. 약간의 연금을 받는 은퇴자가 비싼 집을 소유하고 있다면, 소득은 적고 재산은 많은 사람이다. 사회내에서 가장 부유한 사람은 엄청난 재산을 축적한다. 재산이 수백억 달러에 이르는 빌 게이츠와 워런 버핏이 극적인 예이다.

피케티는 재산이 계속 늘어나는 '자본주의 역사 법칙historical law of capitalism'을 발견했다. 우리는 자산을 통해 돈을 번다. 회사와 주식을 통해 이익을 얻고, 땅을 빌려주고 지대를 받는다. 우리가 가진 회사와 주식, 토지의 가치가 1,000만 달러이고, 이를 통해 1년에 100만 달러를 번다면 자산의 자본수익률은 10퍼센트이다. 피케티는 역사상 상당 기간에 걸쳐 자산의 자본수익률이 경제성장률을 능가하는 모습을 확인했다. 경제가 3퍼센트 성장한다면 자산은 경제 생산보다 더 빠르게 7퍼센트가 늘어난다. 노동자의 임금은 경제 생산에 따라 지급되고, 경제 생산이 늘어날 때 임금도 높아진다. 그런데 자산의 자본수익률이 경제성장률보다 높으므로 1,000만 달러의 자산이 불어나는 속도만큼 임금은 빨리 늘어나지 못한다. 피케티는 이 내용을 공식으로 정리했다. 자산의 자본수익률을 'r', 경제성장률을 'g'라고 하면 'r>g'가 된다. (피케티의 책은 큰 인기를 끌었고, 몇몇 사람은 'r>g'라는 공식이 새겨진 티셔츠까지 입고 다니기 시작했다!) 피케티는 미국에서 이 공식이 1970년대 이후로 작동하고 있다는 사실을 발견했다. 21세기에 들어서자 미국에서 가장 부유한 최상위 1퍼센트가 국가 전체 부의 3분의 1을 소유했다.

경제학자는 때로 소득 분배에 강경한 태도를 취하지 않는다는 이유로 비난받는다. 몇몇 경제학자는 소수의 사람이 다른 모든 사람보다 훨씬 잘사는 사회가 모두 동등하지만 입에 겨우 풀칠하는 사회보다 낫다고 주장한다. 그리고 현대 경제학은 대부분 분배보다 효율에 초점을 맞추고 있다. 앞서 제25장에서 시장은 특정 조건 아래에서 낭비되는 자원이 없다는 의미로 효율적이라는 후생경제학 제1원리를 증명한 케네스 애로와 제라르 드브뢰를 만나보았다. 그런데 문제는 경제 내 많은 생산이 효율적으로 이루어지지만, 여기에는 매우 불평등한 결과도 포함되어 있다는 점이다. 애로와 드브뢰는 또 다른 사실도 입증했다. 여러 효율적인 경제 산출물 중 사회가 선호하는 산출물이 하나 있다고 하자. 그리고 그에 따른 소득의 분배가 평등하다고 하자. 애로와 드브뢰는 이때 시장을 슬쩍 건드려서 유도하면 원하는 바를 얻을 수 있음을 보여주었다.

시장을 유도하기 위해 정부는 부자의 자원을 가져와 가난한 사람에게 재분배해야 한다. 하지만 그렇게 해서 사람들의 경제적 의사 결정, 특히 얼마나 열심히 일할 것인가에 영향을 준다면 효율성을 해치게 된다. 그러므로 이상적인 지점에 이르기 위해서 정부는 사람들의 행동 변화 없이 자원을 이동시켜야 한다. 그래야 시장은 효율성을 보장하고 사회는 균등 분배를 택할 수 있다. 하지만 이는 현실에서 거의 불가능하다. 정부가 실제로 소득을 재분배할 수 있는 유일한 방법은 부자들이 버는 돈에 세금을 매겨 거둔 돈을 가난한 사람에게 나눠주는 것이다. 이에 대해 경제학자는 지나친 과세가 부자들의 행동에 영향을 주지 않을까 우려한다. 번 돈이 세금으로 다 나가는데 열심히 일할 필요가 있을까? 경제학자는 공정성과 효율성 사이에 나타나는 트레이드오프 관계에 관해 이야기한다. 시장의 출발은 효율적이다(후생경제학 제1원리가 이를 증명했다). 하지만 소득을 재분배하면서 정부가 시장에 간섭하면 효율성을 해치게 된다. 그러므로 소득을 재분배하면 사회의 평등은 높아지지만, 경제성장은 둔화된다. 이 문제를 부자에게서 가난한 사람에게로 부를 옮기는 데 사용하는 양동이의 모습으로 그려보자. 양동이를 옮기는 동안 물은 언제나 조금씩 쏟아진다. 커지는 공정성과 새어나가는 효율성 사이에서 사회는 어떻게 균형을 잡아야 할까?

영국의 경제학자 앤서니 앳킨슨(1944~2017)은 이 딜레마가 상황을 과장해서 묘사한다고 이야기한다. 우선 후생경제학 제1원리는 현실에서 성립하지 않는다. 소득의 재분배가 효율성을 해치겠지만, 시장의 출발은 효율적이지 않다. 오히려 시장은 상당히 비효율적인 상태로 출발한다. 양동이는 우리가 들어올리기도 전에 이미 새고 있다. 이를테면 시장 참여자가 중요한 정보를 가지지 못했다면 시장은 효율적이지 않다. 그 하나의 사례가 직원들이 얼마나 일을 잘하는지 고용주가 관찰할 수 없을 때다(높은 임금을 제시하면 직원들이 열심히 일하고 효율성이 높아질 수도 있다). 앳킨슨은 최저임금 수준이 후하면 불평등을 완화하고 효율성도 높일 수 있다고 보았다. 평등과 효율성을 함께 추구할 수밖에 없는 또 다른 여러 이유도 있다. 때로 불평등 때문에 사람들이 부자가 되고 싶어 열심히 일한다고 말하는 경제학자가 있다. 하지만 불평등이 극심한 사회라면 부자가 되겠다는 건 비현실적인 바람이다. 이런 경우라면 사람들은 불평등이 계기가 되어 열심히 일하겠다고 생각하지 않는다. 대신 결코 부자들을 따라잡을 수 없을 것이라고 생각해 깊은 절망에 빠진다. 생산적인 경제를 뒷받침하는 건 또한 건강하고 교육을 잘 받은 노동력이다. 하지만 의료비를 감당할 수 없거나 교육에 투자할 수 없는 사람이 많아지면 생산적인 경제도 지속하지 못할 위협에 처한다.

만일 극심한 불평등이 불공정하거나 경제의 효율성을 위협한다고 생각한다면 이를 완화하는 방법이 있을까? 피케티는 그런 방법이 있다고 말한다. 불평등은 어느 정도 사회가 내린 선택의 결과다. 제2차 세계대전 이후 고도성장이 이루어졌고 정부는 부자들에게 세금을 부과했다. 높은 'g(성장)'와 낮은 'r(자본수익률)'이 불평등을 낮추었다. 하지만 1970년대 이후 정부는 재산에 부과하는 세금을 삭감해 'r'이 증가했다. 세계 금융위기 이후 경제성장이 꺾이면서 'r'과 'g'의 차이가 훨씬 더 벌어졌고, 그래서 불평등은 심해졌다. 그 후 정부는 재정 지출을 줄였고, 공공 서비스 지출이 삭감되자 가난한 사람들이 고통받았다. 이는 경제성장을 한층 억제했고, 불평등은 더욱 심화되었다. 우리가 경제를 운영하는 방식에서 불평등의 심화가 비롯된다면 그러한 추세를 되돌릴 힘도 우리에게 있다고 피케티는 말한다.

앳킨슨도 피케티의 주장에 동의한다. 앳킨슨은 최저임금과 함께 평등을 촉진하는 기술을 장려해야 한다고 조언한다. 새로운 기술은 우리가 통제할 수 있는 게 아니라고 여기기 쉽지만, 그 또한 우리가 선택한 결과이다. 만일 정부에서 병원에 완전 자동화된 예약 시스템을 도입한다면, 접수창구 직원은 일자리를 잃지만 시스템을 개발한 엔지니어는 큰돈을 번다. 그러므로 정부는 새로운 예약 시스템을 개발하는 데 비용을 들이는 대신 접수창구 직원이 매우 효율적으로 일하도록 훈련을 시키겠다고 결정할 수 있다. 그렇게 되면 고용이 늘어나 한층 평등한 결과로 이어진다(그리고 병원에 가서 사람을 마주하고 이야기할 수 있으므로 환자들도 더 행복해진다). 그러면 피케티의 'r〉g' 공식은 어떨까? 경제성장률을 자산의 자본수익률보다 높여 불평등을 줄일 수 있을까? 피케티는 그렇지는 않으리라 생각한다. 대신 자산의 자본수익률을 낮춰 불평등을 줄이자고 제안한다. 피케티는 세계 최고의 부자들이 지닌 자산에 세계 자본세global tax를 부과하자고 주장한다. 그렇게 할 수 있을 가능성이 얼마나 될까? 세상에서 키가 가장 큰 거인들이 지닌 힘과 영향력을 생각하면 당분간 부자들에게 세계 자본세를 부과할 가능성은 그리 크지 않다.

CHAPTER 40

왜 경제학자가 되려 할까?

최근에 뉴스 프로그램에 출연한 경제학자의 이야기를 떠올려보자. 주가나 금리 등 그 내용이 무엇이든, 종잡을 수 없는 말을 한바탕 쏟아냈을 것이다. 어쩌면 경제학자의 말을 믿으며 이렇게 생각했을지 모른다. '음, 경제학자는 무슨 이야기인지 다 알고 있을 거야. 나는 다시 축구나 봐야겠다.' 경제학은 전문가인 경제학자에게 맡기자고 생각했을 것이다. 동시에 경제학자들은 종종 비난의 대상이 된다. 일각에서는 경제학자가 삶에 진정한 차이를 만드는 일보다 비실용적인 이론에만 신경 쓰며, 그래서 전체적으로 믿을 만한 사람이 아니라고 말한다. (19세기에 토머스 칼라일이 경제학을 '우울한 과학'이라 부르고, 토머스 드 퀸시가 경제학자의 머리는 곰팡이 같다고 한 말을 떠올리자!)

21세기 초에 세계 경제위기가 찾아오면서 경제학자에게 더욱 맹렬한 비난이 쏟아졌다. 심지어 엘리자베스 2세까지 경제학자를 미심쩍어했다. 금융위기를 겪는 중에 엘리자베스 2세는 런던 정치경제대학교를 방문해 경제학자들 중 위기를 예측한 사람이 왜 아무도 없었는지 물었다. 경제학자는 현실과 완전히 동떨어져 있다고 생각하는 사람이 많았다. 경제학자는 빈틈없는 수학으로 이론을 정립하지만, 바깥세상의 경제가 실제로 어떻게 작동하는지는 신경 쓰지 않는다고 했다. 심지어 유명 경제학 교수도 똑같은 말을 했다.

경제학자는 세상을 단순화한다. 그건 그럴 수 있다. 무언가를 설명할 때는 중요한 내용을 드러내기 위해 중요하지 않은 부분을 생략해야 한다. 하지만 경제학을 비판하는 사람들은 그 정도가 지나치다고 목소리를 높인다. 경제학자는 자신이 내세우는 이론 너머의 세상이 얼마나 복잡한지 잊었다고 말한다. 경제학자는 두 가지의 위험한 단순화를 시도했다. 시장이 효율적이라고 믿으며(그래서 시장이 사회의 자원을 가장 잘 활용하는 길로 이어진다고 믿는다), 모든 사람이 합리적이라고 생각한다(그래서 정보를 적절히 활용해 비용과 이익을 가늠한다고 믿는다). 금융위기가 발생하는 동안 시장은 크게 잘못되어 있었고, 사람들도 분명 합리적으로 행동하지 않았다. 경제학은 실패했다. 그래 보였다. 이 모든 일이 벌어진 뒤 이제 누가 경제학자가 되려 할까? 사실 다음번에 뉴스 프로그램에 출연해 이야기하는 경제학자를 보면 그 사람의 말을 받아들이기보다는 텔레비전 화면에 벽돌을 던지고 싶어질지 모른다.

경제학의 역사

하지만 잠깐만 그 벽돌을 내려놓자. 경제학자가 성공을 거둔 부분도 있다. 앞서 나눈 이야기로 돌아가, 경제학자가 신장 기증자와 환자를 이어주는 시스템을 고안한 일과 휴대전화 사업권을 판매하기 위한 경매 설계를 생각해보라. 경제 원칙을 훌륭하게 적용하지 않았다면 불가능한 일이다. 이렇듯 경제학도 구체적인 문제를 잘 풀어나갈 수 있다.

물론 경제학이 해결한 두 가지 문제가 아주 특수한 것처럼 보일 수도 있다. 경제학 이야기를 마무리하기 위해 마지막으로 경제 이론을 하나 더 살펴보려 한다. 이 이론은 우리의 생존을 위한 궁극의 자원, 즉 지구를 보호하는 일과 관련되어 있다. 지금까지 이 책에서 살펴본 기본 경제 원칙을 적용하는 일, 그 이상도 그 이하도 아니다. 이 이론은 지구 온난화 문제를 해결하려 한다. 지구 온난화 문제에는 경제학이 큰 도움을 줄 수 있다. 우리 모두를 비롯해 우리의 자식과 손주에게까지 영향을 미치는 문제일 뿐만 아니라 일부에서 말하는 것처럼 경제학이 실제 세상과 동떨어져 있지 않음을 보여준다. 사실 경제학은 우리가 사는 세상에 큰 관심을 쏟고 있으며, 세상을 구하는 일에 도움을 줄 수 있다.

대다수 과학자는 공장에서 석탄이나 석유를 태울 때 이산화탄소가 발생해 지구 온난화를 일으킨다고 생각한다. 지구 온난화 현상으로 육지와 바다의 평균 온도가 상승한다. 기후 또한 불안정해진다. 여기에는 엄청난 비용이 따른다. 홍수와 가뭄은 농사를 망친다. 특히 아프리카와 아시아의 피해가 심각하다. 빙산이 녹으면 해수면이 상승하고, 여러 마을과 도시가 홍수로 큰 어려움을 겪는다. 일부 지역은 사람이 살 수 없는 곳으로 변해버린다.

지구 온난화 현상을 막으려면 그것이 우리에게 해롭다고 모두 동의하는 것만으로는 부족하다. 우리의 행동 변화를 이끌어내는 것이 무엇보다 중요하기 때문이다. 지구 온난화 문제에 대처하려면 경제학이 필요하다. 이것은 경제학계에서 지금까지 몇 번이고 연구해온 문제, 바로 시장 실패의 일종이다. 구체적으로 이야기하자면, 지구 온난화 현상은 외부효과이다. 우리가 앞서 살펴본 것처럼 외부효과는 어떤 일을 하면서 의도치 않게 발생하는 부작용이다. 이웃집 사람이 트럼펫을 크게 불자 짜증이 나는 것처럼. 하지만 이웃집 사람은 그 비용을 지불하지 않아도 된다. 그래서 결국 연주를 지나치게 오랫동안 계속한다. 미국의 경제학자 윌리엄 노드하우스(1941~)는 이산화탄소 배출을 특별한 종류의 외부효과로 보았다. 왜냐하면 이산화탄소 배출은 공간과 시간 너머로 확산되기 때문이다. 이산화탄소의 배출 범위는 전 세계이다. 독일 공장에서 배출한 이산화탄소는 지구 대기에 쌓여 있는 전체 이산화탄소에 더해지고, 그렇게 모인 이산화탄소가 기후에 영향을 주기 때문이다. 독일에서 배출한 이산화탄소가 중국과 브라질 농부에게 영향을 주는 셈이다. 또한 이산화탄소 배출은 여러 세대에 걸쳐 영향을 미친다. 오늘 독일에서 배출한 이산화탄소가 중국과 브라질 농부의 태어나지 않은 후손에게 영향을 미칠 것이기 때문이다. 노드하우스는 이산화탄소 배출을 '이중 외부효과double externality'라고 불렀다.

이처럼 이산화탄소 배출은 극단적 형태의 외부효과라서 배출량이 지나치게 많다. 그렇다면 '적절한' 배출량은 어느 정도일까? 공장에서 배출한 이산화탄소의 마지막 1톤이 농작물을 망치고 마을에 홍수를 불러와 세계 경제에 해를 끼쳤는데, 피해 금액이 총 50파운드라고 해보자. 손실을 피하려고 마지막 이산화탄소 1톤을 배출하지 않으면 50파운드의 이익이 생긴다. 하지만 이산화탄소를 배출하지 않으려면 비용이 발생한다. 공장에서 굴뚝에 여과장치를 설치해야 할 것이다. 여과장치 설치 비용이 40파운드라면 공장에서 여과장치를 설치해 이산화탄소를 더 이상 배출하지 않는 것이 전체 사회에 더 나은 방법이다. 그렇다면 공장에서는 이산화탄소 배출을 얼마나 줄여야 할까? 경제학 원칙에 따르면 이산화탄소의 마지막 1톤을 줄여서 얻게 되는 이익이 그에 따르는 비용과 정확히 균형을 이룰 때까지다.

어느 경제학자가 모든 비용과 이익을 더해본 후 이산화탄소 배출량을 절반으로 줄여야 한다고 주장했다고 해보자. 그러기 위해 정부는 모든 사람에게 배출량을 절반으로 줄이라고 지시할 수 있다. 석탄 연소를 금지할 수도 있다. 노드하우스는 정부가 경제 원칙을 활용하면 낮은 비용으로 이산화탄소 배출량 감축에 성공할 수 있다고 했다. 세금을 부과함으로써 이산화탄소 배출량을 줄이는 것이다. 이산화탄소를 배출하는 데 드는 비용이 경제적 의사 결정을 내리는 데 영향을 미치도록 하자는 생각이었다. 정부는 이전과 비교해 사회의 이산화탄소 배출량이 절반으로 낮아지는 수준에 맞춰 과세액을 정해야 한다.

세금을 이용하는 방법은 비용이 적게 든다. 왜냐하면 다른 사람보다 배출량을 더 쉽게 줄일 수 있는 사람이 있기 때문이다. 정부가 석유에 세금을 부과한다고 해보자. 교사는 자전거를 타고 학교에 출근할 것이다. 그래서 이들에게는 이산화탄소 배출량을 줄이는 데 드는 비용이 적다. 석유 1갤런당 상승한 유가보다 더 적다. 하지만 콘트라베이스 연주자라면 연주 예행연습 장소에 갈 때 자동차를 이용할 수밖에 없다. 그래서 이산화탄소 배출량을 줄이는 데 드는 비용이 크다. 그러니 기름값이 비싸더라도 차를 계속 운전한다. 세금을 활용하면 이산화탄소 배출량을 줄이는 데 드는 비용이 적은 개인과 기업이 감축 비용이 많이 드는 개인과 기업보다 탄소 사용량을 더 많이 줄인다. 정부는 모든 개인과 기업에 배출량을 절반으로 줄이라고 지시했을 때보다 사회 전체적으로 더 낮은 비용을 들이고도 배출량 감축 목표를 달성할 수 있다.

경제학에서 제시하는 또 다른 이산화탄소 배출량 감축 방법으로 '탄소배출권carbon trading permits' 제도가 있다. 탄소배출권을 소지하면 누구든 이산화탄소 1톤을 배출할 수 있다. 이 증서가 없으면 이산화탄소를 아예 배출할 수 없다. 정부는 이산화탄소 배출량의 목표 톤수에 맞춰 탄소배출권을 발행한다. 그러고 나면 기업은 탄소배출권을 사고판다. 배출량을 줄이기 어려운 기업은 배출량을 쉽게 줄일 수 있는 기업으로부터 탄소배출권을 구매한다. 세금의 경우와 마찬가지로 낮은 비용으로 배출량을 줄일 수 있는 기업이 가장 많은 양을 줄인다. 1990년대 미국에서는 숲과 호수를 망치는 '산성비'를 유발하는 오염물질 배출량을 줄이려고 배출권 제도를 활용했다.

탄소 배출이라는 이중 외부효과 문제를 해결하기까지는 아직 갈 길이 멀다. 문제를 완전히 해결하려면 환경 문제를 대하는 태도가 전혀 다른 여러 나라의 협력이 필요하다. 그렇지만 그보다 덜 까다로운 산성비 같은 환경 문제를 해결하는 데는 경제학이 도움을 주었다. 노드하우스는 가장 기본적인 경제학 도구(이익과 비용의 균형)를 단호하게 적용한다면 우리에게는 아직 지구 온난화 문제를 해결하고 전 지구적 재앙을 피할 시간이 있다고 믿는다.

그렇다면 경제학은 비록 단점이 있지만 인류에게 꼭 필요한 학문이다. 가장 기초적인 경제 이론도 온갖 문제(특히 구체적인 문제)를 해결하는 강력한 도구가 된다. 여기에는 지구 온난화 문제도 포함되며, 이 문제는 앞으로 몇 세대에 걸쳐 인간 삶의 질에 직접적인 영향을 미칠 것이다.

한편 경제학은 인간 사회 전체가 작동하는 방식에 관한 광범위한 질문과도 씨름해왔다. 자유시장과 경쟁을 채택한 사회가 더 발전하는가, 아니면 사람들이 뭉쳐 협력하는 사회가 더 발전하는가? 경제성장에서 금융시장은 정확히 어떤 역할을 하는가? 이러한 질문은 단순한 경제 원칙으로 답하기가 훨씬 어렵다. 세계 경제위기를 예측하지 못한 경제학자가 많았던 이유이기도 하다. 경제위기가 발생하기 훨씬 전에 경제학자들은 전체 사회를 재설계하는 데 자유시장과 합리성 이론을 활용한 적이 있었다. 1980년대의 아프리카와 1990년대에 공산주의가 종식된 후 러시아에서 있었던 일이다. 결과는 재앙이었다. 경제 이론만 무턱대고 밀어붙인 나머지 경제 이론을 뺀 사회의 정치적·사회적 측면을 이해하지 못했다.

대학에서 경제학을 공부한다면 주로 기본적인 경제 원칙을 배우게 된다. 물론 강력하고 유용한 이론이지만, 적용할 때는 신중해야 한다. 일각에서는 경제 원칙은 진짜 '과학'이 아니라고 생각한다. 이들은 경제학자의 방정식 아래에 다른 무엇보다 자유시장, 경쟁, 그리고 개인의 노력이 중요하다고 말하는 보수 정치의 이상이 들어 있다고 말한다. 몇 년 전 영국과 미국의 학생들이 경제학 교수에게 진저리를 내며 강의실 밖으로 빠져나가는 일이 있었다. 학생들은 경제학이 현실을 왜곡한다고 생각했고, 경제학이 엉망진창이고 예측 불가능하며 방정식으로 표현할 수 없는 진짜 현실을 더 담기를 원했다.

하지만 지금까지 이 책에서 살펴본 것처럼 경제학이 기나긴 역사를 지나는 동안 사상가들이 온갖 정치적 신념을 가지고 경제학을 서로 다른 방식으로 바라보았다는 점도 기억해야 한다. 자본주의를 완고하게 지지하는 이도 있었고 자본주의를 고치려는 학자도, 파괴하려는 학자도 있었다. 경제학의 기초 수업을 듣고 나면 소스타인 베블런, 카를 마르크스, 프리드리히 하이에크 같은 저항적 사상가의 이론과 더불어 애덤 스미스나 존 메이너드 케인스처럼 사회에서 일반적으로 인정받은 사상가의 이론도 기억에 남는다. 이 모든 학자가 경제와 사회가 어떻게 발전하는가와 같은 광대한 질문에서부터 그보다 좁은 범위로 냉장고를 고르거나 새로 사무실 공간을 임대할 때 개인과 기업은 어떻게 비용과 이익을 가늠하는가 등과 같은 질문에 관심을 쏟았다.

이 책에서 우리가 만난 여러 경제학자는 각자 살았던 시대가 마주한 문제에 대응해 서로 다른 이론을 내놓았다. 경제학에는 수학처럼 영원히 옳기만 한 하나의 '정답'은 없다. 역사 속 학자들이 내놓은 각기 다른 답을 살펴봄으로써 새로운 영감을 얻어 극심한 불평등이든 금융위기든, 혹은 지구 온난화 문제든 오늘날 우리가 마주한 문제를 해결하는 데 도움이 되는 이론을 내놓을 수 있다. 올바른 답을 얻는다면 더 많은 사람이 풍족하게 살아가는 기회를 얻을 것이고, 잘못된 답을 얻는다면 많은 사람이 고통받을 것이다. 필요한 음식과 의약품을 구하지 못하면 사망하는 사람도 생길 것이다. 이것은 전문 경제학자뿐 아니라 우리 모두에게 맡겨진 과제이다.

이 책의 시작 부분에서 경제학을 처음 떠올린 사람들을 만나보았다. 고대 그리스의 철학자였다. 그들은 삶을 관통하는 가장 근본적인 질문을 제기했다. 오늘날까지 우리가 씨름하는 문제이다. 인간 사회가 잘살려면 무엇이 필요할까? 사람들이 행복과 만족을 느끼려면 무엇이 필요할까? 사람을 진정으로 번영하게 하는 건 무엇일까? 이러한 질문으로부터 경제학이 시작되었고, 그 모든 논쟁과 의견 차이를 거쳐 경제학은 다시 한 번 출발점에 서 있다.

우리의 일상에 시간이 더해지면 역사가 된다. 역사가 친숙하게 느껴지는 건 과거에 일어난 일, 과거 인물의 모습 속에서 현재의 순간과 우리 자신의 모습이 보이기 때문일 것이다. 그래서 경제학 분야 중에서 경제사가 지니는 의미는 특별하다. 제1장에 저자가 썼듯이 '경제학'이라는 단어를 들으면 딱딱하고 지루하다는 이미지, 산더미 같은 통계가 떠올라 왠지 거리감이 느껴진다. 하지만 그런 경제학 분야에서 비교적 친숙하게 다가갈 수 있는 분야가 경제사이기 때문이다. 그렇게 경제사는 일반 대중과 경제학 사이를 잇는 다리 역할을 충실히 수행한다.

경제사를 소개하는 이 책은 고대 그리스와 로마 시대부터 시작해 현재에 이르기까지 역사 속에서 경제학의 개념과 이론이 어떤 배경 아래에서, 누구에 의해 발전되어왔는지 눈길을 끄는 이야기를 곁들여가며 설명한다. 덕분에 책을 읽는 우리는 경제학 내용을 재미있게 배울 수 있다. 나 또한 번역하는 내내 다음 장을 여는 이야기가 무엇일지, 저자가 각 장에서 도입부의 이야기와 경제학 개념을 어떻게 연관시킬지 기대하느라 전혀 지루하지 않았다.

경제학을 전공해 경제학의 개념과 이론에 익숙한 독자라도 이 책을 통해 전혀 몰랐던 역사 속 이야기를 찾는 재미를 느낄 수 있다. 과시적 소비 행태를 지적한 경제학자 베블런이 실제로도 주류 학계와 동떨어져 매우 금욕적으로 살았다든지(베블런이 말년에 살았던 곳으로 소개되는 미국 캘리포니아 주의 팔로알토가 현재는 미국에서 손꼽히는 부촌 중 하나라는 아이러니 또한 재미있다), '창조적 파괴'를 주장한 슘페터가 얼마나 귀족적인 태도와 몸가짐을 지닌 사람이었는지 등과 같이 지금까지 전혀 몰랐던 경제학자 개개인의 인간적인 모습이 소개될 때마다 교과서 속 인물들의 실제 삶을 엿보는 재미가 쏠쏠하다. 경제학을 처음 접하는 초심자라도 저자가 풀어나가는 이야기를 따라가다 보면 어느새 쉽게 내용을 이해하게 된다. 핫도그와 콜라로 한계효용의 개념을 설명하는 부분처럼 저자는 마치 바로 옆에서 직접 이야기하듯 독자를 이끌고, 그 안내를 따라 글을 읽어나가다 보면 어느새 머릿속에 경제학의 개념이 꼭꼭 자리 잡는다. 그만큼 저자의 설명은 친절하고 세세하며, 또한 설명을 위해 곁들이는 이야기와 예시가 흥미롭다.

이 책은 또한 각 장의 길이가 비교적 짧게 구성되어 있다는 점이 매력이다. 장마다 하나씩 새로운 개념이 등장하고, 저자의 흥미진진한 이야기를 듣다 보면 어느새 금방 끝이 난다. 그래서 질리지 않고 다음 장, 또 다음 장으로 책장을 넘기게 된다. 독서의 호흡이 길지 않은 사람도 지치지 않고 읽을 수 있다.

그렇다고는 해도 이 책이 다루는 내용은 전혀 가볍지 않다. 저자는 재미있는 역사 속 이야기뿐 아니라 현재를 살아가는 우리가 생각해야 할 거리를 충분히 제공한다. 사람들이 출산 여부를 결정하는 데 시간 집약성이라는 개념을 적용한다는 베커의 주장을 읽으면 현재 한국 사회가 마주한 저출산 문제의 원인을 한 번 더 생각하게 되고, '빅 푸시' 정책 편을 읽고 나면 한강의 기적을 이룬 한국 경제가 얼마나 쉽지 않은 길을 걸어왔는지, 그리고 선진국 수준으로 경제성장을 이룬 우리나라가 앞으로 어떤 길, 어떤 정책을 택하며 나아가야 할지 생각하게 된다.

역사는 반복된다고 한다. 사람들이 역사에 관심을 가지는 이유도 과거의 경험을 통해 미래를 헤쳐나가는 데 도움을 얻기 위함일 것이다. 그렇다면 이 책은 우리에게 훌륭한 길잡이가 된다. 노련한 선장이 지휘하는 배에 올라탄 듯 이 책은 경제사의 굽이굽이를 지나며 우리가 꼭 알아야 할 핵심 내용만 간결하면서도 재미있게 안내한다. 그러므로 한 치 앞을 예상할 수 없는 거친 바다 위를 지나는 것만 같은 요즘의 경제를 이해하기 위해 차분히 이 책을 펼치는 건 좋은 선택이 될 것이다.

| 찾아보기 |

[*] 굵은 글씨로 표시된 페이지에서 용어와 개념의 정의를 찾을 수 있다.

경제학의 역사

초판 1쇄 인쇄 | 2025년 2월 10일
초판 1쇄 발행 | 2025년 2월 24일

지은이 | 니알 키시타이니
옮긴이 | 도지영
펴낸이 | 박남숙

펴낸곳 | 소소의책
출판등록 | 2017년 5월 10일 제2017-000117호
주소 | 03961 서울특별시 마포구 방울내로9길 24 301호(망원동)
전화 | 02-324-7488
팩스 | 02-324-7489
이메일 | sosopub@sosokorea.com

ISBN 979-11-7165-022-4 03320
책값은 뒤표지에 있습니다.